NCS
대인
관계
능력

대인
관계
능력

초판발행 2016년 1월 15일 **6쇄발행** 2020년 7월 10일 **저 자** 한국표준협회 NCS연구회
펴낸이 박 용 **펴낸곳** (주)박문각출판 **표지디자인** 한기현 **디자인** 이현숙
등 록 2015. 4. 29. 제2015-000104호 **주 소** 06654 서울시 서초구 효령로 283 서경빌딩
전 화 02) 3489-9400 **홈페이지** www.pmg.co.kr

ISBN 979-11-7023-287-2 / ISBN 979-11-7023-071-7(세트)
정가 14,000원

NCS

직업기초능력평가

대인
관계
능력

기업·공공기관 취업 대비

최고 합격 전략서

NCS 기반 직업기초능력시리즈

한국표준협회 NCS연구회 편저

QMG 박문각

Preface | 머리말

대한민국의 경쟁 패러다임이 바뀌고 있습니다.

스펙과 학벌 중심이었던 우리 사회가 능력 중심 사회로 변모하고 있는 것입니다. 여러분도 학교, 산업 현장과 같은 우리 주변 곳곳에서 이를 체감할 수 있을 것입니다.

국가직무능력표준(NCS: National Competency Standards)은 이미 능력 중심 사회를 위한 여건 조성의 핵심 기제로 작용하고 있으며, 현재 그 뿌리를 내리고 있습니다. 수년 전부터 산업 현장과 대학에서는 산업 현장에 맞춘 학습모듈이 개발·활용되어 호응을 얻었습니다. 하지만 직업기초능력의 경우, 표준화는 되어 있었지만 대학에서 기초교양 과목 등으로 도입하는 데는 적지 않은 어려움을 겪고 있습니다.

이 같은 대학의 어려움을 해결하기 위하여 한국표준협회 NCS 연구회에서는 직업기초능력 과목 책을 출간할 필요가 있다고 느끼게 되었고, 그 중 선호도와 도입의 시급성 등을 고려하여 6개 과목의 책을 우선 출판하게 되었습니다.

이번에 출간된 NCS 직업기초능력평가 대인관계능력의 경우 시중의 직업기초능력 관련 전문 도서와 세 가지 면에서 차별성을 띠고 있습니다.

첫째, 산업 현장에서 요구되는 능력이 실질적으로 향상될 수 있도록 한국표준협회 NCS 연구회에서 개발한 직업기초능력 행동 지표 108개를 토대로 하였으며, 이를 통해 대인관계능력의 하위능력 15개가 향상되도록 집필하였습니다.

둘째, 학습자들의 흥미를 유발하고 자기 주도적 학습이 되도록 학습자들이 스스로 사전 수준을 진단할 수 있도록 하였으며, 이론과 사례연구, 탐구활동, Tip을 통해 각 하위능력에 대한 깊은 이해를 도울 수 있도록 하였고, 최종적으로 사후 평가를 수록하여 학습 전·후에 어느 정도 기초능력이 향상되었는지를 확인해볼 수 있도록 구성하였습니다.

셋째, 각 대학에서 교양 과목 또는 학점 인정 과목으로 활용 시 2학점 또는 1학점으로 15주차 강의가 가능하도록 내용을 수록하였습니다. 필요 시 저자의 온라인 강의 자료 (PPT, 동영상)를 지원받을 수 있습니다.

부디 본 책이 취업을 준비하는 모든 대학생들에게는 필독서가, 학생들을 지도하는 교수님들에게는 좋은 참고 지도서가 되기를 바랍니다. 아무쪼록 학습자와 교수자의 노력의 결실이 구직자들의 취업으로 이어져 보람과 행복으로 이어지길 바랍니다.

끝으로 내용상에 부족한 부분은 전문가 및 현장의 목소리를 담아 더 많은 고민과 연구를 통해 보완할 것을 약속드립니다.

Guide ┃ 이 책의 활용법

01 사전 / 사후 평가

사전 평가는 본서를 학습하기 전에 직업기초능력의 각 하위능력에 대한 학습자의 현재 수준을 진단하고, 학습자에게 필요한 학습활동을 안내하는 역할을 합니다. 이 평가지를 통해 학습자는 자신의 강점과 약점에 대해 미리 파악할 수 있습니다.

사후 평가는 학습자들이 본인의 성취 수준을 평가하고, 부족한 부분을 피드백받을 수 있도록 하기 위한 마지막 단계입니다. 체크리스트가 제시되어 있으므로, 학습자의 향상도 체크에도 활용할 수 있습니다.

02 이론학습

제1절 대인관계능력의 의미와 중요성

1 인간과 사회

사회를 구성하고 있는 주체는 인간이다. 그렇기 때문에 인간은 사회생활을 영위하는 과정에서 인간행동이 형성된다.

심리학·사회학 관점에서 인간행동은 개인 자체에서 일어나는 행동과 대인관계에서 일어나는 행동으로 나누어 볼 수 있다. 그렇지만 개인 자체의 행동 발현이나 형성은 생물학적 반사 행동으로부터 영향을 받으며, 그 반사 행동 자체도 대인관계의 사회적 작용에 영향을 받는다. 즉, 사회활동 중 대부분이 모방 행동으로 나타나는 것이다.

"인간은 사회적 동물이다.", "물고기는 물을 떠나 살 수 없다."라고 정의를 내리듯이 인간은 사회를 떠나서는 살 수 없는 존재임에 틀림없다. 그러므로 인간행동은 그 사회의 규범, 습관 등의 작용에 따라서 규제되며 사회화(Socialization)되는 것이다. 즉, 사회화는 타인의 요구, 그 사회의 규범 및 문화와 자기 자신의 행동과의 타협이라고 할 수 있다.

맥클레버(R. M. Maclever)는 "인간이 사회 속에 보다 깊게 뿌리를 내려, 그 사회에서의 관계가 점차 복잡하고 광범위해지면 동료들과의 관계에 있어 증가·발전하는 과정의 사회화를 통해서 자기 생활을 확대할 수 있다."라고 했다. 이와 같이 인간은 그 사회에서 요구하는 규범과 문화, 풍속, 양식 등에 따라서 사회화가 이룩되고, 그런 사회화 과정에서 인간관계가 형성되는 것이다.

직업기초능력 중 대인관계능력의 하위능력과 세부 요소로 구성되어 있습니다. 이를 자세히 살펴보면 1장 대인관계능력 – 2장 팀워크능력 – 3장 리더십능력 – 4장 갈등관리능력 – 5장 협상능력 – 6장 고객서비스능력의 순서로 구성되어 있으며, 이를 통해 대인관계능력에 대한 학습을 완결 지을 수 있습니다.

사례연구

K사 이 대리의 고민

K사 이 대리는 의리가 있고 정이 많아 후배 사원들이 많이 따르는 사람이다. 항상 모든 일에 솔선수범하며, 희생정신이 강하여 남의 어려움을 그냥 넘기지 않는 성격이라 회사에서는 이 대리에 대한 좋은 평판이 자자하다.

그러던 어느 날, 이 대리와 같은 부서에서 근무하는 김 주임이 회의를 마치고 자기 자리로 돌아오던 중 계단에서 굴러 떨어져 병원에 입원하는 일이 발생했다. 그 결과, 김 주임은 며칠 내내 병원 신세를 져야 했고, 이 대리는 김 주임의 일을 대신 도맡아 했다.

김 주임이 입원한 지 3일 정도 지난 어느 저녁, 이 대리는 많은 업무를 처리하느라 체력이 고갈되었음에도 불구하고 김 주임이 입원한 병원으로 향했다. 병

탐구활동

1. 직장생활 중 대인관계능력이 어느 경우에 필요하다고 생각하는지 작성해 보자.

2. 자신의 대인관계능력 중 장점과 단점을 작성해 보자.

　(장점)

　(단점)

---

03 사례연구 / 탐구활동

사례연구는 학습자들이 습득한 이론과 관련된 사례 및 교육적 시사점을 제시하는 부분으로, 학습자들이 앞에서 배운 이론을 보다 쉽게 이해하는 데 도움을 주는 역할을 합니다.

또한, 학습자들은 사례연구를 바탕으로 여러 가지 의견을 나누어 보는 탐구활동을 통하여 자신의 생각과 의견을 넓혀 나가게 됩니다.

학습평가

정답 및 해설 p.280

※ 다음 문장의 내용이 맞으면 ○, 틀리면 ×에 ✔표시를 하시오. (1~4)

1　한 사람의 인생에서 결정적 변화는 '만남' 속에서 이루어진다. (○, ×)

2　인간관계는 대인관계와 역할관계로 형성된다. (○, ×)

3　인간관계 중 역할관계에서 개인은 주로 상대방의 행위와 직무에 관계가 있을 뿐 상대방의 감성이나 취향 따위와는 무관하다. (○, ×)

학/습/정/리

1. 대인관계능력이란 직장생활에서 협조적인 관계를 유지하고, 조직 구성원들에게 도움을 줄 수 있으며, 조직 내부 및 외부의 갈등을 원만히 해결하고, 고객의 요구를 충족시켜 줄 수 있는 능력이다.
2. 서로의 성장과 발전에 도움이 되는 건설적·생산적 만남이 되기 위해 가장 중요한 요소는 사람의 인성이다. 인성은 그 사람의 '힘됨'[로서 좋은 인성을 지닌 사람은 성공적인 대인관계를 달성할 수 있다.
3. 성공적인 대인관계가 필요한 이유는 다음과 같다.
   1) 성숙한 인간 형성의 첫걸음
   2) 행복한 가정, 활기찬 직장, 건강한 사회의 원천
   3) 생산성·경쟁력의 필수 요건
4. 대인관계를 향상시키는 방법은 다음과 같다.

---

04 학습평가 / 학습정리

학습평가는 학습자들이 습득한 이론을 바탕으로 문제를 풀어 보면서 실력을 점검할 수 있도록 하는 역할을 합니다. 학습자들은 앞에서 습득한 이론과 사례를 토대로 문제를 풀면서 옳고 그름을 판별할 수 있게 됩니다.

또한, 학습자들은 앞에서 배운 이론을 간단하게 요약한 학습정리를 통하여 자신의 실력을 탄탄하게 다질 수 있게 됩니다.

Contents | 차례

사전 평가[1]

체크리스트

다음은 모든 직업인에게 일반적으로 요구되는 대인관계능력 수준을 스스로 알아볼 수 있는 체크리스트이다. 본인의 평소 행동을 잘 생각해 보고, 행동과 일치하는 것에 체크해 보시오.

문항	그렇지 않은 편이다.	그저 그렇다.	그런 편이다.
1. 나는 대인관계능력의 의미와 중요성을 설명할 수 있다.	1	2	3
2. 나는 대인관계능력의 향상 방법을 설명할 수 있다.	1	2	3
3. 나는 팀 구성원들과 효과적으로 의사소통한다.	1	2	3
4. 나는 팀의 규칙 및 규정을 준수한다.	1	2	3
5. 나는 팀 내에서 나에게 주어진 업무를 성실하게 수행한다.	1	2	3
6. 나는 팀의 목표 달성에 필요한 자원, 시간을 파악하고 있다.	1	2	3
7. 나는 조직원들을 동기화할 수 있다.	1	2	3
8. 나는 리더의 행동 특성에 맞는 행동을 한다.	1	2	3
9. 나는 조직 성과를 향상시키기 위한 전략을 제시한다.	1	2	3
10. 나는 수시로 조직원에게 코칭을 활용한다.	1	2	3
11. 나는 앞장서서 바람직한 변화를 선도한다.	1	2	3
12. 나는 타인과 의견 차이가 있을 때 원인을 파악한다.	1	2	3
13. 나는 타인과 대화할 때 생각과 가치관을 배려한다.	1	2	3
14. 나는 타인과의 갈등을 줄이기 위해서 노력한다.	1	2	3
15. 나는 타인과의 갈등을 조절할 수 있는 방법을 활용한다.	1	2	3
16. 나는 대화 시 쟁점 사항이 무엇인지 파악한다.	1	2	3
17. 나는 대화 시 상대방의 핵심 요구 사항을 파악한다.	1	2	3
18. 나는 대화 시 상대방을 설득하기 위해서 노력한다.	1	2	3
19. 나는 협상할 때 사전에 전략을 수립한다.	1	2	3
20. 나는 고객의 유형에 따라서 대응한다.	1	2	3
21. 나는 고객의 요구를 수시로 파악한다.	1	2	3
22. 나는 고객의 불만 사항을 해결하려 노력한다.	1	2	3

평가 방법

체크리스트 문항별로 자신이 체크한 결과를 아래 표를 이용하여 해당하는 개수를 적어 보자.

문항	수준	개수	학습모듈	교재 Page
1~2번	그렇지 않은 편이다. (부정)	(　)개	대인관계능력	pp. 14~37
	그저 그렇다. (보통)	(　)개		
	그런 편이다. (긍정)	(　)개		
3~6번	그렇지 않은 편이다. (부정)	(　)개	팀워크능력	pp. 40~83
	그저 그렇다. (보통)	(　)개		
	그런 편이다. (긍정)	(　)개		
7~11번	그렇지 않은 편이다. (부정)	(　)개	리더십능력	pp. 86~149
	그저 그렇다. (보통)	(　)개		
	그런 편이다. (긍정)	(　)개		
12~15번	그렇지 않은 편이다. (부정)	(　)개	갈등관리능력	pp. 152~183
	그저 그렇다. (보통)	(　)개		
	그런 편이다. (긍정)	(　)개		
16~19번	그렇지 않은 편이다. (부정)	(　)개	협상능력	pp. 186~233
	그저 그렇다. (보통)	(　)개		
	그런 편이다. (긍정)	(　)개		
20~22번	그렇지 않은 편이다. (부정)	(　)개	고객서비스 능력	pp. 236~273
	그저 그렇다. (보통)	(　)개		
	그런 편이다. (긍정)	(　)개		

평가 결과

진단방법에 따라 자신의 수준을 진단한 후, 한 문항이라도 '그렇지 않은 편이다'가 나오면 그 부분이 부족한 것이기 때문에, 제시된 학습 내용과 교재 Page를 참조하여 해당하는 내용을 학습하시오.

---

1) 출처: 한국산업인력공단 직업기초능력 대인관계능력 학습자용 워크북 pp.5~6, 국가직무능력표준 홈페이지(http://www.ncs.go.kr)

NCS
직업기초능력평가

대인
관계
능력

Chapter

01

대인관계능력

제❶장
대인관계능력

제1절 대인관계능력의 의미와 중요성
제2절 대인관계의 행동특징 및 향상 방법

▶▶ 학습목표

구분	학습목표
일반목표	직장생활에서 협조적인 관계를 유지하고 조직 구성원들에게 도움을 줄 수 있으며, 조직 내부 및 외부의 갈등을 원만히 해결하고 고객의 요구를 충족시켜 줄 수 있는 능력을 기를 수 있다.
세부목표	1. 대인관계의 의미와 중요성을 설명할 수 있다. 2. 직장생활에서 대인관계를 향상시키기 위한 방법을 활용할 수 있다.

▶▶ 주요 용어 정리

대인관계

개인 상호 간에 형성되는 특징적인 심리적·사회적 상호 관계이며, 다양한 형태의 태도, 매너, 행동 등으로 표출된다.

대인관계능력

집단 내외의 동료, 부하, 상사, 고객 등 상호 간에 형성되는 어떤 특징적인 심리적·사회적 관계와 상호 작용을 원만하게 유지하는 능력이다.

제1절 대인관계능력의 의미와 중요성

1 인간과 사회

사회를 구성하고 있는 주체는 인간이다. 그렇기 때문에 인간은 사회생활을 영위하는 과정에서 인간행동이 형성된다.

심리학·사회학 관점에서 인간행동은 개인 자체에서 일어나는 행동과 대인관계에서 일어나는 행동으로 나누어 볼 수 있다. 그렇지만 개인 자체의 행동 발현이나 형성은 생물학적 반사 행동으로부터 영향을 받으며, 그 반사 행동 자체도 대인관계의 사회적 작용에 영향을 받는다. 즉, 사회활동 중 대부분이 모방 행동으로 나타나는 것이다.

"인간은 사회적 동물이다.", "물고기는 물을 떠나 살 수 없다."라고 정의를 내리듯이 인간은 사회를 떠나서는 살 수 없는 존재임에 틀림없다. 그러므로 인간행동은 그 사회의 규범, 습관 등의 작용에 따라서 규제되며 사회화(Socialization)되는 것이다. 즉, 사회화는 타인의 요구, 그 사회의 규범 및 문화와 자기 자신의 행동과의 타협이라고 할 수 있다.

맥클레버(R. M. Maclever)는 "인간이 사회 속에 보다 깊게 뿌리를 내려, 그 사회에서의 관계가 점차 복잡하고 광범위해지면 동료들과의 관계에 있어 증가·발전하는 과정의 사회화를 통해서 자기 생활을 확대할 수 있다."라고 했다. 이와 같이 인간은 그 사회에서 요구하는 규범과 문화, 풍속, 양식 등에 따라서 사회화가 이룩되고, 그런 사회화 과정에서 인간관계가 형성되는 것이다.

2 인간관계와 대인관계

인간관계(Human Relations)란 광의로는 대인관계(Interpersonal Relations)이고, 협의로는 인간과 관련된 문제라고 규정할 수 있다. 즉, 인간과 인간 사이에 존재하는 상태를 말하는 것이며, 그것은 다른 사람과의 화합과 더욱 좋은 상태를 유지하기 위한 모든 것을 포함한다. 이 같은 인간관계는 대인관계와 역할관계(Interrole Relations)로 형성된다.

하이더(Heider, 1964)는 "대인관계란 일반적으로 두 사람 사이의 관계를 의미한다. '타인이 개인에 대해 어떻게 생각하고, 느끼고 있는가?', '그는 타인을 어떻게 지각하고 있으며, 타인에 대해 어떤 행위를 하는가?', '그는 타인이 무슨 행위 또는 생각하기를 기대하는가?', '그는 타인의 행동에 대해 어떻게 반응하는가?'하는 것이 대인관계의 국면이다."라고 정의를 내렸다.

이규은·이영선(2014)은 "대인관계란 사람들의 생활 속에서 다른 사람들과의 다양하면서도 무수한 관계"라고 정의했다.

이렇듯 대인관계는 개인 상호 간에 형성되는 특징적인 심리적·사회적 상호 관계이며, 다양한 형태의 태도, 매너, 행동 등으로 표출된다. 즉, 서로의 생활에 대하여 주관적이고 인간적인 측면에서 상대방에게 관심을 보임으로써 형성되는 관계인 것이다. 그렇기 때문에 친구나 가족 사이에는 어떤 사회적 역할이나 직무 이외에 상대방의 건강, 안녕, 행복까지 관심을 갖지만, 직장생활에서의 대인관계는 일을 중심으로 만나기 때문에 상대방의 개인사에 관심을 덜 갖기도 한다.

대인관계는 직장생활에서 개인의 성공 여부에 큰 영향을 미치므로 중요한 능력으로 평가받는다.

NCS 기반의 직업기초능력에서는 대인관계능력을 "직장생활에서 협조적인 관계를 유지하고, 조직 구성원들에게 도움을 줄 수 있으며, 조직 내부 및 외부의 갈등을 원만히 해결하고 고객의 요구를 충족시켜 줄 수 있는 능력이다."라고 정의하고 있다. 이를 토대로 이규은·이영선(2014)은 "대인관계능력이란 직장생활을 하면서 구성원들 간에 협조적인 관계를 지속적으로 유지하고 상호 간에 도움을 줄 수 있으며, 조직 내에 발생하는 갈등을 원만히 해결하며, 고객의 요구에 만족감을 줄 수 있는 능력을 말한다."라고 재정의했으며, 오성환(2015)은 "대인관계능력이란 업무를 수행함에 있어 접촉하게 되는 사람들과 문제를 일으키지 않고 원만하게 지내는 능력이다."라고 재정의했다. 결론적으로 대인관계능력은 집단 내외의 동료, 부하, 상사, 고객 등 상호 간에 형성되는 어떤 특징적인 심리적·사회적 관계나 상호 작용을 원만하게 유지하는 능력이라고 볼 수 있다.

NCS 기반 직업기초능력에서는 대인관계능력의 주요 하위능력을 팀워크능력, 리더십능력, 갈등관리능력, 협상능력, 고객서비스능력으로 한정하고 있다.

한편, 역할관계는 어떤 사회적 의무나 역할로 형성된 두 사람 사이의 관계를 말한다. 이러한 관계 속에서 개인은 주로 상대방의 행위와 직무에 관계가 있을 뿐 상대방의 감성이나 취향 따위와는 무관하다. 즉, 상대방의 주관적 측면은 고려되지 않는 비인간적 측면에서 관계가 형성되는 것이다.

3 대인관계의 의의와 중요성

'人間(인간)'이란 한자를 통해 유추할 수 있는 것처럼 '사람과 사람의 사이'이며, 그 자체가 관계를 의미한다. 이는 인간이 살아가는 데 있어서 대인관계가 중요함을 뜻하기도 한다. 한편 인간은 사회적 동물로 일컬어지기도 하는데, 이는 사회에서 인간의 행동은 상호 작용을 바탕으로 하기 때문이다. 처음부터 다른 사람과의 관계를 떠나서 홀로 살 수 있는 사람은 아무도 없다. 그럼에도 불구하고 사람들은 철학의 빈곤과 가치관의 차이, 인격의 미성숙, 상호 이해관계의 문제 등을 이유로 갈등을 일으키고, 심한 경우에는 돌이킬 수 없는 과오를 저지르게 된다.

이유가 무엇이든 바람직한 대인관계는 한 개인의 성장과 발달뿐만 아니라 행복한 가정생활과 직장생활에 긍정적 영향을 미치며, 대인관계가 좋지 않을 경우 모두에게 부정적인 영향을 미치게 되므로 그 중요성이 매우 크다.

특히, 직장인들에게 바람직한 대인관계가 필요하다는 점은 아무리 강조해도 지나치지 않다. 그 이유를 살펴보면 다음과 같다.

첫째, 직장인은 기본적으로 대인관계를 바탕으로 직장생활이 이루어지기 때문에 대인관계가 없거나 원만하지 못하면 불행해질 수 있다.

둘째, 직장인은 성장 과정에서 수많은 사람과 관계를 맺고 영향을 주고받으며 인격 형성이 이루어진다.

셋째, 좋은 대인관계는 동료애를 높이고 행복한 직장생활의 밑바탕이 된다.

넷째, 직장생활에서 좋은 대인관계는 개인의 일에 대한 몰입도를 높이고, 구성원 상호 간에 협조적 업무 추진이 가능하게 해 생산성 향상에 기여한다.

다섯째, 직장에서의 좋은 대인관계는 건전한 조직문화를 만들고, 노사 안정에 기여한다.

여섯째, 직장에서의 좋은 대인관계는 개인의 직무 만족도를 높이고, 애사심 향상에 기여한다.

마르틴 부버(Martin Buber)는 《나와 너》라는 저서를 통해 "모든 참다운 삶은 만남에서 비롯된다."라고 했고, 플라톤(Platon)은 "소크라테스를 모시게 된 것을 다시없는 축복으로까지 생각하게 되었다."라고 말함으로써 누구를 만나 어떤 관계를 형성한다는 것이 한 사람에게 있어 삶의 질과 방향을 결정하게 된다는 것을 표현했다. 이처럼 한 사람의 인생에서 결정적인 변화라는 것은 '만남' 속에서 이루어진다. 서로가 필요로 한 만남은 서로의 성장과 발전에 도움이 되는 건설적·생산적인 것이어야 한다. 그런 만남이 되기 위해 가장 중요한 요소는 사람의 인성이다. 인성은 그 사람의 '됨됨이'로서 좋은 인성을 지닌 사람은 상대방에 대한 이해, 상대방에 대한 관심과 배려, 상대방에 대한 기대와 역할의 명확화, 상대방과의 약속 이행, 언행일치로 신뢰감을 형성하고, 자기 과오에 대한 진지한 사과 등을 자연스럽게 발현한다.

결국 인간이 가정생활, 직장생활, 사회생활을 하는 과정에서 성공적인 대인관계를 가져야 하는 이유는 다음과 같이 세 가지 측면으로 나누어 볼 수 있다.

1) 성숙한 인간 형성의 첫걸음

대부분의 인간은 무리생활, 군집생활을 하며 일생을 보낸다. 그렇지 못한 경우 대부분은 불행해진다. 갓 태어난 아기는 어머니의 품 안에서 피부 접촉을 통하여 사람의 온기와 사랑 그리고 정을 느끼게 되며 차츰 가족, 또래 집단, 이웃과 친척, 학교, 직장생활을 통하여 성격이 형성되고 한 인간으로서 사회에 적응해 가면서 '자아'를 성숙시켜 나간다.

인간은 상호 작용을 통해 한 개체로서 성장·발달해 간다. 즉, 타인과의 관계 없이는 자기 인격을 바르게 성장시킬 수 없기 때문에 '인격적 상호 의존성'과 같은 인간의 본연적 특성을 갖기도 한다. 특히 인간은 인생의 절반 이상을 직장에서 보내기 때문에 직장 내 대인관계를 잘 갖는 것이 중요하다. 좋은 대인관계는 심리적 안정감과 행복감을 줄 뿐만 아니라 생산성 향상에도 도움을 준다. 상대적으로 나쁜 대인관계는 많은 스트레스와 갈등으로 직장인에게 심리적 불안감과 근로 의욕 상실을 유발해 생산성을 떨어뜨리고 심한 경우에는 이직을 하게 만든다. 이럴 경우에는 심리적·신체적으로 상처를 받게 되고, 가치관이 왜곡되어 성숙한 사회인으로 살아가는 데 치명적 결함이 될 수 있다.

성숙한 인간 형성을 위해서는 가정 교육, 학교 교육, 사회 교육 등 여러 교육

현장에서의 역할이 매우 중요하다. 교육이란 인간을 사회화시키는 과정으로서 인간관계 측면을 무시할 수 없는 것이다. 참다운 인간관계가 무너진 상황에서는 교육이 제대로 될 리가 없다. 바쁜 일상으로 가족 간의 무관심과 대화 부족, 내 자식만 잘되면 된다는 가족이기주의, 학생들의 잠재력을 발굴하고 올바른 인격 형성을 돕는 전인 교육에 대한 노력보다는, 성적을 통한 서열의식과 경쟁의식을 더욱 불어넣으며 입시 위주로 치닫는 파행적 학교 교육, 설립 목적과 미션에 충실하기보다는 과열된 경쟁과 지나친 영리 추구 등으로 사회 질서를 해치고 있는 사회 교육 기관 및 단체 등 이 모든 것들이 성숙한 인간관계 형성의 저해 요인이 되는 것이다.

2) 행복한 가정, 활기찬 직장, 건강한 사회의 원천

과학기술 및 의학의 발달로 인간의 수명이 연장되고 사회 환경은 급변하고 있다. 이 과정에서 전통적 가치관은 무너지고 새로운 가치관이 대두되면서 가치관의 혼란과 각종 사회병리 현상이 나타나고 있다.

전통적인 농경사회 및 산업사회에서는 가정 교육과 학교 교육만으로도 올바른 인성 교육과 위계질서가 가능했지만, 지식 창조 사회에서는 올바른 가정 교육과 학교 교육이 한계를 드러냈고, 글로벌 경쟁으로 인해 공동체 의식이 약화되었으며, 조직 내 위계질서가 흔들리고 있다. 그 결과, 가정에서는 구성원 간의 불화가 커지면서 가족 해체 현상이 나타나고 있고, 학교에서는 입시 경쟁이 과열되어 우정과 동료애를 저해하며, 직장에서는 치열한 경쟁의식과 생존 본능 의식이 철저한 개인주의를 부추기고 있다. 사회에서는 국민 간 상호 이해 관계가 첨예화되면서 상호 불신과 적대감이 사회 갈등과 분열을 조장하는 지경에 이르렀다고 해도 과언이 아니다.

이 같은 사회 시스템이 제자리를 찾고 제대로 작동하는 데 있어서는 무엇보다도 상호 신뢰를 바탕으로 한 관계 회복과 공동의 목적 달성을 위한 노력이 요구된다.

3) 생산성·경쟁력의 필수 요건

기업 및 조직 활동의 기본은 고객들에게 우수한 제품과 서비스를 제공하여 높은 성과를 나타내기 위한 경영활동이다. 그러한 경영활동 중에는 수많은 요소들이 상호 작용하고 관계를 맺고 있다. 특히 산업체의 경우는 조직, 기술, 인간이라는 세 가지 요소로 구성되어 있는데, 인간이 가장 중요한 요소로 평가되고 있다. 즉, 이는 조직을 만들고 운영하는 주체도, 기술을 개발하고 활용하는 주체도 인간이기 때문이며, 성공적인 인간관계가 전제되어야 산업체 내 종업원들이 심리적 안정과 생산성을 향상시킬 수 있기 때문이라는 것이다.

기업활동은 대내외적으로 수많은 대인관계를 바탕으로 이루어진다. 따라서 이해관계자들과 끊임없이 관계를 유지하고 발전시켜 나가는 것이 중요하다.

기업은 살아있는 유기체로 비유된다. 생명력을 갖고 있기 때문에 계속해서 변하는 것이다. 만일 환경 변화에 둔감하여 고립되면 시장에서 사라질 것이고, 민감하게 반응을 보이며 대응을 해 나간다면 지속 가능한 조직으로서 장수 기업이 될 것이다.

사례연구

K사 이 대리의 고민

K사 이 대리는 의리가 있고 정이 많아 후배 사원들이 많이 따르는 사람이다. 항상 모든 일에 솔선수범하며, 희생정신이 강하여 남의 어려움을 그냥 넘기지 않는 성격이라 회사에서는 이 대리에 대한 좋은 평판이 자자하다.

그러던 어느 날, 이 대리와 같은 부서에서 근무하는 김 주임이 회의를 마치고 자기 자리로 돌아오던 중 계단에서 굴러 떨어져 병원에 입원하는 일이 발생했다. 그 결과, 김 주임은 며칠 내내 병원 신세를 져야 했고, 이 대리는 김 주임의 일을 대신 도맡아 했다.

김 주임이 입원한 지 3일 정도 지난 어느 저녁, 이 대리는 많은 업무를 처리하느라 체력이 고갈되었음에도 퇴근하자마자 김 주임이 입원한 병원으로 향했다. 병실에는 김 주임의 아내와 남동생이 그를 간호하고 있었다. 김 주임과 한참 이야기를 나눈 후 병문안을 마친 이 대리가 자리에서 일어나려고 할 무렵 김 주임의 남동생이 김 주임의 아내를 쳐다보며 입을 열었다.

"형수님, 오늘은 제가 여기 있을 테니 집에 가서 주무시고, 내일 천천히 나오세요."

그러자 김 주임도 말을 덧붙였다.

"그래, 당신 집에 가서 좀 쉬어." 그러곤 이 대리를 바라보며 "대리님, 혹시 괜찮으시다면 저희 집사람 좀 집 앞까지 데려다 주실 수 있으신가요?"라고 말했다.

김 주임의 집이 자신의 집 근처라는 것을 알고 있던 이 대리는 김 주임에게 알겠다고 시원하게 대답하곤 김 주임의 아내와 함께 병원을 나섰다. 차는 곧 김 주임의 집 앞에 도착했고, 이 대리는 차에서 내리는 김 주임의 아내를 따라 내려 위로와 격려의 인사를 나눈 후 집으로 향했다. 그런데 이 대리와 김 주임의 아내가 대화를 나누는 모습을 이 대리 아내의 친구인 윤선 씨가 우연히 보게 되었다. 두 사람의 관계를 오해한 윤선 씨는 바로 이 대리의 아내에게 전화를 걸었고, 전화를 받은 이 대리의 아내는 당황스러움과 분노에 휩싸였다. 그 사실을 모르는 이 대리가 때마침 집에 들어왔고, 평소처럼 아내에게 저녁을 먹자고 얘기했다. 그러자 아내가 격양된 목소리로 말했다.

"밥은 당신 혼자 차려 먹든 사 먹든 알아서 해!"

말을 마친 후 방으로 들어가는 아내의 모습을 본 이 대리는 당황스러웠고, 아내와 대화를 하려고 했지만 결국 언성을 높이게 되어 부부싸움만 하고 말았다.

다음 날 아내와 한 마디 대화도 없이 회사로 출근한 이 대리는 일에 집중하려고 했지만, 계속 아내와의 일이 생각나 일에 집중할 수 없었다. 그러다 문득 후배 직원들에게 "사무실에서는 공과 사를 구분하여 행동해야 한다."라고 입버릇처럼 얘기했던 자신의 모습이 떠올라 부끄러워졌다. 이 대리는 오늘 집에 돌아가자마자 아내에게 왜 화를 냈는지 차근차근 물어봐야겠다고 다짐하며 다시 업무에 매진했다.

◢ **교육적 시사점**

• 대인관계는 가정·직장·사회생활에서 직간접적으로 영향을 미치므로 안정된 가정생활을 기반으로 건강한 직장·사회생활을 만들어 가는 것이 중요하다.

• 성숙한 인격을 갖춘 성인이 되기 위해서는 성장 과정에서 올바른 인성과 가치관 형성이 가능하도록 교육적·사회적 경험을 많이 갖는 것이 중요하다.

탐구활동

1. 직장생활 중 대인관계능력이 어느 경우에 필요하다고 생각하는지 작성해 보자.

2. 자신의 대인관계능력 중 장점과 단점을 작성해 보자.

   〈장점〉

   〈단점〉

3. 자신의 과거생활 중 대인관계에서 성공/실패했던 사례와 그에 따른 느낀 점을 작성해 보자.

   〈성공 사례 및 느낀 점〉

   〈실패 사례 및 느낀 점〉

4. 【사례연구】를 읽고 문제점이 무엇인지 작성해 보자.

5. 【사례연구】를 읽고 이 대리 부부의 문제와 그에 대한 합리적 해결 방법을 작성해 보자.

학습평가

정답 및 해설 p.280

※ 다음 문장의 내용이 맞으면 ○, 틀리면 ×에 ✓표시를 하시오. (1~4)

1 한 사람의 인생에서 결정적 변화는 '만남' 속에서 이루어진다. (○, ×)

2 인간관계는 대인관계와 역할관계로 형성된다. (○, ×)

3 인간관계 중 역할관계에서 개인은 주로 상대방의 행위와 직무에 관계가 있을 뿐 상대방의 감성이나 취향 따위와는 무관하다. (○, ×)

4 인성은 그 사람의 '됨됨이'이다. (○, ×)

※ ( ) 안에 알맞은 말을 채워 넣으시오. (5~8)

5 대인관계란 사람들의 생활 속에서 다른 사람들과의 다양하면서도 무수한 ( )(이)다.

6 대인관계란 서로의 생활에 대하여 ( )(이)고 ( )인 측면에서 상대방에게 관심을 보임으로써 형성되는 관계이다.

7 NCS 기반의 직업기초능력에서 대인관계능력을 직장생활에서 ( )인 관계를 유지하고 조직 구성원들에게 ( )을/를 줄 수 있으며, 조직 내부 및 외부의 ( )을/를 원만히 해결하고 고객의 ( )을/를 충족시켜 줄 수 있는 능력이 다."라고 정의하고 있다.

8 NCS 기반 직업기초능력에서는 대인관계능력의 주요 하위능력을 (   ), (   ), (   ), (   ), (   )(으)로 한정하고 있다.

9 인간관계에 있어서 가장 중요한 것을 고르시오.

① 전통적 가치관
② 사람의 인성
③ 과열된 경쟁의식
④ 영리 추구에 집중하는 것

10 가정·직장·사회생활에서 성공적인 대인관계가 필요한 이유로 바르지 않은 것을 고르시오.

① 성숙한 인간 형성의 첫걸음
② 행복한 가정, 활기찬 직장, 건강한 사회의 원천
③ 생산성·경쟁력의 필수 요건
④ 성격의 개선

무재칠시(無財七施)

무재칠시는 '돈 없이 남에게 베풀 수 있는 일곱 가지 보시(널리 베푼다)'라는 뜻을 가진 것으로 불경에 나오는 말이다. 이 말의 배경은 다음과 같다.

불경에 심취한 한 불자가 석가모니를 찾아가 호소하였다고 한다.

"저는 하는 일마다 제대로 되는 일이 없으니 이 무슨 이유입니까?"
"그것은 네가 남에게 아무 것도 베풀지 않기 때문이다."
"그렇지만 저는 가진 것이 아무 것도 없기 때문에 남에게 줄 수가 없는 빈털터리입니다."
"그렇지 않으니라. 아무 재산이 없더라도 누구에게나 남에게 줄 수 있는 일곱 가지가 있느니라. 네가 이 일곱 가지를 진실하게 행할 수만 있다면 하는 일이 모두 순조롭게 진행될 것이다.

첫째, 화안시(和顔施)이다. 남을 대할 때는 항상 얼굴에 화색을 띠고 부드럽고 정다운 얼굴을 보여라.

둘째, 언사시(言辭施)이다. 남에게 말을 할 때는 항상 공손한 말, 사랑의 말, 칭찬의 말, 위로의 말, 격려의 말, 부드러운 말 등을 하여라.

셋째, 심려시(心慮施)이다. 상대방에게 항상 마음의 문을 열고 따뜻한 마음으로 솔직하게 대하여라.

넷째, 자안시(慈眼施)이다. 상대방에게는 항상 부드럽고 자비로운 눈빛으로 편안하게 대하여라.

다섯째, 사신시(捨身施)이다. 궂은 일을 가리지 말고, 남을 위해 말로만 하지 않으며, 행동으로 보여라.

여섯째, 상좌시(床座施)이다. 빈자리, 좋은 자리가 있으면 항상 상대방에게 양보하여라.

일곱째, 방사시(房舍施)이다. 집이 없는 이웃에게 너의 집(방)을 깨끗하게 하여 하룻밤 숙소로 제공하며, 상대의 처지를 헤아려라.

제2절 대인관계의 행동특징 및 향상 방법

1 인간행동의 이해

"인간이란 어떤 존재인가?"라는 물음에 대한 대답은 여러 가지가 있을 수 있으나 행동과학의 관점에서 보면 그것은 '욕구를 지니고 추구하는 존재'이고 '행동을 하는 존재'이다. 그렇다면 '기업에 현실적으로 존재하는 인간'은 어떤 존재인가? 인간은 경영 요소 중 하나이지만, 다른 요소와 달리 무한한 잠재능력을 지니고 있다는 차별점을 가지며 계속적으로 이용 가능하고 생산적으로 활동하는 요소라고 할 수 있다.

이와 관련하여 울리히(H. Ulrich) 등은 다음과 같은 몇 가지 측면에서 인간을 물적·기계적 수단과는 다른 성격을 가진 존재라고 보았다.

- 인간은 기업 목적의 달성을 위한 수단이 아니라 기업이 인간 목적의 실현을 위한 수단이다.
- 인간은 부분적으로 기업에 관여하고 있다. 즉, 기업활동 이외에 다양한 사회활동과 연결되어 있다.
- 인간은 사고능력과 의지를 지니고 있어 자발적 행동을 할 수 있는 존재이다.
- 인간의 행동에는 다양성이 있다.
- 인간의 일이 어떤 결과를 낳는 것은 물리적 조건과 정신적 힘, 그리고 의지가 있기 때문이다.
- 기업은 인간을 살 수 없으며, 급여를 지급하고 그의 동의를 얻어 노동력을 살 수 있을 뿐이다.
- 인간은 기업에서 자발적으로 인간행동에 영향을 미치는 공동체를 구성한다.

다음과 같은 '리비트(H. J. Leavitt, 1978)의 인간행동에 상호 관련된 세 가지 기본적인 가설'이 이론의 수립이나 조사 연구에서 일반적으로 인용되고 있다.

- 행동에는 원인이 있다. 인간의 행동은 결코 우연히 일어나는 것이 아니라 그만한 이유가 있어서 일어난다.

- 행동은 목적 지향적이다. 인간의 행동은 어떤 목적을 추구함이며, 목적이 없는 행동은 없다.
- 행동은 동기부여에 의해 일어난다. 즉, 목적을 달성하기 위해 에너지를 제공하는 동인(Motives) 또는 충동(Drives)에 의해 행동이 일어난다.

한편, 인간은 동물과는 다른 유사성을 지니고 있으면서도 각각의 인물마다 다른 차이성과 독특성을 지니고 있다. 그 어떤 사람도 완전히 같지 않은 것이다. 그렇기 때문에 모든 사람은 유사한 상황에서도 같은 방법으로 행동하지 않으며, 달리 생각하고 느끼며 행동한다. 즉, 개인행동에 차이가 있는 것이다.

그러므로 인간행동을 보다 올바르게 이해하기 위해서는 개인차를 인정하고, 각 개인의 행동에 영향을 미치는 변수, 즉 퍼스낼리티(Personality), 지각, 학습, 태도, 가치관의 차이를 인정해야 한다.

2 대인행동 및 대인관계의 특성

대인관계 이론 중 매력이론(Attraction Theory)은 개인적인 매력이 대인관계 형성에 중요한 변수로 작용한다는 것이다. 상호 간에 느끼는 매력의 정도는 개인차가 있으며 특히 대인관계를 시작할 때 호불호(好不好)의 감정은 물리적 근접성, 유사성, 신체적 매력, 자신에 대한 상대방의 호감과 같은 요인에 의해 영향을 받는다.

그러나 일반적으로 대인관계의 초기에 나타나는 호불호의 감정도 다음과 같은 요인에 따라서 다른 대인행동 특성을 나타낸다.

1) 자기노출

사람은 서로 마음을 터놓고 사적인 이야기를 하게 되면 더욱 친해지는 경향이 있다. 그러나 일방적인 노출은 오래 지속되지 않는다. 즉, 상대방의 호응이 있을 때 더욱 친숙해지는 것이다. 콜드웰과 페플라우(Caldwell & Peplau, 1982)는 동성관계에서는 남성보다 여성이 더 자기노출이 심하며, 이성관계에서는 남녀 모두 자기노출을 상대방의 노출에 균형을 맞추려는 경향이 있지만, 대부분의 경우 여성이 남자보다 자기노출을 더 많이 하는 경향이 있다고 했다. 또한, 헥커

(Hacker, 1981)는 남성은 약점보다는 강점을 보이고, 여성은 강점보다는 약점을 보이는 경향이 있다고 보았다.

2) 상응규범

주고받는 행위의 당위성을 규정하는 사회적 교환이론이다. 사회적 교환이론이란 사람들은 대인관계에서 보상을 최대화, 손실을 최소화하려고 하기 때문에 교류 과정에서 이득이 예상되면 상대방에게 접근하고, 손실이 예상되면 기피한다는 것이다.

3) 공평성

대인관계에서 공평을 추구하고자 한다는 원리로서 공평을 보는 방식은 상대방이 누구인가에 따라, 개개인에 따라, 문화적 특성에 따라 각기 다르다.

- **균등의 원리**: 두 사람이 똑같은 몫을 취하는 방식
- **형평의 원리**: 작업이나 성과에 대한 기여도에 따라 몫을 결정하는 방식
- **필요의 원리**: 일에 대한 기여도와는 무관하게 각자의 필요에 따라서 갖는 방식

일반적으로 친구 사이에는 균등한 분배를 원하지만, 대인적 거리가 멀어질수록 형평의 원리를 선호한다.

4) 대인관계의 유지 및 단절

대인관계의 유지 및 단절에 영향을 주는 요인은 만족도와 구속성이다. 만족도는 상대방과의 관계에서 얻는 것이 기대 이상이면 높아진다. 구속력은 당사자들을 묶어 두는 역할을 하는 모든 힘의 총합으로서 다음과 같은 다섯 가지 요인이 작용한다.

- **사회적 관습**: 부모 자식 관계는 부모의 능력과 관계없이 유지된다.
- **당사자에 대한 투자**: 상대방의 관심과 투자 수준이 대인관계 유지 여부에 영향을 미치며, 유대관계에 따라 다르다.
- **관계 유지 동기**: 상사나 애인에게 잘 보이려 한다거나, 상대에게 지원을 받고자 하는 등의 동기적 요인이 관계를 유지시킨다.

- 관계의 단절이 지니는 어려움: 이혼으로 인한 자식 양육 문제, 애인과의 단절로 인한 보복, 상사나 동료와의 단절로 인한 곤경 등은 관계의 단절을 어렵게 한다.
- 대안적 관계의 결여: 지금의 상태를 개선할 만한 특별한 대안이 없으면 관계는 지속된다.

대인관계는 공식적인 조직이든, 비공식적인 조직이든 간에 어떠한 형태로든지 집단조직에 영향을 미친다. 그 과정에서 나타나는 대인관계의 특성은 다음과 같이 정리할 수 있다.

- 대인관계는 일상생활 중에서 직간접적으로 만나고 체험하는 것이다.
- 대인관계는 타인과의 언어적·비언어적 의사소통을 통한 상호 작용에서 이루어진다.
- 대인관계는 상대적·환경적 영향을 받는다. 즉, 상대방에 따라서 또는 관계 과정 중에 영향을 받아 호불호가 나누어진다.
- 대인관계는 이해관계에 따라 다르게 형성된다.
- 대인관계는 개인의 인생관, 가치관, 직업관 등에 영향을 받는다.
- 대인관계는 상대방의 진정성, 경청의 여부 등에 따라 다르게 형성된다.
- 대인관계는 개인과 조직의 업무 성과를 좌우한다.

3 대인관계능력 향상 방법

직장인들에게 가장 스트레스가 되는 것이 무엇인지에 대한 질문을 하면 대인관계라고 답변하는 경우가 많다. 직장인의 이직 사유 중에서도 '상사와의 불편한 관계'가 매 조사마다 가장 높게 나타나기도 한다. 그만큼 대인관계는 중요하면서도 어려운 것이다. 따라서 직장인에게 원만한 대인관계를 맺는 것은 큰 과제이기도 하다. 대인관계능력을 향상시키기 위한 방법은 다음과 같다.

- 개인들은 모든 면에서 서로 다르다는 것을 이해하고 인정해야 한다.
- 자기 자신을 객관화하여 보고, 행동할 수 있어야 한다.
- 자기 감정을 지나치게 노출해서는 안 된다.

- 상대방을 신뢰해야 한다.
- 성장해 갈수록 덕을 쌓아야 한다.
- 상대방이나 조직에 꼭 필요한 존재가 되도록 실력을 쌓아야 한다.
- 타인에 대한 기대치를 너무 높게 갖지 말아야 한다.
- 상대방과의 관계를 장기적 관점에서 접근한다.
- 상대방과의 관계에서 '기브 앤 테이크(Give & Take)'를 실천한다. 즉, 상대방이 원하는 것을 먼저 주는 것이다. 그렇게 하면 상대방이 내가 필요로 하는 것을 줄 것이다.
- 상대방과의 이해관계에서는 반드시 '내가 손해를 본다.'는 생각이 들 때 비로소 대등한 관계가 형성되는 것임을 인지한다.
- 평상시 부정적인 행동과 태도를 보이지 말아야 한다.
- 당신의 인간적 매력을 느끼게 한다.
- 먼저 마음을 열고 상대방을 대한다.
- 작은 문제라도 정성을 다하고 최선을 다하는 모습을 보여준다.
- 잠깐씩이라도 자주 만나는 자리를 갖도록 한다.
- 사소한 약속도 소홀히 하지 말고 시간 약속은 꼭 지킨다.
- 말과 행동에 책임감을 갖고 신중함과 신뢰감을 보여준다.
- 상대방에게 기대하는 바를 명확히 한다.
- 자기 자신의 실수 및 과오에 대해서는 진지하게 사과한다.
- 바람직한 대인관계를 관리하기 위한 기법을 끊임없이 익혀야 한다.

한편, NCS 직업기초능력에서는 대인관계능력을 향상시키기 위한 실천 방법으로 다음과 같은 여섯 가지[2]를 추천하고 있다.

- 상대방에 대한 이해와 양보
- 사소한 일에 대한 관심
- 약속의 이행
- 칭찬하고 감사하는 마음
- 언행일치
- 진지한 사과

---

2) 출처: 한국산업인력공단 직업기초능력 대인관계능력 학습자용 워크북 pp.17~18 부분 발췌, 국가직무능력표준 홈페이지 (http://www.ncs.go.kr)

사례연구

K생명 L지점에서 일어난 갈등

내가 근무하는 곳인 K생명 L지점에는 금대박 씨라는 사람이 있다. 금대박 씨는 계약 실적이 우수하여 매월 영업실적 마감에 큰 기여를 하고 있어 지점장의 두터운 신임을 받고 있는 라이프 플래너이지만, 내게는 스트레스를 많이 주는 선배일 뿐이다. 평소 출근을 잘 하지 않고, 내게 전화를 해 업무 현황 조회를 요청하는 것도 모자라 사적인 일까지 시키기 때문이다.

금대박 씨는 서류 미비도 많고 계산서나 영수증을 분실하는 경우도 많은데, 신기하게 수금만큼은 확실하게 챙기는 편이라 때로는 아주 얄밉다. 더욱이 회사에서 나를 부를 때 꼭 "야! 야!"하고 반말을 한다. 꾹꾹 참다가 더 이상 버티지 못할 것 같았던 나는 얼마 전 큰 마음을 먹고 금대박 씨에게 말했다.

"선배님, 제게도 부모님이 지어주신 강여운이라는 이름이 있는데, '야'라고 부르시면 참 기분이 좋지 않습니다. 이 점 고려해 주시면 좋겠습니다."

그 후 금대박 씨가 날 부르는 호칭은 "야! 야!"에서 "야! 여운아!"로 바뀌었지만 나는 이제 더 이상 신경 쓰지 않기로 했다. 싫은 사람이라고 안 볼 수도 없으니 더욱 불편해져서는 안 되겠다는 생각이 들었기 때문이다. 하지만 때때로 금대박 씨의 전화를 받거나 금대박 씨로부터 부탁받은 일을 처리할 때 짜증이 나는 경우가 있다. 그래도 우리 지점에 가장 도움이 되는 실적을 갖고 오는 분인데, 친절하게 대하려고 노력하지만 참 쉽지가 않다.

교육적 시사점

- 직장은 공동의 목적을 위하여 만들어진 집단이며 구성원들에게는 각자의 역할과 임무가 주어진다. 이에 따른 조직생활에는 위계질서가 있으며, 상호 존중이 요구된다.
- 따라서 상대방의 직급이 낮고 나이가 어려도 반말을 하거나 인격적으로 상처가 되는 하대를 해서는 안 된다.
- 직장 상사가 문제가 있을 때는 그 사실을 상사 본인에게 전달하는 것도 필요하다. 무조건 참고 지낸다거나 감정 어린 어투로 불만을 토로하면 상사의 감정을 불편하게 할 수 있으니 T.O.P.(Time, Occasion, Place)를 신경 써서 본인의 생각을 전달하도록 한다.

탐구활동

1. 【사례연구】를 읽고 K생명 L지점의 효과적인 인간관계 향상 방안을 작성해 보자.

방안	내용
1	
2	
3	

2. 자기 자신의 가장 매력적인 행동은 무엇인지 작성해 보자.

3. 최근에 타인으로부터 칭찬을 받았거나 개선을 요구받은 행동이 있었다면 무엇인지 작성해 보자.

4. 대인관계를 좋게 형성하기 위하여 자신이 가장 신경 쓰고 노력하는 것을 작성해 보자.

학습평가

정답 및 해설 p.280

※ 다음 문장의 내용이 맞으면 ○, 틀리면 ×에 ✓표시를 하시오. (1~6)

1   사람은 서로 마음을 터놓고 공적인 이야기를 하게 되면 더욱 친해지는 경향이 있다. (○, ×)

2   동성관계에서는 남성보다 여성이 더 자기노출이 약하다. (○, ×)

3   사회적 교환이론이란 사람들은 대인관계에서 보상을 최대화, 손실을 최소화하려고 하기 때문에 교류 과정에서 이득이 예상되면 상대방에게 접근하고, 손실이 예상되면 기피한다는 것이다. (○, ×)

4   공평성이란 대인관계에서 공평을 추구하고자 한다는 원리로서 공평을 보는 방식은 상대방이 누구인가에 따라, 개개인에 따라, 문화적 특성에 따라 다르다. (○, ×)

5   일반적으로 친구 사이에는 균등한 분배를 원하지만, 대인적 거리가 멀어질수록 형평의 원리를 선호한다. (○, ×)

6   대인관계의 유지 및 단절에 영향을 주는 요인은 만족도와 구속성이다. (○, ×)

※ (   ) 안에 알맞은 말을 채워 넣으시오. (7~9)

7   NCS에서 제시한 '대인관계능력을 향상시키기 위한 여섯 가지 방법'은 상대방에 대한 이해와 양보, (   ), 약속의 이행, (   ), 언행일치, (   )(이)다.

8 행동과학의 관점에서 인간은 (　　　)을/를 지니는 존재이자 추구하는 존재이다.

9 인간행동을 보다 올바르게 이해하기 위해서는 개인차를 인정하고 각 개인의 행동에 영향을 미치는 변수, 즉 (　　), (　　), (　　), (　　), (　　)의 차이를 인정해야 한다.

10 대인관계능력을 향상시키는 방법으로 적절하지 않은 것을 고르시오.

① 상대방과 약속한 일은 꼭 이행했다.
② 내 잘못에 대해 사과할 때 경망한 모습을 보였다.
③ 상대에게 지나치게 기대감을 갖지 않도록 노력했다.
④ 상대방과의 관계를 장기적 관점에서 접근했다.

Tip

세상은 좁다! Small World Effect를 알고 있는가?

1967년 하버드대학의 사회심리학 교수 스탠리 밀그램(Stanley Milgram)은 미국에서 무작위로 선택한 두 사람을 연결하는 데 얼마나 많은 지인이 필요한지를 알아보는 실험을 했다. 그는 미국 캔자스 주의 위치타 시와 네브래스카 주의 오마하 시에 사는 사람을 임의로 추출해서 160통의 편지를 띄웠다. 그 편지를 최종적으로 받는 사람은 보스턴에 사는 한 증권브로커였고, 편지에는 다음과 같은 내용이 적혀 있었다.

"이 편지는 메사추세츠 주 보스턴 시의 ○○○에 사는 증권브로커인 □□□에게 전달되어야 할 편지입니다. 이 증권브로커의 이름을 참조해서, 귀하가 알고 있는 분 중 가장 이 사람에게 근접하다고 생각되는 사람에게 이 편지를 발송해 주시기 바랍니다."

편지는 보스턴의 그 증권브로커를 향해 매번 '아는 사람에서 아는 사람으로'의 방식으로 전달되어 갔다. 최종적으로 그 증권브로커를 아는 사람이 마지막으로 그 편지를 발송하게 된 것이다. 편지가 몇 사람을 거쳐서 도착했는지를 조사해 보니 평균 5.5명에 불과했다. 즉, 네브래스카에서 보스턴까지 딱 5.5명만에 도착한 것이다.

이를 조금 다르게 생각해 보면 한 사람이 지인 100명에게 똑같은 편지를 전달하게 하고, 전달받은 100명이 각자의 지인 100명에게 전달하는 식으로 6단계의 과정을 거치면 지구상의 모든 사람들에게 편지가 전달될 수 있다는 결론을 얻을 수 있다(단, 전달 과정에서 사람이 중복되지 않는다는 조건이 있어야 한다). 1명 → 100명 → 1만 명 → 100만 명 → 1억 명 → 100억 명이 되는 것이다.

이것을 '6단계 분리(Six Degrees of Separation)'라고 하며, 이는 세상이 좁다는 것을 최초로 실증한 실험이었다. 과거에 국내에서도 유사한 실험이 있었다. 2004년, 중앙일보가 연세대 사회발전연구소와 공동 기획하여 한국사회의 연결망(네트워크)을 조사한 결과, 3.6명만 거치면 다 아는 사이가 되는 것으로 나타난 것이다. 즉, 전혀 모르는 사람끼리도 세 사람 또는 네 사람만 거치면 다 알게 된다는 것이 입증된 것이다. 현재는 SNS 등 모바일 네트워크의 발달로 그 단계가 더욱 단축되었을 것이다.

학/습/정/리

1. 대인관계능력이란 직장생활에서 협조적인 관계를 유지하고, 조직 구성원들에게 도움을 줄 수 있으며, 조직 내부 및 외부의 갈등을 원만히 해결하고, 고객의 요구를 충족시켜 줄 수 있는 능력이다.

2. 서로의 성장과 발전에 도움이 되는 건설적·생산적 만남이 되기 위해 가장 중요한 요소는 사람의 인성이다. 인성은 그 사람의 '됨됨이'로서 좋은 인성을 지닌 사람은 성공적인 대인관계를 달성할 수 있다.

3. 성공적인 대인관계가 필요한 이유는 다음과 같다.

   1) 성숙한 인간 형성의 첫걸음

   2) 행복한 가정, 활기찬 직장, 건강한 사회의 원천

   3) 생산성·경쟁력의 필수 요건

4. 대인관계를 향상시키는 방법은 다음과 같다.

   1) 상대방에 대한 이해와 양보

   2) 사소한 일에 대한 관심

   3) 약속의 이행

   4) 칭찬하고 감사하는 마음

   5) 언행일치

   6) 진지한 사과

NCS
직업기초능력평가

대인
관계
능력

Chapter

02

팀워크능력

제❷장
팀워크능력

▶▶ 학습목표

구분	학습목표	
일반목표	직장생활에서 다른 구성원들과 목표를 공유하고 원만한 관계를 유지하며, 자신의 역할을 이해하고 책임감 있게 업무를 수행하는 능력을 기를 수 있다.	
세부목표	1. 팀워크의 의미를 설명할 수 있다. 2. 효과적인 팀의 특성을 설명할 수 있다. 3. 멤버십의 의미를 설명할 수 있다. 4. 직장생활에서 팀워크를 촉진시키기 위한 방법을 활용할 수 있다.	
세부요소 및 행동지표	적극적 참여	나는 팀의 목표 달성을 위해 적극적으로 참여할 수 있다.
	업무 공유	나는 팀의 목표 달성에 필요한 정보·지식·기술 등을 팀원들과 공유할 수 있다.
	팀 구성원으로서의 책임감	나는 팀 활동 시 소속감을 가지고 역할을 완수할 수 있다.

▶▶ 주요 용어 정리

팀

공유된 목표를 달성하기 위하여 공동의 책임을 지고 정기적으로 상호 작용하는 사람들로 구성된 사회적 집합체이다.

팀워크

팀 구성원들이 공동의 목적을 달성하기 위하여 상호 관계성을 가지고 협력하여 업무를 수행하는 것이다.

멤버십

조직의 구성원으로서 자격과 지위를 가지며, 역할을 충실하게 수행하는 것으로서 팔로워십(Followership)과 유사한 개념이다.

제1절 팀워크의 의미와 중요성

1 조직과 집단 그리고 팀(Team)

사람은 태어나면서 가족이라는 1차적 집단에, 성장하면서는 취미집단, 학교집단, 종교집단, 작업집단 등의 2차적 집단에 참여함으로써 집단 구성원이 된다. 대부분의 사람은 1차적 집단뿐만 아니라 2차적 집단에도 자연스럽게 참여하게 되는 것이다.

2차적 집단의 대표적인 조직에 참여하는 사람들은 여러 가지 방법으로 서로 관계를 맺게 된다. 즉, 어떤 형태로든 타인들과 상호 작용을 한다. 이때 집단 (Cluster)은 개인과 조직의 접점에 있기 때문에 개인과 조직에 긍정적·부정적인 영향을 미친다. 즉, 집단은 조직의 기초(Building Block)를 이루기 때문에 조직의 업적(생산성)에 영향을 미치며, 개인으로 구성되어 있기 때문에 개인(구성원)의 태도와 행동에 영향을 미치는 것이다.

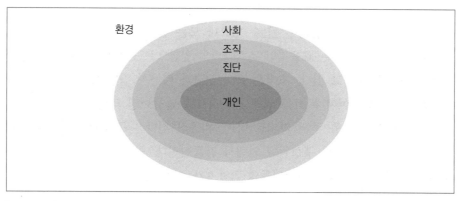

| 그림 2-1 | **개인, 집단, 조직의 개념적 관계**

'집단'과 '조직'이라는 어휘는 일상생활에서 혼용되고 있지만 같은 개념은 아니다. [그림 2-1]을 통해 알 수 있듯이 하나의 조직은 여러 집단들로, 하나의 집단은 여러 사람들로 구성되어 있다. 규모 면에서 조직은 집단보다 크지만 개인, 집단, 조직 등의 수준은 절대적인 것이 아니라 상대적이다.

조직은 비교적 크기 때문에 조직 내 구성원들은 서로 잘 모르기도 하고, 상호 작용도 거의 없다. 그러나 집단은 상대적으로 규모가 작으므로 서로 직접적 접촉을 통해 이해하고 영향을 미친다.

집단과 같은 개념으로 쓰이기도 하는 '팀'은 작은 팀을 의미하며 엄밀히 말해서 상이하다. 팀은 부서 또는 조직의 목적에 관련된 공통의 목적을 달성하기 위한 협력적인 사람들의 집단이고, 조직에 의해 의사결정과 목적 설정에서의 참여 등의 권한이 공식적으로 부여된, 즉 권한과 책임이 위양된 집단이라고 할 수 있다. 즉, 팀과 집단이라는 두 개념은 정도의 차이가 있으며, 그 차이는 다음과 같다.

첫째, 팀은 집단보다 구성원 간의 정체성이 강하다.
둘째, 팀원은 공동 목적이나 과업을 지니고 있으나 집단 구성원은 팀의 구성원들만큼 높은 목적을 지니지 않는다.
셋째, 팀은 집단보다 과업에 대한 의존도가 높다.
넷째, 팀의 구성원들은 집단의 구성원들보다 차별화, 전문화된 역할을 수행한다.

결론적으로 모든 팀은 집단이 될 수 있으나 모든 집단을 팀으로 볼 수는 없다. 최근에 많은 조직에서는 효율적인 조직관리의 일환으로 공식적인 집단을 강조한 팀을 만들어 운영하고 있다. 조직은 공식 집단과 비공식 집단으로 구성된다. 공식 집단은 조직의 어떤 목적을 위해 공식적으로 만들어진 과업집단이기 때문에 작업과 과업의 배분을 주된 과제로 하며, 비공식 집단은 구성원의 이익과 사회적 욕구의 충족을 위해 구성원에 의해서 만들어진다. 공식 집단으로서 팀은 공동의 목적 달성을 위하여 구성원들의 팀워크가 중요시된다.

2 팀워크(Teamwork) vs 집단응집력(Cohesiveness)

'팀워크'란 팀 구성원이 공동의 목적을 달성하기 위하여 상호 관계성을 가지고 서로 협력하여 업무를 수행하는 것으로서 업무 성과 및 생산성에 큰 영향을 미친다. 반면, '집단응집력'은 집단의 구성원들이 소속 집단의 멤버로서 계속 남아 있기를 원하게 만드는 힘으로서 구성원 상호 간의 애정과 집단에 대한 유인 정도에 따라서 다르다. 집단응집력은 팀워크처럼 업무 성과 및 생산성에 큰 영향을 미치고, 구성원들이 유사한 가치, 태도, 문화적 배경을 가지는 경우는 더욱 강해진다. 팀워크와 집단응집력의 관계적 특징은 다음과 같다.

- 집단응집력이 강할수록 팀워크가 좋아지는 경향이 있다.
- 집단응집력이 강한 집단의 구성원들은 약한 집단의 구성원들보다 더 많은 상호 작용을 하고 상호 영향력을 행사한다.
- 집단응집력이 강한 비공식집단은 공식집단에 커다란 영향을 미친다.
- 집단응집력이 강하고 생산성에 대한 규범, 즉 집단목적과 조직목적의 일치도가 높은 경우에는 생산성이 증대되나 일치도가 낮은 경우에는 오히려 낮아진다.

결론적으로 팀워크를 강화시키기 위해서는 집단응집력을 증대시키는 것도 중요하지만 구성원들에게 공동의 목적과 목표를 제시하는 것이 더욱 중요하다. 팀워크와 집단응집력의 강화·약화 요인은 다음과 같다.

| 표 2-1 | **팀워크와 집단응집력의 강화·약화 요인**

강화 요인	약화 요인
• 팀원들 간 공동의 목적과 목표 의식 • 팀원들 간 상호 신뢰와 상호 존중하는 마음 • 팀원 각자의 역할에 대한 인식 • 팀원 간 상호 이해와 배려 • 팀원 간 상호 지지와 격려 • 팀 목표 달성을 위한 정보, 지식, 기술 등의 공유 • 권한 위임과 책임감 • 집단 간 선의의 경쟁 유도 • 개인의 창의성 존중 • 신속한 변화 대응력 • 작은 성공의 경험 • 구성원들 간의 빈번한 상호 작용 및 교류 • 자유로운 소통문화	• 조직에 대한 이해부족 • 팀원의 공동의 목적과 목표 인식 부재 • 자기중심적인 이기주의 • 소수에 의한 파벌주의 • 그릇된 우정과 인정 • 개인 차이에 대한 불인정 • 통제형 리더십 • 팀 내의 지나친 경쟁 유발 • 팀원들의 공간적으로 원거리 배치 • 잦은 실패 경험 • 소통의 부재

사례연구

직장에서의 팀워크는 기본이다!

"세상에 독불장군은 없다."라는 말이 있다. 이는 특히 조직생활에서 더 말할 나위 없이 중요한 말이다. 그 조직생활이 국가 행정 조직이든, 민간 기업이든, 심지어 문화예술·종교·스포츠 조직이든 다 해당된다. 특히 스포츠의 경우 개인 종목보다 단체 종목일수록 팀워크가 승패에 큰 영향을 준다. 세계적인 축구 감독들은 이 점을 매우 중요시한다. 비록 세계적인 스타플레이어라 할지라도 팀워크를 해치는 언행과 습관에 대해서는 가혹하리만큼 통제를 한다. 결국 스타플레이어들도 팀을 중심으로 자기 기량을 뽐내게 되는 것이 요즘 추세다. 우리나라 축구 대표팀에서도 2002년 한일 월드컵부터 이 같은 현상이 두드러지게 나타나고 있으며, 이에 대부분 공감하는 분위기이다.

인간은 사회적 동물이다. 가정에는 가족 구성원마다의 역할이 있다. 회사도 마찬가지이다. 팀별로, 부서별로 역할이 있기 마련이고 팀 내에서도 개인별로 역할이 있다. 그런 역할이 합쳐져서 시너지 효과를 이루고 조직의 목적을 이룬다. 회사는 사람이 모여 일을 통해서 서로가 원하는 것을 얻는 곳이다. 만일 각자가 다른 생각을 갖고 다른 행동을 한다면 서로가 원하는 것을 얻는 게 쉽지 않을 것이다. 그럼에도 이 사실을 느끼지 못하고 자기 잘난 맛에 좋은 스펙만 믿고 직장생활을 하는 사람이 의외로 많다. 특히 요즘은 스펙 좋은 사람들이 넘쳐 흐른다. 긍정적으로 보면 좋은 면도 있지만, 부정적으로 보면 부작용도 적지 않다. 스펙이 좋은 사람들이다보니 우월감에 젖어 조직을 고려하지 않고 개인적으로 돌출행동을 하거나 조직에 적응을 못하고 소외되는 경우가 발생하기도 하는 것이다.

과거 필자가 근무하던 직장의 회장님 말씀이 10여 년이 훨씬 지난 지금도 생생하게 기억이 난다.

"○○협회는 직원 구성 분포가 매우 다양하여 다른 어느 조직보다도 경쟁력이 있다." 이 말은 직원들 간에 위기감도 갖고 서로 부족함에 대해서는 도와주려는 마음들이 강해서 시너지효과를 낼 수 있는, 가장 이상적이라는 말이었다. 따라서 직장인들은 항상 조직에서 하나의 구성원으로서 책임과 역할을 분명히 인식할 필요가 있다. 회사에는 물론 좋은 사람도 있겠지만, 동료는 물론 상사들까지도 일이 남아 퇴근할 엄두를 못 내는 상황에서 혼자 훌쩍 퇴근해 버리는 사람,

회식이나 단합대회 같은 행사를 온갖 핑계를 대며 빠지는 사람, 모든 사람들이 동의 또는 찬성하는 일에 유독 혼자서만 잘난 체하며 반대하고 나서는 사람, 동료와 대화할 때 남의 험담을 즐기는 사람, 매사에 부정적이고 불평불만이 많은 사람 등이 있게 마련이다. 회사의 진정한 조직문화를 저해하는 이런 사람들은 조직에 긍정적인 영향을 미치지 못한다. 팀워크가 좋은 조직이 경쟁에서도 이길 수 있고 분위기도 좋다. 따라서 자신의 역할에 대해서 책임감을 갖고 최선을 다해야 하며 다른 사람들과의 조화로운 관계를 형성하려는 자세가 반드시 필요하다. 특히 이 점은 신입사원들이 더욱 명심해야 한다.

조직에는 구성원들이 함께 노력하며 달성해야 할 목표가 있다. 이 목표는 전 임직원이 한마음으로 추진할 때 효과적으로 달성할 수 있다. 그러므로 상하 간, 동료 간에 갈등보다는 원활한 커뮤니케이션과 좋은 팀워크를 유지할 수 있도록 노력해야 하며, 이러한 노력은 반드시 큰 성과를 가져올 것이다.
"백지장도 맞들면 낫다.", "먹기는 혼자 먹어도 일은 혼자 못 한다."와 같은 속담에서 알 수 있듯이 주위 사람들의 도움 없이 업무 성과가 좋을 수 없으며, 직장생활의 성공을 보장받을 수 없다는 것을 잊지 말아야 한다.

교육적 시사점

- 조직에서는 개인플레이보다 팀플레이가 무엇보다 중요하다는 사실을 명심해야 한다. 개인 역량이 탁월해도 지나친 경쟁의식으로 직장 동료와의 관계가 원만하지 못하면 업무 추진이 원활하게 진행되지 않아 높은 성과를 못 내는 경우가 많다.
- 따라서 수시로 팀워크 향상을 위한 활동 기회를 갖는 것도 바람직하다.

탐구활동

1. 팀의 목표 달성을 위해서 자신이 참여할 수 있는 방법을 기술해 보자.

2. 팀의 목표 달성을 위해 자신이 가지고 있는 정보·지식·기술 등을 공유할 수 있는 방법을 기술해 보자.

3. 직장에서 좋은 팀워크를 위해 사원으로서 할 수 있는 역할을 기술해 보자.

4. 직장에서 자신의 업무 목표를 달성하지 못하고 주어진 임무를 제대로 수행하지 못한다면 조직에 어떤 영향을 미칠지 기술해 보자.

5. 직장에서 팀워크가 필요한 상황을 기술해 보자.

학습평가

정답 및 해설 p.280

※ 다음 문장의 내용이 맞으면 ○, 틀리면 ×에 ✓표시를 하시오. (1~7)

1   팀워크란 팀 구성원이 공동의 목적을 달성하기 위해 상호 관계성을 가지고 서로 협력하여 일을 해 나가는 것이다. (○, ×)

2   집단응집력은 구성원들로 하여금 집단에 머물도록 만들고, 그 집단의 멤버로서 계속 남아 있기를 원하게 만드는 힘이다. (○, ×)

3   집단의 응집력이 강할수록 팀으로 유지되는 경향이 있다. (○, ×)

4   집단응집력이 강한 집단의 구성원들은 상호 영향력을 행사한다. (○, ×)

5   집단의 응집력이 강하면 이직률이 높아진다. (○, ×)

6   집단응집력은 생산성에 영향을 미치지 않는다. (○, ×)

7   집단응집력이 강하고 생산성에 대한 규범이 높으면 생산성은 높아진다. (○, ×)

8   팀워크능력과 관련된 설명으로 바르지 않은 것을 고르시오.

　　① 자기 중심적인 이기주의는 팀워크를 저해할 수 있다.
　　② 팀은 집단보다 과업에 대한 의존도가 높다.
　　③ '권한 위임'은 훌륭한 팀워크를 강화시키는 요인에 해당한다.
　　④ 팀워크를 강화하려면 집단응집력만 증대시켜야 한다.

9 훌륭한 팀워크 유지를 위해 팀원들이 갖추어야 할 기본 요소로 적절하지 않은 것을 고르시오.

① 팀원 간에 공동의 목표 의식을 갖는다.

② 팀원 간에 상호 신뢰하고 존중한다.

③ 서로 협력하면서 각자의 역할과 책임을 다한다.

④ 사고방식의 차이에 대하여 무시한다.

10 팀워크를 저해하는 요소에 해당하지 않는 것은?

① 구성원 간의 빈번한 상호 작용

② 자기중심적인 이기주의

③ 잦은 실패 경험

④ 질투나 시기로 인한 파벌주의

Tip

내가 직장에서 성공할 확률은 몇%?

경마에서 우승할 가능성이 높은 사람은 가장 좋은 말을 타는 기수일 것이다. 그렇다면 인생이라는 경주에서 승리하고 성공하려면 어떤 말을 타야 할까?

다음에 제시하는 말들은 우리를 태우고 성공의 문으로 달려가 줄 성공마들이다. 어떤 말의 성공 확률이 가장 높다고 생각하는가? 성공 확률을 예측하며 읽어 보면 좋을 것이다.

근로마(The Hard-Work Horse): 자신의 재능과 능력에 초점을 맞춰 남보다 더 열심히 더 많이 일하는 사람들이다. (성공 확률 1/100)

지능마(The IQ Horse): 지능이 남들보다 우수하여 매우 영리하다는 평가를 받고 있다. (성공 확률 1/75)

교육마(The Education Horse): 남들이 인정하는 좋은 학교를 졸업한 사람들이다. (성공 확률 1/60)

회사마(The Company Horse): 사람들에게 잘 알려진, 크고 좋은 회사에 다니는 사람들이다. (성공 확률 1/50)

재능마(The Creativity Horse): 타고난 재능이 있는 사람들이다. 예를 들어 아무리 연습을 많이 하는 연주자라도 타고난 재능이 없다면 세계적인 연주자가 되기 어렵다. (성공 확률 1/25)

취미마(The Hobby Horse): 취미를 직업으로 하는 사람들이다. 취미를 직업으로 하니 자부심과 열정이 묻어나 성공할 가능성이 높다. (성공 확률 1/20)

지리마(The Geography Horse): 때와 장소의 운이 있는 사람들이다. 언제 어디에 있었느냐에 따라 운명이 달라지기 때문이다. (성공 확률 1/15)

대중마(The Publicity Horse): 일하는 능력보다 눈에 띄는 능력이 우수한 사람이다. 묵묵히 열심히 일만 하는 사람에 비해 눈에 잘 띄기 때문에 기회를 잡기 쉽다. (성공 확률 1/10)

제품마(The Product Horse): 출시한 제품을 성공시킨 사람들이다. (성공 확률 1/5)

아이디어마(The Idea Horse): 기발한 아이디어로 정상에 오르는 사람들이다. (성공 확률 1/4)

타인마(The Other-Person Horse): 타인의 협력으로만 성공하는 사람들이다. (성공 확률 1/3)

– Jack Trout & Al Ries, 《My Positioning》, 다산북스

제2절 효과적인 팀의 특성과 발달

1 효과적인 팀의 특성

효과(Effectiveness)는 모든 조직과 집단 그리고 팀의 최종 목적이기도 하다. 그럼에도 불구하고 어떤 팀들은 항상 능률적으로 또는 순조롭게 운영되지 못하고 성공적이지도 않다.

효과적인 팀이란 팀 에너지를 최대로 활용하는 고성과 팀이다. 팀원들의 장점을 잘 인식하고 강점을 잘 활용하여 팀의 목표를 달성하는, 자신감에 찬 팀인 것이다. 또한, 업무 지원과 피드백, 그리고 동기부여를 위해 구성원들이 서로 의존하는 팀이다. 한마디로 말해서 효과적인 팀은 다른 팀들보다 뛰어나며, 공통적으로 어떤 핵심적인 특징을 가지고 있다. 그 핵심적인 특징은 다음 [표 2-2]와 같다.

| 표 2-2 | 효과적인 팀의 특성

한국산업인력공단[3]	D. McGregor	Larson & LaFasto
• 팀의 사명과 목표를 명확하게 기술한다. • 창조적으로 운영된다. • 결과에 초점을 맞춘다. • 역할과 책임을 명료화시킨다. • 조직화가 잘 되어 있다. • 개인의 강점을 활용한다. • 리더십 역량을 공유하며 구성원 상호 간에 지원을 아끼지 않는다. • 팀 풍토를 발전시킨다. • 의견의 불일치를 건설적으로 해결한다. • 개방적으로 의사소통한다. • 객관적인 결정을 내린다. • 팀 자체의 효과성을 평가한다.	• 분위기가 비공식적이고 편안하다. • 전 구성원이 토론에 참가하고, 집단과업에 적절한 것이다. • 집단과업 및 목표가 구성원들에 의해 이해·수락된다. • 구성원의 이야기를 경청한다. • 의견 불일치는 주의 깊게 검토되어 해결책이 강구된다. • 의사결정은 구성원들의 동의에 의해서 이루어진다. • 비판은 자주, 솔직하게, 편안하게 이루어진다. • 문제와 집단 활동에 대한 의견이 자유롭게 표현된다. • 문제 및 행동 요구가 있으면 과업 분담이 이루어진다. • 팀은 자치적 활동에 대한 의식이 강하다.	• 명확하고 가치 있는 목표가 있다. • 결과 지향적 구조를 갖는다. • 유능한 팀 구성원이 있다. • 통일된 헌신을 한다. • 협동적 노력의 분위기이다. • 우수성의 기준이 있다. • 외부의 지원과 인정을 받는다. • 원칙 중심의 리더십을 발휘한다.

2 효과적인 팀의 발달단계

집단 및 팀은 일반적으로 예측할 수 있는 진화 과정을 거친다. 그 과정에서 모든 팀원들이 소속감을 느낄 수 있는 효율적인 팀으로 발전하기 위해서는 시간과 단계가 필요하다. 이것을 터크만(Bruce W. Tuckman)은 형성기, 격동기, 규범확립기, 성취기, 휴식기의 5단계로 구분하여 소개했다. 모든 팀들이 이 같은 패턴을 따르는 것은 아니지만 이는 팀 발달을 이해하는 데 유용한 개념적 틀을 제공해 줄 것이다.

1) 1단계: 형성기(Forming)

형성기에는 집단의 목적, 구조, 리더십에 많은 불확실성이 존재한다. 구성원은 어떤 유형의 행동이 허용되는지를 결정하기 위해 상황을 살핀다. 집단에 대한 기대를 형성하고, 집단 내에서 인정받기를 바라면서도 논쟁을 꺼려 심각한 사안에 대해서는 회피하려고 한다. 즉, 형성기는 '밀월' 단계라고 할 수 있다. 이 시기는 흥분과 불안을 느끼는 것이 특징이기 때문에 팀원들은 애매모호한 느낌이나 입장을 가질 수 있다. 팀원들은 모험을 하기 전에 각자에 대해 익숙해져야 한다. 일의 생산성은 그리 높지 않기 때문에 조심스럽게 관리하지 않고 성급하게 한다면 처음부터 일이 잘못될 가능성이 높다. 이 단계는 구성원들이 자신을 집단의 일원으로 생각하기 시작할 때 완성된다.

2) 2단계: 격동기(Storming)

격동기는 집단 내에서 갈등이 일어나는 단계로, '밀월기 이후'의 시기라고 할 수 있다. 구성원은 집단의 존재를 인정하지만, 개성을 억압하는 집단의 제약에 저항한다. 게다가 집단을 통제하는 사람과의 갈등도 있다. 서로의 자아가 충돌하고 성격 차이가 명확해지며, 서로 다른 의견이 제기되고 좌절감이 커진다. 이 단계에서는 의견들이 제시되고 반박이 이어지며, 계획이 수립되고 또 개정되어 새로운 방향이 제시되고 평가된다. 팀은 조직 개발을 진척시키기 위해 이런 난해한 상황에서 문제해결의 단계로 성장해 나가야 한다. 이 단계가 끝날 때 집단 내에서 상대적으로 명확한 리더십 계층이 형성될 것이다.

---

3) 출처: 한국산업인력공단 직업기초능력 대인관계능력 학습자용 워크북 pp.29~31 부분 발췌, 국가직무능력표준 홈페이지 (http://www.ncs.go.kr)

3) 3단계: 규범확립기(Norming)

규범확립기는 구성원 간에 친밀한 관계가 개발되고, 집단에 응집력이 형성된다. 즉, 집단 정체성과 동지애가 강하게 나타나며, 집단의 현실이 우세해지는 시기이다. 합의를 거쳐서 규범(기준 또는 일반적으로 받아들여지고 있는 행위의 관계)이 서서히 발달하기 시작하고, 구성원들은 서로를 알게 되고 이해하며 응집력과 동료의식을 갖는다. 내부적인 문제들은 교감을 나누고 창의적인 발상을 하며 해결할 수 있다. 진정한 강점과 약점이 뚜렷해지고, 팀은 일상성을 형성하기 시작한다. 구성원은 서로의 느낌을 공유하며, 각자의 행동에 피드백을 주고받는다.

4) 4단계: 성취기(Performing)

성취기는 구조가 완전히 기능적이고 구성원들에게 적절한 것으로 받아들여진다. 또한, 집단 에너지가 서로를 이해하는 것에서 과업을 수행하는 방향으로 이동한다. 이 단계는 '시너지'의 시기이다. 팀은 상호 의존 관계 속에서 발전하고 성장한다. 팀은 큰 어려움 없이 새로운 변화에 빠르게 대응하며 효율적으로 과업을 수행한다. 서로 간의 의사소통이 보다 원활히 이루어지는 가운데 구성원 간의 합의하에 팀의 방향 및 의사결정이 이루어진다. 관계보다는 업무를 향해 방향이 설정되고, 팀은 높은 성과를 성취할 수 있다. 영속적인 작업집단의 경우 성취기는 발전의 마지막 단계이다.

5) 5단계: 휴식기(Adjourning)

임시 위원회, 팀, 태스크포스(Task Force), 수행해야 할 과업에 제한이 있는 집단의 경우 휴식기에 해산할 준비를 한다. 이 단계에서 초점을 두는 것은 높은 과업 성과가 아니라 마무리 활동이다. 어떤 집단 구성원은 집단의 목표 달성을 기뻐하며 집단 해산을 긍정적으로 받아들이지만, 어떤 집단 구성원은 작업집단으로 활동하면서 얻은 동지애를 상실하는 것에 대해 좌절하기도 한다.

사례연구

리멤버 타이탄(Remember the Titans)

영화 〈리멤버 타이탄〉은 2001년에 개봉한 작품으로, 실화를 바탕으로 하고 있는데, 그 내용은 다음과 같다.

1960년대 마틴 루터킹 목사의 활약에 힘입어 흑색인종차별 법안이 마련되었지만 1970년까지도 큰 변화가 없었다.

1970년대 미국 버지니아 주에선 고교 미식축구가 단연 최고의 인기 스포츠였다. 우리나라로 치면 1970년대 고교 야구 정도의 인기를 누린 것처럼 미식축구가 엄청난 사랑을 받은 것이다. 사람들에게 있어서 고교 미식축구란 삶의 한 방식 그 자체였다. 시즌의 플레이오프 게임이 있는 날은 크리스마스를 포함한 그 어느 공휴일보다도 더 축제 같은 분위기가 연출되었다.

버지니아 주 알렉산드리아의 시민들에게도 이는 마찬가지였다. 그러던 1971년의 어느 날, 지역 교육청이 흑색인종차별 분위기를 잠재우기 위해 흑인 학생들이 다니는 고등학교와 백인 학생들이 다니는 고등학교를 모두 통합하라는 지시를 내리면서 알렉산드리아에 있는 T. C. 윌리엄스 고등학교 또한 통합 고등학교가 된다. 이로 인해 학생들은 물론 일반 시민들까지 혼란에 빠지게 된다.

이런 상황에서 T. C. 윌리엄스 고등학교의 미식축구팀인 타이탄스의 헤드코치로 흑인인 허만 분(Herman Boone)이 선임된다. 허만 분은 타이탄스의 전임 헤드코치이자 백인인 빌 요스트(Bill Yoast)에게 자신을 돕는 수비 코치가 되어줄 것을 부탁하고, 빌 요스트는 고민을 거듭한 끝에 이를 수락한다. 그 후 타이탄스 팀은 훈련에 돌입하지만, 흑인 선수들과 백인 선수들이 서로를 적대시하는 탓에 단합은커녕 냉랭한 분위기만 감돌게 된다.

하지만 허만 분 감독은 자신이 가진 통솔력과 강한 카리스마로 선수들을 이끌고, 선수들은 피부색을 넘어 점점 하나의 팀으로 뭉치게 된다. 선수들뿐만이 아니었다. 흑인이었던 허만 분과 백인이었던 빌 요스트도 팀을 위해 함께 고민하고 노력하면서 서로에 대한 신뢰를 갖게 된 것이다.

마침내 진정한 팀으로 성장한 타이탄스는 각종 대회에서 승리를 거머쥐게 되고, 이들의 승리를 지켜보던 알렉산드리아 시민들도 피부색에 대한 편견을 버리게 된다. 그리고 그들은 모두 한마음으로 타이탄스 팀을 응원하게 된다. 사람을 판단하는 데 있어 피부색보다 마음이 중요하다는 것을 시민들이 깨닫기 시작한 것이다.

교육적 시사점

- 팀의 성과를 늘리기 위해서는 구성원들의 능력도 중요하지만 그보다 더욱 중요한 것은 구성원 간의 상호 신뢰를 바탕으로 한 지지와 격려이다.
- 팀워크를 살리기 위해서는 나의 기득권을 내려놓고 팀과 조직을 먼저 생각하는 배려의 마음이 필요하다.
- 리더는 팀의 목적 달성을 위해 구성원 개인과 팀의 특성을 면밀히 분석하여 적절히 대응해야 한다.

탐구활동

1. 자신이 현재 또는 과거에 속한 팀을 평가해 보자.

문항	매우 부족함 ↔ 매우 우수함				
	1	2	3	4	5
1. 팀의 업무 성격상 팀원이 협력하여야만이 과업을 달성할 수 있다.					
2. 팀원들이 전공 분야나 근무 경험상 서로 다른 일을 하고 있다.					
3. 팀원들은 제각기 다른 기술과 다른 경험을 가지고 있어 기술의 상호 보완이 잘 이루어지고 있다.					
4. 우리 팀은 업무수행에 있어서 각자가 서로 다른 독특한 분야의 기술과 장점을 가지고 있다.					
5. 회의나 워크숍은 팀장 또는 팀원 누구나가 주도하지만 팀원들은 능동적으로 참여한다.					
6. 팀원들은 회의 또는 워크숍의 진행 시 비교적 허심탄회하게 의견을 제시한다.					
7. 회의나 워크숍은 항상 원활하게 진행되고 만족할만한 결론에 도달한다.					
8. 회의나 워크숍은 항상 목적이 분명한 가운데 개최된다.					
9. 업무처리와 관련하여 타 부서 사람들과의 접촉이 용이하다.					
10. 타 부서의 도움이 필요한 경우, 공식적 또는 비공식적 절차를 통해서 가능하다.					
11. 팀 간의 낮은 경계로 협조가 잘 된다.					
12. 다른 팀의 어느 누구와도 필요시 의견을 교환할 수 있다.					
13. 우리 팀의 목적은 팀원들의 업무수행과 의사결정 과정에서 가장 중요한 평가 기준이 된다.					
14. 우리 팀은 구성원이 공감하고 받아들이는 뚜렷한 목표가 있다.					
15. 팀의 활동이 제대로 운영되는지 평가할 만한 명백한 기준이 우리 팀에는 있다.					

16. 팀원들 간 협력에 의해 과업의 내용, 수행 방법, 목표들을 설정한다.					
17. 팀원들은 자신의 업무수행방법과 절차에 대하여 자율권이 부여되어 있다.					
18. 팀의 중요 의사결정은 구성원들의 자유로운 의견교환과 팀원 전체의 합의에 의하여 결정된다.					
19. 팀원들은 각자가 팀의 주역으로 인식하고 적극적이고 능동적인 자세로 팀 활동을 한다.					
20. 팀의 목적은 회사 전체나 팀원 각자에게도 상당한 의미를 부여하며 중요한 것으로 여겨진다.					

전체 점수: _____ 점

점수	내용 해석
91~100점	매우 우수한 팀이다. 당신의 팀은 거의 최고의 수행 수준에 있다.
81~90점	우수한 팀이다. 개선의 여지가 있지만 바람직한 상태에 있다.
71~80점	문제가 있는 팀이다. 그중에는 심각한 문제도 있다. 가장 점수가 낮은 특징을 개선하는 데 중점을 둘 필요가 있다.
70점 이하	문제가 심각한 팀이다. 팀원들은 팀의 일원으로서 기능을 못하고 있다. 팀 빌딩의 기초부터 시작할 필요가 있다.

2. 자신이 현재 또는 과거에 속한 팀의 강점과 그 이유를 작성해 보자.

팀의 강점	이유

3. 자신이 현재 또는 과거에 속한 팀의 약점(개선 영역)과 그 이유를 작성해 보자.

팀의 약점	이유

4. 활기찬 팀을 만들기 위해서는 어떤 대책이 요구되는지 작성해 보자.

학습평가

정답 및 해설 p.280

※ 다음 문장의 내용이 맞으면 ○, 틀리면 ×에 ✓표시를 하시오. (1~5)

1   Tuckman의 팀 발달단계 중 집단의 격동기에는 개인의 욕구가 강하다. (○, ×)

2   Tuckman의 팀 발달단계 중 규범확립기에는 집단의 욕구가 강하다. (○, ×)

3   Tuckman의 팀 발달단계 중 성취기에는 과업에 대한 욕구가 강하다. (○, ×)

4   Tuckman의 팀 발달단계 중 성취기에는 구성원들이 서로를 알게 되고 이해하며 응집력과 동료의식을 갖는다. (○, ×)

5   Tuckman의 팀 발달단계 중 형성기에는 구성원이 어떤 유형의 행동이 허용되는 지를 결정하기 위해 상황을 살핀다. (○, ×)

6   Tuckman이 제시한 효과적인 팀의 발달 단계 중에서 다음 내용에 해당하는 단계는? (   )

> 팀은 큰 어려움 없이 새로운 변화에 빠르게 대응하며 효율적으로 과업을 수행한다.

7   효과적인 팀의 특성으로 적절한 것을 고르시오.

① 주관적인 결정을 한다.
② 개인의 단점을 활용한다.
③ 개인화가 잘 되어 있다.
④ 결과에 초점을 맞춘다.

8 효과적인 팀의 특성으로 적절하지 않은 것을 고르시오.

   ① 팀의 사명과 목표를 명확하게 기술한다.
   ② 창조적으로 운영된다.
   ③ 과정에 초점을 맞춘다.
   ④ 객관적인 결정을 내린다.

9 효과적인 팀의 정의로 바르지 않은 것을 고르시오.

   ① 팀 에너지를 최대로 활용하는 고성과 팀이다.
   ② 팀원들의 장점을 잘 인식하는 팀이다.
   ③ 업무 지원과 피드백, 그리고 동기부여를 위해 구성원들이 서로 의존하지 않는 팀이다.
   ④ 팀원들의 강점을 활용해 팀의 목표를 달성하며, 자신감에 찬 팀이다.

10 Tuckman의 팀 발달단계에서 형성기의 행동특징으로 바르지 않은 것을 고르시오.

   ① 집단 내에서 인정받기를 바람
   ② 심각한 사안에 대해 회피
   ③ 집단에 대한 기대 형성
   ④ 구성원 간의 배척

링겔만 효과(Ringelmann Effect)

독일의 심리학자이자 뉴욕대학교의 교수였던 맥시밀리언 링겔만(Maximilien Ringelmann)은 '줄다리기'라는 놀이를 이용해 한 가지 실험을 진행했는데, 실험 방식은 다음과 같았다.

먼저 1:1 형식으로 줄다리기 게임을 진행하여 한 명이 내는 힘의 값을 측정했다. 그리고 두 명, 세 명, 네 명과 같이 게임에 참여하는 인원수를 한 명씩 늘리고, 인원수를 늘릴 때마다 각 참여자의 힘의 값을 측정해 앞서 측정했던 한 명이 내는 힘의 값과 비교해 보았다.

1:1 게임 때 한 명이 낸 힘의 값을 100%라고 한다면, 인원이 늘어날 때마다 각자가 발휘한 힘의 값은 얼마였을까? 혼자 게임에 참여했을 때처럼 모두가 100%의 힘을 발휘했을까? 아니면 각자의 힘이 합쳐져 100% 이상의 힘이 발휘되었을까? 하지만 결과는 예상과 달랐다. 1:1 게임 때 한 명의 힘의 값이 100%였다면, 두 명이 참가했을 때는 93%, 세 명이 참가했을 때는 85%, 여덟 명이 참가했을 때는 64%로 측정된 것이다. 즉, 게임 참여자의 수가 늘어날수록 각자가 발휘하는 힘의 수치가 떨어지는 것으로 나타났다.

이처럼 어떤 일을 수행하는 데 참여하는 사람의 수가 늘어날수록 각 개인별 공헌도가 떨어지는 현상을 '링겔만 효과'라고 부른다.

이러한 링겔만 효과가 회사에 침투할 경우 업무에 최선을 다하지 않는 무임승차자들이 늘어가면서 조직의 분위기가 악화되고, 생산성이 저하되는 부작용이 나타날 수 있다. 따라서 링겔만 효과로 인한 부작용이 일어나지 않도록 경영자는 근로자들의 개별 공헌도가 명확히 드러날 수 있도록 해야 하며, 구성원 모두가 주인정신을 가지고 업무에 임하는 태도를 보여야 한다.

제3절 팀워크와 멤버십

1 팀워크와 멤버 역량

팀은 팀 내의 모든 과업을 성취하기 위해 적절한 수로 혼합된 구성원들로 이루어져야 한다. 또한, 구성원들이 유능한 팀 구성원이 되도록 하고 계속 팀에 남아 있도록 하기 위해 충분한 정보와 교육, 그리고 훈련이 제공되어야 한다 (Hackman & Walton, 1986). 그리고 집단 전체로서 모든 구성원들은 그 팀의 목표를 성취하기 위해 요구되는 필수적인 기술적 역량을 소지하고 있어야 한다. 그리고 모든 구성원들은 각자가 대인기술이나 팀워크를 이루어 갈 수 있는 역량이 있어야 한다.

팀을 구성하는 과정에서 흔히 저지르는 실수는, 문제해결을 위한 기술적 능력을 가진 사람은 팀 구성원들과 더불어 효과적으로 일할 수 있는 대인관계적 능력도 가지고 있을 것이라고 생각한다는 것이다(Hackman, 1990). 하지만 실제는 그렇지 못한 경우도 있다.

팀 구성원들은 어떤 '핵심 역량'을 가지고 있어야 한다. 거기에는 직무수행능력과 문제해결능력이 포함되어 있나. 그 밖에노 팀 구성원들은 개방성, 협동성, 실천지향성, 긍정적 자세 등과 같은 팀워크의 요인들을 가지고 있어야 한다(Larson & LaFasto, 2001). 팀워크능력은 팀의 효과성에 필수적이다. 구성원 개개인의 활동을 통합하는 것은 효과적인 팀의 기본적 특성 중 하나이기도 하다. 팀 구성원들은 구체적이고 나름의 특유한 역할을 가지고 있고, 각 역할의 수행이 집단적 성공에 공헌을 하게 되어 있다. 이것이 의미하는 것은 집단실패의 원인이 구성원의 무능력에 있는 것이 아니라 각 개인들의 노력을 조정하고 동시화시키는 데 있어서의 집단적 실패에서 찾아야 한다는 것을 의미한다(Zaccaro etal, 2001).

2 멤버십(Membership)

멤버십이란 팔로워십(Follership)과 같다. 즉, 팀의 멤버(팔로워)로서 역할을 충실하게 잘 수행하는 것을 의미한다. 누구나가 어떤 팀에 소속되어 팀원으로서 수준 높은 업무를 수행하거나 높은 성과를 낸다면 당연히 팀 또는 조직에서 높은 평가를 받게 될 것이다.

팀원으로서 활동한다는 것은 자신의 능력을 펼칠 수 있는 기회가 되기도 하지만, 책임도 따른다. 팀원으로서 책임을 완수하려면 경우에 따라서는 자신의 뭔가를 희생해서라도 당면한 임무를 우선적으로 처리해야만 한다. 뿐만 아니라 자신이 좋아하는 방식이나 행동 스타일을 바꿔야만 하는 경우도 있다.

팀의 업무 방침이 확고히 정해져 있다면, 그에 충실히 따르는 것이 옳은 일이다. 그러기 위해서는 자신의 어느 부분, 어떤 행동 스타일을 바꿔야 하는지 신중히 고려하여 실행에 옮겨야 한다. 우선 팀의 멤버로서 인정받고 성공하기 위해서는 다음과 같은 점을 주의할 필요가 있다.

- 출퇴근 시간 및 각종 시간약속을 잘 지킨다.
- 정해진 업무는 책임감 있게 완수한다.
- 팀 구성원으로서 업무 협조가 요구되는 사안에 대해서는 적극적으로 협력한다.
- 회의 참석 시에는 사전준비를 철저히 하고, 필요시에는 적극적으로 의사를 표현한다.
- 팀 구성원들과 갈등이 발생하는 경우에는 타협하는 자세를 잊지 않는다.
- 팀의 문제를 해결하고 미래 가치를 높일 수 있는 아이디어를 지속적으로 제시한다.
- 팀 구성원들이 제안하는 아이디어나 성과에 대해서는 아낌없는 찬사와 지지를 한다.

팔로워십 유형은 다양하지만 팔로워들의 행동을 최초로 개념화한 켈리(Kelley, 1992)의 모형은 [그림 2-2]와 같다.

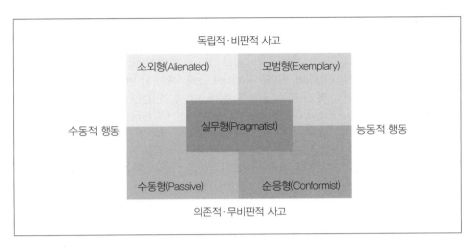

| 그림 2-2 | **팔로워의 유형**

앞에서 본 [그림 2-2]에 나타난 팔로워의 유형들의 특징은 다음 [표 2-3]과 같다.

| 표 2-3 | **팔로워의 유형별 특징**

구분	소외형	순응형	수동형	실무형	모범형
구성원 비율	15~20%	20~30%	5~10%	25~35%	5~10%
생성 원인	• 리더에 대한 신뢰 결여 • 조직에 대한 실망감 • 리더가 사적으로 팔로워 이용 • 조직의 팔로워 인정 미흡	• 팔로워의 의존적 성격 • 리더의 권력욕 전횡 • 사회의 순응 장려 분위기	• 게으름, 무능, 의욕이 낮은 팔로워의 성격 • 리더의 전권으로 팔로워의 감시와 통제	• 인사이동 및 조직개편이 불규칙, 빈번 발생 • 리더가 비인간적, 사무적인 경우	• 팔로워십의 가장 이상형

특징	• 비판적 사고 • 직무 수행에 소극적 • 피해의식 강함 • 조직으로부터 배척당함 • 고집이 셈 • 불공정한 문제 있음	• 생각은 짧지만 착하고 열심히 참여 • 리더의 권위에 순종 • 아이디어가 없음 • 조직을 위해 자신과 가족의 요구 양보 • 기존 질서를 따르는 것이 중요	• 자신의 팔로워십 발전 못 시킴 • 조직에 소극적 참여 • 업무 수행에 감독이 필요 • 조직이 나의 아이디어를 원치 않는다고 생각 • 노력과 공헌이 소용없다고 생각	• 지시받은 이상의 일은 하지 않음 • 조직 변동에 민감한 반응 • 자신을 위해 타인, 조직 이용 • 의견대립 최대한 억제 • 실패에 변명 • 리더의 결정에 순응 • 유력 인사와 대립 회피 • 목표는 낮게, 책임은 타인에게 • 리더를 전적으로 신뢰 또는 의심	• 가치를 창조하는 직무활동을 수행 • 원활한 인간관계를 유지 • 조직 내에서 적극적 활동
변화 방향	• 불공정한 대우 인식과 대결 • 긍정적 인식 회복	• 독립적·비판적 사고 및 담력 향상 • 대립에 대한 두려움 탈피 • 리더로부터 독립	• 팔로워십 학습 • 조직활동에 적극적 참여 자세	• 다른 사람들의 신뢰 회복 • 다른 사람들의 목표 달성 지원	

조직에서 최고의 팔로워는 수동적인 순한 양이 아니라 조직의 성공에 적극적으로 참여하면서 동시에 적절하다고 판단될 경우 용감하게 양심을 행사할 수 있는 독립적인 인물이 되어야 한다.

사례연구

기업 팀장과 팀원의 아침 회의

K: 좋은 아침입니다. 어제 말씀드린 보고서는 완성이 됐나요?

L: 네, 아직 완성은 못했습니다. 솔직히 시간이 많이 부족했습니다.

K: 보고서를 준비하는 데 어려운 점은 없었나요?

L: 팀장님이 지시해 주신대로 하니 그다지 큰 어려움은 없었습니다만, 주신 자료 중에 팀장님이 잘못 생각하고 계신 부분이 있는 것 같습니다.

K: 저도 몰랐던 부분이네요. 잘못된 점이 무엇인지 말씀해 주시겠습니까?

L: 주신 자료 중에 일부 통계자료가 정확하지 않은 것 같습니다. 전년도 자사의 여성용품 매출액과 브랜드 선호도의 자료가 특히 그렇더군요.

K: 아, 그렇습니까? L씨가 보완해 주실 수 있으시겠습니까?

L: 네, 그렇게 하도록 하겠습니다. 대신 기한을 주말까지 연장해 주시면 안 되겠습니까?

K: 네, 그러도록 합시다. 부족한 부분까지 세심하게 처리해 주어서 고맙습니다. 그럼 수고하십시오.

– 한국산업인력공단 직업기초능력 대인관계능력 학습자용 워크북 p.34,
국가직무능력표준 홈페이지(http://www.ncs.go.kr)

교육적 시사점

- 조직 구성원으로서 리더와 팔로워는 각자의 역할과 책임이 있다. 또한, 업무를 추진하는 과정에서는 서로에 대한 배려와 이해가 요구된다.
- 따라서 리더는 팔로워에 대한 배려가, 팔로워는 리더에 대한 이해가 더욱 요구된다. 특히 팔로워는 업무 추진 과정에서 리더에게만 전적으로 의존하지 말고, 문제의식을 가지고 주도적으로 추진하는 것이 바람직하다.

탐구활동[4)]

1. 멤버십 자가진단

문항	거의 드물다 ↔ 거의 언제나						
1. 당신의 일은 자신에게 중요한 그 어떤 사회적 목표나 개인적인 꿈을 성취하는 데 도움이 되는가?	1	2	3	4	5	6	7
2. 당신 개인의 업무 목표가 조직의 최고 목표와 일치하는가?	1	2	3	4	5	6	7
3. 당신은 최선의 아이디어와 능력을 일과 조직에 쏟아붓고 지극히 헌신적이며 정력적으로 일하는가?	1	2	3	4	5	6	7
4. 당신의 열의가 확산되어 동료 직원들을 활기차게 만드는가?	1	2	3	4	5	6	7
5. 리더의 지시를 기다리거나, 떠맡지 않고 조직에 가장 중요한 목표를 성취하기 위해 무엇이 중요한 활동인지를 자신이 판단하는가?	1	2	3	4	5	6	7
6. 리더와 조직에 더욱 가치 있는 사람이 되기 위해서 당신은 독특한 능력을 적극적으로 발휘하는가?	1	2	3	4	5	6	7
7. 새로운 일이나 임무가 시작되었을 때, 리더가 중요한 의미라고 생각하는 부분에서 곧바로 공적을 세우는가?	1	2	3	4	5	6	7
8. 당신이 부족한 점을 채울 것이라는 점을 믿고, 리더는 어려운 임무를 당신에게 맡기는가?	1	2	3	4	5	6	7
9. 당신은 자신의 업무 범위를 벗어나는 일도 찾아내서 성공적으로 완수하기 위해 솔선수범하는가?	1	2	3	4	5	6	7
10. 리더의 부재 시에도, 맡은 일보다 많은 일을 하고 능력껏 일하는가?	1	2	3	4	5	6	7
11. 리더나 조직의 목표에 크게 공헌할 수 있는 새로운 아이디어를 독자적으로 고안해서 적극적으로 제기하는가?	1	2	3	4	5	6	7
12. 리더에게 의존해서 어려운 문제를 해결하기보다는 스스로 해결하려 하는가?	1	2	3	4	5	6	7

13. 자신은 아무런 인정을 받지 못할 때라도 다른 동료들이 좋은 평가를 받도록 돕는가?	1	2	3	4	5	6	7
14. 필요한 경우 일부러 반대 의견을 개진해서라도 리더와 팀이 실패의 위험성을 볼 수 있도록 돕는가?	1	2	3	4	5	6	7
15. 리더의 요구나 목표 제약을 이해하고 그것을 충족시키기 위해서 열심히 일하는가?	1	2	3	4	5	6	7
16. 자신에 대한 평가를 미루기보다는 장점과 약점을 적극적이고 솔직하게 인정하는가?	1	2	3	4	5	6	7
17. 단지 지시받은 일을 하는 것에서 탈피하여 리더가 내린 판단이 얼마나 현명한가를 스스로 평가해 보는 습관이 있는가?	1	2	3	4	5	6	7
18. 리더가 전문 분야나 개인적인 흥미에 정변으로 배치되는 일을 줄 때 'No'라고 하는가?	1	2	3	4	5	6	7
19. 리더나 팀의 기준이 아니라 자신의 윤리적 기준에 따라 행동하는가?	1	2	3	4	5	6	7
20. 당신이 속한 집단과 의견이 다르거나 리더로부터 질책을 당한다고 해도 당신은 중요한 이슈에 대해서 자기 견해를 주장하는가?	1	2	3	4	5	6	7

---

4) 출처: 한국산업인력공단 직업기초능력 대인관계능력 학습자용 워크북 pp.35~37, 국가직무능력표준 홈페이지(http://www.ncs.go.kr)

2. 멤버십 진단결과를 다음 표에 작성해 보고, 멤버십 유형을 확인해 보자.

A	점수	B	점수
1		2	
5		3	
11		4	
12		6	
14		7	
16		8	
17		9	
18		10	
19		13	
20		15	
총점		총점	

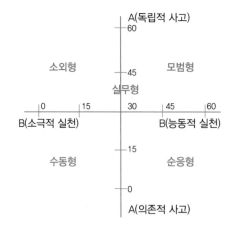

학습평가

정답 및 해설 p.281

※ 다음 문장의 내용이 맞으면 ○, 틀리면 ×에 ✓표시를 하시오. (1~2)

1   멤버십이란 팔로워십과 상이한 개념이며, 팀의 멤버로서 역할을 잘 수행한다는 것이다. (○, ×)

2   모범형 멤버는 팔로워십의 이상형이다. (○, ×)

3   (   ) 안에 알맞은 말을 채워 넣으시오.

> 팀 구성원들은 어떤 (   )을/를 가지고 있어야 한다. 거기에는 직무수행 능력과 (   )이/가 포함되어 있다.

4   멤버십 유형 중 실무형의 특징으로 적절하지 않은 것을 고르시오.
    ① 조직 변동에 민감   ② 자신을 위해 타인·조직 이용
    ③ 유력 인사와 대립 회피   ④ 기존 질서를 따르는 것이 중요

5   멤버십 유형 중 소외형의 특징으로 바르지 않은 것을 고르시오.
    ① 비판적 사고   ② 직무수행에 소극적
    ③ 피해의식이 강함   ④ 아이디어가 없음

6   멤버십 유형 중 수동형의 특징으로 바르지 않은 것을 고르시오.
    ① 조직에 소극적 참여
    ② 조직을 위해 자신과 가족의 요구를 양보
    ③ 업무 수행에 감독이 필요
    ④ 자신의 팔로워십을 발전 못 시킴

7 멤버십 유형으로 적절하지 않은 것을 고르시오.

① 독재형   ② 소외형

③ 순응형   ④ 실무형

8 모범형 멤버가 가지는 기본 특성으로 적절하지 않은 것을 고르시오.

① 리더의 결정에 순응한다.

② 원활한 인간관계를 유지한다.

③ 가치를 창조하는 직무활동을 수행한다.

④ 조직 내에서 적극적으로 참여한다.

9 ( ) 안에 알맞은 말을 채워 넣으시오.

> • 소외형의 특징: ( )사고, 피해의식이 강함
> • 실무형의 특징: 조직변동에 민감한 반응, ( )을/를 전적으로 신뢰 또는 의심

10 멤버십을 높이기 위한 활동으로 적절하지 않은 것을 고르시오.

① 출퇴근 시간을 잘 지킨다.

② 업무를 책임감 있게 완수한다.

③ 회의 시에는 타협하지 않는다.

④ 팀 구성원들의 제안에 찬사를 보내거나 이를 지지한다.

Tip

멤버로서의 리더십

국내외 기업 및 공공기관들은 임직원들에게 직무교육 못지않게 리더십 교육에 비중을 두고 있다. 시간과 비용을 아끼지 않고 임직원들의 리더십 교육에 열성을 쏟고 있는 것이다. 서점에도 리더십 관련 도서가 쏟아져 출간되어 있고, 리더십과 관련한 각종 미디어도 생성되고 있다. 이는 현 사회에서 리더십이 얼마나 중요한지를 보여주는 부분이다. 하지만 리더십만이 중요한 것일까?

대다수의 직장인들은 리더가 아닌 멤버. 즉 팔로워이다. 설사 리더라고 하더라도 그 위에 또 다른 상사. 리더가 있다. 따라서 리더십에 대한 교육과 더불어 팔로워십에 대한 교육도 선행되고 활성화될 필요가 있다. 이 점을 고려하여 멤버로서의 성공적인 리더십과 팔로워십을 갖추기 위한 Tip을 알아두도록 하자.

1. 리더를 보좌할 때

1) 리더도 인간이며 업무에 최선을 다하고 있음을 인정하라.
2) 리더도 인간이므로 실수를 할 수 있음을 인정하고, 관용을 베풀어라.
3) 리더가 나에게 무엇을 해줄 것인지를 기대하지 말고, 내가 리더를 위해 또는 리더와 좋은 관계를 형성하기 위해 무엇을 할 것인지를 고민해라.
4) 리더의 일에 간섭하거나 넘보는 것 같은 인상을 주지 마라.
5) 리더가 멤버들의 직간접적인 의사 표현에 대해 오픈마인드로 받아들이고 있다고 인정하라.
6) 구성원들의 업무 구분이 불분명한 경우에는 업무 담당자가 누구인지 명확히 요청하라.
7) 리더가 독선적이라도 인내하고, 리더에 대해 험담하지 마라.
8) 침착하고 끈기를 가지고 좋은 관계를 만들어 나가라.
9) 자기 자신을 객관적인 입장에서 보아라.

2. 멤버로서 스킬을 행사할 때

1) 일에 프로(PRO: Positive, Responsibility, Objective)가 되어라.
2) 신뢰받을 수 있는 태도를 유지하라.
3) 충분한 의사소통을 하라.
4) 상사의 요구와 필요에 신속히 대응하라.
5) 자신을 적극적으로 어필하라.
6) 의욕적·적극적 자세로 일에 도전하라.

제4절 팀워크의 촉진 방법

1 최고 팀워크의 강점

전 직원이 단합해서 커다란 성과를 목표로 최선을 다하는 비즈니스 집단인 팀을 만들어 내는 것이 오늘날 기업 경영진들의 간절한 소망이다. 그러한 비즈니스 팀을 만들어 내기 위한 경영진의 필사적인 노력에도 불구하고 진정으로 강력한 힘을 발휘하는 팀을 형성하기란 매우 어렵다. 그 이유는 인간이라는 존재 자체가 자기 자신을 최우선으로 하기 때문이다. 그래도 여전히 기업들은 새로운 조직의 구성을 목표로, 또는 각종 팀의 새로운 이용 방법을 목표로 끝없이 해결책을 모색하고 있다. 회사에는 수많은 팀들이 만들어져 운영되고 있다. 이처럼 다양한 팀이 운영되는 것은 제품이나 서비스의 질을 향상시키려는 경영진들의 의사가 반영된 것이다.

각종 팀을 조직 내에 설치하는 것은 분산되기 쉬운 조직의 힘과 능력을 각 팀에 집중시켜 각종 문제를 해결할 수 있게 하기 위함이다. 즉, 품질 문제, 생산성 문제, 안전 문제, 고객 문제, 마케팅 문제 등에 대해서 각각의 전문 팀들이 대처할 수 있게 하는 것이다. 또한, 각 팀의 계획이 순조롭게 진행되고, 힘이 발휘된다면 더욱 창조적이고 새로운 접근 방법을 찾아낼 수 있을 것이다. 게다가 각종 문제 해결이나 업무의 합리화·간소화가 극적인 전개를 보이게 될 수 있다. 이러한 팀 활동에 참가한 구성원들은 경험을 통해서 많은 것을 습득하게 될 것이다. 또한, 팀의 일원으로 활동하게 되면, 승진이나 승급에 대한 강한 불만과 더불어 인원 감축에 대한 공포와 불안감이 해소될 수도 있다. 뿐만 아니라 조직의 목표 달성도 비교적 용이하게 실현될 수 있을 것이다.

자립적·자주적 운영을 맡게 된 팀원들은 문제의 원인과 그 해결책을 찾고 누가 어느 분야를 담당할 것인지도 자신들의 의사로 결정하며, 업무 진행 방식에 대한 평가도 팀 내에서 판단·결정하게 된다. 더 나아가서는 필요한 인원 고용이나 해고도 그들 자신이 직접하며, 전체적인 지도나 지원 역시 경험이 풍부한 팀 리더에 의해서 이루어지게 된다.

팀의 주체성과 광범위한 권한이 인정되면 팀원 전원은 갖가지 사항에 참가·관여하게 되고, 자유를 얻은 팀원들은 자기 나름의 아이디어와 연구를 통해 보다 능률적으로 업무를 추진할 수도 있다.

다양한 부문에서 발탁된 팀원들로 구성된 팀의 경우, 복잡한 문제도 팀 내에서 즉각 해결하며, 조직에 준비된 경영자원을 고객에게 직접적으로 전달할 수 있게 된다. 또한, 다른 부문의 업무에 대한 이해의 폭도 당연히 넓어지게 된다.

2 팀워크의 촉진 방법

조직은 분업과 역할분담을 통하여 조직의 목표 및 목적을 달성한다. 구성원 각자가 팀워크 없이 제각기 움직인다면 효과를 기대하기 어렵다. 조직 활동의 높은 성과는 첫째, 공동목표 설정 및 공유, 둘째, 구성원 간 원활한 의사소통, 셋째, 협동심을 바탕으로 팀 활동을 해야만 가능하다. 이 세 가지가 효과적으로 이루어질 때 비로소 조직의 목적도 달성이 가능해진다. 이와 같은 효과적인 팀을 만들기 위해서는 다음과 같은 방법들이 활성화되어야 한다.

1) 팀 및 개인 목표의 명확한 설정과 구성원들의 공유

조직 및 팀 활동이 성공적이기 위해서는 명확한 목표가 있어야 하며 그 목표에 대한 구성원들의 공유는 기본이다. 그러나 조직에서는 책임자급의 구성원들만 명확한 목표 의식을 갖고 있고, 그 이하 구성원들은 그렇지 않은 경우가 의외로 많다. 조직 환경이 어떻게 변하더라도 조직 및 개인의 목표만큼은 구성원들의 뇌리에 박혀 있어야만 최선을 다하게 되고 그 결과로 목표가 달성되는 것이다.

목표 설정은 다음과 같은 S.M.A.R.T 요건을 갖추는 것이 중요하다. 더불어, 목표 표기에는 S.M.T가 반드시 충족되어야 하며 A.R은 반드시 고려되어야 한다.

- Specific: 막연하거나 모호한 표현이 아니라 정확히 무엇을 달성하려는 것인지 구체적이어야 한다.
- Measurable: 목표 달성 여부를 어떻게 판단할 것인지 계량화된 지표에 의해 측정이 가능해야 한다.
- Attainable: 팀 및 구성원들이 해낼 수 있는 일이어야 한다.

- Relevant: 개인 및 팀의 업무와 연관된 목표이어야 한다.
- Time-Sensitive: 언제쯤 목표를 달성할 수 있는지 기한이 정해져야 한다.

한편, 팀 및 개인의 목표를 성공적으로 달성하기 위해서는 무엇보다도 팀 구성원들이 동기부여될 수 있도록 리더 및 동료들의 피드백이 중요하다. 피드백이 없다면 노력을 게을리할 수도 있으며, 또한 효율적이지 못하여 효과가 기대에 못 미칠 수도 있다. 피드백이 효과적이기 위해서는 다음과 같은 요령이 필요하다.

- 일의 중요도, 긴급도에 따라 우선순위를 정하도록 하라.
- 일의 추진 과정을 관찰하라.
- 잘한 성과에 대해서는 즉시 인정과 칭찬을 하라.
- 개선점이 나타나면 즉시 개선 피드백을 하라.

2) 업무에 대한 공정한 역할분담과 책임의 명확화

조직의 형태가 피라미드 조직이든 수평 조직이든 간에 업무가 분담되어 유기적으로 추진되어야 시너지 효과가 발휘되고 높은 성과를 나타낼 수 있다. 그러나 구성원들의 이해관계에 따라서 역할분담이 공정하게 이루어지지 않는다면 구성원들의 불만 요소가 되며 팀워크를 해칠 수 있다. 이를 극복하기 위해서는 리더의 개입은 물론 전원 참여와 동의에 의한 역할 분담과 책임 소재가 분명해야 한다. 리더의 개입 없이 구성원들의 자발적 참여 및 결정은 불가능하며 항상 불만을 야기시키게 된다. 그럼에도 불구하고 업무와 관련 역할 및 책임 소재 등으로 인한 갈등이 발생한다면 갈등을 방치하지 않는 것이 중요하다. 갈등을 방치하게 되면 갈등 속성상 증폭되게 마련이다. 따라서 갈등의 당사자들이 직접 만나거나 리더 및 동료인 제3자 입장에서 비공개적으로 접근하여 해결하는 것이 좋다. 서로의 기대와 역할에 대한 다음과 같은 객관화된 질문은 갈등해결에 도움이 될 것이다.

- 내가 보는 입장에서 상대방이 꼭 해야 하는 행동은 무엇인지?
- 상대방이 보는 입장에서 내가 꼭 해야 하는 행동은 무엇인지?
- 내가 보는 입장에서 내가 꼭 해야 하는 행동은 무엇인지?
- 상대방이 보는 입장에서 상대방이 꼭 해야 하는 행동은 무엇인지?

3) 개인보다는 집단을 우선시하는 공동체 의식 강화

조직은 개인과 조직의 공동 목적추구를 위하여 모인 집단이다. 구성원 개개인이 자신의 목표 및 목적을 위해서만 조직 생활한다면 그 조직은 존립이 불가능하다. 조직은 공동의 목적이 분명히 정해져 있고 그 목적을 달성하기 위한 시스템을 갖추고 있다. 이 시스템이 제대로 작동하기 위해서는 무엇보다도 그 시스템을 작동하는 구성원 간의 상호신뢰가 바탕이 되어야 한다. 구성원 간에 상호신뢰가 없다면 제아무리 뛰어난 목적과 시스템일지라도 무용지물이 되고 만다. 왜 구성원들이 한 조직 및 팀에 모였는지 각자의 반성적 사고가 요구된다. 수적석천(水滴石穿)이란 사자성어가 있다. "작은 낙숫물이 오랜 시간이 경과한 후 강한 돌도 뚫는다."라는 뜻이다. 만일 낙숫물이 분산된다면 아무리 오랜 시간이 경과되어도 결코 돌은 뚫리지 않을 것이다. 개개인의 역량은 미흡할 수도 있지만 힘의 결집과 팀워크가 살아난다면 막강한 힘의 발휘로 높은 성과를 올릴 수 있다.

4) 조직의 공통 업무 및 과제는 전원 참여를 통한 의사결정으로 집단지성 발휘

조직 구성원들은 한 배를 탄 공동운명체가 되어야 한다. 한 방향을 향해 동시에 노를 저을 때 배는 빠르게 이동한다. 현대의 조직은 복잡성과 다양성 그리고 변화성의 특징을 갖는다. 한 사람의 머리가 좋고 나쁨을 떠나서 이 같은 조직이 갖는 기회와 문제의 대응에는 개인으로는 한계가 있다. 이를 극복하기 위해서는 무엇보다도 다양성을 인정하는 조직의 창의적 문화가 형성되어야 한다. 누구의 아이디어든 제약을 받지 않고 받아들이는 문화가 형성되면 누구든 자신의 경험과 노하우를 토대로 기발한 아이디어를 자발적으로 제안하게 될 것이다. 사람들은 자신이 제안한 것이 채택되고 제도화되어 누군가에게 도움이 된다고 느낄 때 더욱 적극적으로 실천하려 하고 자부심을 갖는다는 사실에 주목해야 한다. 이 같은 분위기가 더욱 성숙되면 상호 간의 팀워크는 자연적으로 생기게 된다.

최근에는 조직 구성원들에게 의사결정을 스스로 내릴 수 있는 임파워먼트(Empowerment)가 많이 주어지는 경향이 있다. 임파워먼트는 팀워크에 반드시 도움이 되는 것만은 아니다. 효과적인 임파워먼트가 되기 위해서는 기본적으로 구성원들이 성숙되어지고 역량이 갖추어진 상황이어야 한다. 임파워먼트는 권한과 책임을 동반하기 때문에 자기성장의 기회이자 위기가 되기 때문이다. 잘된 의사결정은 개인 및 조직에 도움이 되지만, 잘못된 의사결정은 개인 및 조직의 큰 위험 요소가 될 수 있으므로 합리적·논리적 접근에 따른 양질의 의사결정이 요구된다. 이를 위해서는 개인의 독단적인 의사결정보다는 구성원들의 참여를 바탕으로 한 의사결정이 바람직할 수 있다.

5) 건전한 조직문화 조성으로 소속 의식 고양

조직의 건전한 분위기를 조성하는 일은 결코 쉽지 않지만 반드시 필요한 일이다. 아침에 일어나면 빨리 출근하고 싶은 직장과 팀이 되어야 한다. 연말이 되면 조직 구성원들 누구나가 옮겨 가고 싶은 팀이 되어야 한다. 취업을 앞둔 졸업예정자들이 가장 선호하는 직장이 되어야 한다. 그 같은 조직과 팀을 만들기 위해서는 기본적으로 사람이 모이도록 향기(香氣)를 만들어 발산시키는 노력이 필요하다. 향기가 나는 꽃에는 나비나 꿀벌이 자연스럽게 찾아오게 마련이듯이 향기가 나는 조직과 팀에는 우수 자원들이 자발적으로 찾아오게 마련이다. 그것이 바로 우리가 꿈꾸는 건전한 조직문화이다.

사례연구

〈사례 A〉

J는 견적서와 주문 양식 건이 어떻게 진행되고 있는지를 묻기도 하면서 팀원들의 행동을 주의 깊게 지켜보았다. S와 N은 곧바로 견적서를 작성하기 시작했다. J는 그들의 업무 진행을 주기적으로 살펴보면서, 그들이 부품을 분류하고 가격 순으로 목록을 작성하는 업무 과제를 기대 이상으로 잘 하고 있는 것에 대해 기쁨을 감추지 못했다. 또한, S와 N은 부품 하나하나를 조사하여 영업마케팅 팀을 위해 간단한 설명을 붙여 놓았다. J는 그들의 도움에 대해 다시 한 번 감사를 표하였다.

〈사례 B〉

팀 회의에서 J는 N과 S가 견적서에 대해 이룩한 진전 사항을 공표하였다. 그들은 K가 교정을 본 명세서 복사본을 나누어 주었으며, 다른 팀원들이 추가한 사항들을 주의 깊게 검토하였다. 팀원들은 견적서 때문에 일을 쉽게 할 수 있게 되었다는 점에 동의하였다. J는 M과 A에게 "주문 양식은 어떻게 되어 가고 있습니까?"하고 물었다. M은 A를 가리키면서 "A에게 물어봐야 할 것입니다. A는 자기가 맡은 일을 제대로 못하고 있습니다." A는 변명하였다. "그것은 사실이 아닙니다." J는 즉각 두 사람의 말을 가로막았다. "회의가 끝난 후에 함께 이야기해 보는 게 어떻겠소." 회의가 끝난 후 J는 두 사람에게 의견 조사지를 건네준 후, 의견 조사지를 취합하여 구체적인 문제점을 발견하였다.

〈사례 C〉

팀 회의를 시작하면서 J는 비눗방울이 든 병을 팀원들에게 하나씩 나누어 주고는 긴장을 풀도록 하였다. 팀이 일상에서 벗어나는 행동을 한 것은 어느 정도 팀에 성공적인 결과를 가져다 주었다. 실습을 통해서 팀은 새로운 각도에서 생각할 수 있게 되었으며, 팀원들은 많은 아이디어를 내놓았다.

〈사례 D〉

팀원들은 각자의 강점과 약점을 정리해 볼 필요가 있다고 결정했다. 팀원을 2인 1조로 짝지은 후, 어느 한 영역에서 강점을 가진 구성원은 그 영역에서 취약한 다른 구성원과 짝을 이루었다. 이따금씩 짝을 바꿈으로써 팀원들은 교차훈련을 주고받을 수 있었다. 이러한 결정은 모두에게 이익을 주었으며, 모든 팀원은 결정을 실행하는 데 적극적으로 동참하였다.

– 한국산업인력공단 직업기초능력 대인관계능력 학습자용 워크북 pp.40~41,
국가직무능력표준 홈페이지(http://www.ncs.go.kr)

교육적 시사점

- 〈사례 A〉는 행동과 수행을 관찰하여 즉각적인 피드백을 제공하며, 뛰어난 수행에 대해서 인정해 주는 것이 팀워크를 촉진시키는 한 가지 방법임을 보여준다.
- 〈사례 B〉는 팀원 사이의 갈등을 발견하게 되면, 제3자로서 즉각 개입하여 중재하는 것이 중요하며, 필요에 따라 의견 조사지를 활용하는 것이 큰 도움이 될 수도 있음을 보여준다.
- 〈사례 C〉는 아이디어에 대한 아무런 제약을 가하지 않는 환경을 조성할 때 협력적 풍토가 조성될 수 있음을 보여준다.
- 〈사례 D〉는 팀원의 동참을 이끌어 내어 의사결정을 할 수 있는 한 가지 방법을 보여주고 있다.

탐구활동

1. 【사례연구】를 읽고, 각각의 핵심 내용과 팀워크 촉진방법에 대하여 느낀 점을 자유롭게 작성해 보자.

사례	핵심 내용(주제)	사례를 통해 느낀 점
A		• • •
B		• • •
C		• • •
D		• • •

2. 최근에 팀원들과 공동 작업을 수행하면서 건설적 피드백을 한 경험에 대해 작성해 보자.

〈수행한 공동 작업〉

〈피드백 내용〉

학습평가

정답 및 해설 p.281

※ 다음 문장의 내용이 맞으면 ○, 틀리면 ×에 ✓표시를 하시오. (1~4)

1 팀워크는 자연 발생적으로 생기지 않는다. (○, ×)

2 팀 목표를 달성하도록 팀원을 고무시키는 환경을 조성하기 위해서는 동료 피드백이 필요하다. (○, ×)

3 성공적으로 운영되는 팀은 효과적인 갈등관리로 혼란과 내분을 방지하고 팀 진전 과정에서의 방해 요소를 미리 없앤다. (○, ×)

4 의사결정을 내릴 수 있다는 것은 임파워먼트(Empowerment)를 발휘한다는 것을 의미한다. (○, ×)

5 창의력 조성과 관련한 설명으로 바르지 않은 것을 고르시오.
① 성공적인 팀워크를 위해서는 언제나 협력이 필요하다.
② 모든 구성원의 잠재력을 최대로 활용하는 팀은 협력의 중요성을 잘 이해하고 있다.
③ 모든 팀원이 협력하여 일할 때 창의적인 아이디어가 넘쳐 난다.
④ 상식에서 벗어난 아이디어에 대해서는 비판해야 한다.

6 팀워크의 조건으로 적절하지 않은 것을 고르시오.
① 팀원 간에 신뢰가 쌓여야 한다.
② 개인 활동은 소홀히 해야 한다.
③ 참여한 결과가 성과로 나와야 한다.
④ 팀 활동에 참여해야 한다.

7   목표설정 시 SMART 요건이 필요하다. 고려 항목에 해당하는 것을 고르시오.

① Specific

② Measurable

③ Attainable

④ Time-Sensitive

8   팀워크의 강점으로 바르지 않은 것을 고르시오.

① 진급에 대한 강한 불만과 인원 감축에 대한 공포, 불안감이 해소될 수도 있다.

② 조직의 목표 달성을 비교적 용이하게 실현할 수 있다.

③ 복잡한 문제도 팀 내에서 즉각 해결된다.

④ 조직에 준비된 경영자원을 고객에게 간접적으로 전달할 수 있게 된다.

9   팀워크의 촉진 방법으로 바르지 않은 것을 고르시오.

① 팀 및 개인목표의 명확한 설정과 공유

② 업무에 대한 공정한 역할분담

③ 의사결정 권한을 무조건 위임하기

④ 공동체 의식 강화

10   피드백을 효과적으로 하기 위한 요령으로 적절하지 않은 것을 고르시오.

① 일의 추진 과정을 관찰한다.

② 일의 중요도, 긴급도에 따라 우선순위를 정하도록 한다.

③ 개선 피드백은 개선점을 전체적으로 취합해 추후에 한다.

④ 잘한 성과에 대해서는 즉시 인정하거나 칭찬하다.

Tip

위대한 팀을 만드는 10대 요인

최근 대부분의 기업 및 공공기관에서는 팀제 조직을 도입하여 운영하기도 하고 각종 TF 팀 활동을 통해 조직의 성과를 높이기도 한다. 그만큼 팀 활동은 비즈니스에서 중요하다. 본인이 리더이든 팀원이든 어떤 조건에서 가장 이상적인 팀을 만들 수 있는지 그 요인을 알게 된다면 큰 도움이 될 것이다. 위대한 팀을 만드는 요인은 다음과 같으며, 기회가 된다면 이를 팀 활동 경험을 토대로 비교해 보는 것도 좋다.

1. 팀 리더와 팀원이 팀의 사명과 역할을 충분히 인식하고 수행한다.
2. 모두가 참여하여 팀과 개인의 목표에 대해 합의 및 결정한다.
3. 시간, 에너지 등 모든 자원을 팀 목표 달성에 집중시킨다.
4. 팀원들과의 합의를 거쳐서 누가 무엇을 실행할 것인지와 같은 각자의 역할을 결정한다.
5. 의견이 서로 다를 경우 전원이 허심탄회하게 대화하여 건설적인 형태로 합의점을 찾아낸다.
6. 팀원 전원이 모든 의사 결정에 자발적으로 참가한다.
7. 구성원 간에 아이디어를 함께 공유하며 창조적 발상을 강화해 간다.
8. 누구나 모든 정보를 간단히 입수하여 활용할 수 있다.
9. 팀원들 간에 서로 배려하고 이해하는 분위기가 조성되어 있다.
10. 필요한 사항에 대해서는 계획을 수립하고, 구성원 모두가 최선의 노력을 다한다.

학/습/정/리

1. 팀워크란 팀 구성원이 공동의 목적을 달성하기 위하여 상호 관계성을 가지고 협력하여 업무를 수행하는 것을 말한다.

2. 효과적인 팀이란 다음과 같다.

1) 팀 에너지를 최대로 활용하는 고성과 팀

2) 팀원들의 장점을 잘 인식하고, 이를 잘 활용해 팀의 목표 달성을 이루는, 자신감에 찬 팀

3) 업무 지원과 피드백, 그리고 동기부여를 위해 구성원들이 서로 의존하는 팀

3. 효과적인 팀 발달단계는 형성기 → 격동기 → 규범확립기 → 성취기 → 휴식기이다.

4. 효과적인 팀의 특성은 다음과 같다.

1) 팀의 사명과 목표를 명확하게 기술

2) 창조적인 운영

3) 결과에 초점을 맞춤

4) 역할과 책임의 명료화

5) 조직화가 잘 되어 있음

6) 개인의 강점 활용

7) 리더십 역량 공유 및 구성원 상호 간의 지원

8) 팀 풍토를 발전

9) 의견의 불일치를 건설적으로 해결

10) 개방적으로 의사소통

11) 객관적인 결정을 내림

12) 팀 자체의 효과성 평가

4. 멤버십이란 조직의 구성원으로서 자격과 지위를 갖는 것으로, 훌륭한 멤버십은 팔로워십의 역할을 충실하게 잘 수행하는 것이다.

5. 팀워크를 촉진시키는 방법은 다음과 같다.

1) 팀 및 개인목표의 명확한 설정과 구성원들의 공유

2) 업무에 대한 공정한 역할분담과 책임의 명확화

3) 개인보다는 집단을 우선시하는 공동체 의식 강화

4) 조직의 공통 업무 및 과제는 전원참여를 통한 의사결정으로 집단지성 발휘

5) 건전한 조직문화 조성으로 소속의식 고양

NCS
직업기초능력평가

대인
관계
능력

Chapter

03

리더십능력

제 ❸ 장
리더십능력

▶▶ 학습목표

구분	학습목표	
일반목표	직장생활 중 조직 구성원들의 업무 향상에 도움을 주며 동기화시킬 수 있고, 조직의 목표 및 비전을 제시할 수 있는 능력을 기를 수 있다.	
세부목표	1. 리더십의 의미를 설명할 수 있다. 2. 리더십의 유형을 구분할 수 있다. 3. 조직 구성원에게 동기를 부여할 수 있는 방법을 활용할 수 있다. 4. 코칭으로 리더십 역량을 강화할 수 있는 방법을 설명할 수 있다. 5. 임파워먼트의 의미를 설명할 수 있다. 6. 직장생활에서 주도적으로 변화를 이끌 수 있다.	
세부요소 및 행동지표	동기화시키기	나는 팀원들이 목표 달성을 위해 행동할 수 있도록 동기부여를 할 수 있다.
	논리적 의견 표현	나는 팀원들에게 목표 달성에 필요한 나의 의사를 논리적으로 설득할 수 있다.
	신뢰감 구축	나는 평소에 언행일치와 솔선수범으로 상대방에게 신뢰감을 줄 수 있다.

▶▶ 주요 용어 정리

리더십

조직의 공통된 목적을 달성하기 위하여 개인이 조직원들에게 영향을 미치는 과정이다.

동기부여

어떤 행동을 계속해서 하도록 하거나, 새롭게 시작하는 데 영향을 미치는 동인이다.

코칭

직원들의 잠재력을 신뢰하고 관찰·질문을 통해서 그것을 개발·지원하는 상호 작용이다.

임파워먼트

조직 구성원들에게 업무 재량을 위임하고 사람. 조직의 의욕, 성과를 이끌어 내는 과정이다.

변화관리

변화의 설계에서 변화의 목표까지 변화 요인을 관리하고 지원하는 체계적 활동이다.

제1절 리더십의 의미와 중요성

1 리더십의 개념

리더십(Leadership)은 리더의 목표나 집단의 목적 달성을 위한 행동이기 때문에
그 결과는 리더와 구성원 상호 간에 영향을 미치는 과정에 달려 있다. 이 과정에
따라서 구성원들의 행동은 물론 목표 및 목적 달성 여부가 결정되고, 그에 따른
만족감도 달라진다.

리더십의 영향력에는 혼용되는 용어가 있으므로 다음과 같이 개념 정리를 할 필
요가 있다.

- **영향력**(Influence): 타인의 행동이나 태도, 가치관, 신념에 효과적인 변화를
  일으킬 수 있는 행위나 능력
- **권력**(Power): 대상 인물에 영향력을 발휘할 수 있는 행위자의 잠재력
  (Potential)이나 역량(Capacity)
- **권한**(Authority): 합법적·윤리적 정당성을 부여받은 권력으로서 권위와 같은
  개념
- **권위주의**(Authoritarian): 어떤 일에 있어 권위를 내세우거나 권위에 순종하는
  태도(권위는 생산적·긍정적 의미로 쓰이지만, 권위주의는 억압적, 부정적
  가치를 대표하는 인물 또는 제도를 뜻함)

| 표 3-1 | **권력 vs 권한**

구분	권력	권한
시행 주체	리더	관리자
개념 정의	능력	권리
힘의 원천	개인적 특성	직책
목표	개인, 소집단 이익	공동체 이익
구성원 반응	의존	복종

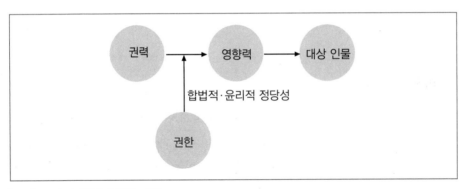

| 그림 3-1 | 리더십의 영향력 과정

리더십은 권력의 행사이다. 권력이 없는 리더는 사실상 리더가 될 수 없다. 리더의 영향력을 받아 일하는 구성원들은 리더의 특성이나 리더십 유형 및 행동에 의해서만 목표를 향해 움직이는 것이 아니라 처벌과 보상 같은 권력에 영향을 더 많이 받기 때문이다. 조직에서 나타나는 권력의 유형은 다음 [표 3-2]와 같다.

| 표 3-2 | 권력의 유형

유형	내용
보상	리더가 보상권을 갖고 있다고 믿기 때문에 보상을 얻기 위해 따름
처벌	리더가 처벌권을 갖고 있다고 믿기 때문에 처벌을 피하기 위해 따름
합법적	리더는 요구할 권리가 있고 구성원은 따를 의무가 있다고 믿기 때문에 의무감으로 따름
정통성	리더의 지위가 정통성을 갖고 있을 때 그 지위를 존중하고 따름
전문성	리더가 일에 관한 최선, 최고의 지식, 기술을 갖고 있다고 믿기 때문에 따름
준거	리더를 찬양, 동일시하며 더불어 인정을 받고자 따름
배경	리더 배후에 유력 인사가 있다는 믿음 때문에 따름
정보	자신에게는 없는 정보를 리더가 갖고 있고 통제한다고 믿기 때문에 따름

리더의 권력은 어디로부터 오는가? 그 대부분은 한 개인이 원하는 어떤 것에 의존하는 것으로부터 출발한다. 이 의존성은 승진, 인정, 안정, 정보, 채용, 기타 중요 자원 등을 제공할 수 있는 권력자의 능력과 관련된다.

조직에서 권력의 근원은 직책 권력과 개인적 권력으로 구분되며, 다음 [표 3-3]과 같다.

| 표 3-3 | 리더 권력의 근원

권력의 근원	세부 권력	내용
직책 권력	공식적 권한	합법적 임명, 선발 여부가 합법적 권리를 갖는다.
	자원, 보상에 대한 통제	보상, 승진에 대한 영향력과 평판이 좌우한다.
	처벌에 대한 통제	처벌 및 보상 통제력과 평판이 좌우한다.
	정보에 대한 통제	정보 접근 및 배분 과정에서 영향을 준다.
	생태학적 통제	직무 확충, 직무 전환으로 영향을 준다.
개인적 권력	전문성	문제해결과 중요 과업의 수행력이 영향을 준다.
	우정/충성심	강한 정서적 유대감 유발이 영향을 준다.
	카리스마	개인적 매력, 열정, 설득력, 비전능력, 성공 신화 등이 영향을 준다.

2 리더십의 중요성

리더가 없는 조직은 지휘자가 없는 오케스트라와 같다. 가정, 학교, 기업, 군대, 국가 등 모든 조직에는 리더가 있으며, 없으면 그 기능과 역할을 제대로 수행을 못한다. 리더십은 플라톤(Plato)의 《국가론(Republic)》과 마키아벨리(N. Machiavelli)의 《군주론(The Prince)》에서 비롯되지만 어느 집단 및 조직에서든 커다란 관심사이자 중요한 연구 과제이기도 하다.

"용장 밑에 약졸 없다."는 말이 있다. 이는 조직 구성원이 리더의 능력에 따라 큰 영향을 받는다는 것을 단적으로 보여주는 격언이다. 또한, "난세에 영웅이 나온다."는 말은 조직 환경이 어려울 때 난국을 전환시킬 수 있는 리더의 리더십이 중요하다는 말이다. 리더는 집단이나 조직에서 경영기능, 즉 '기획-조직-지휘-통제' 기능을 한다. 이에 대하여 나폴레옹이 일찍이 "나는 들쥐가 지휘하는 사자의 군대보다는, 사자가 지휘하는 들쥐의 군대를 갖기를 원한다."라고 한 말은 훌륭한 리더의 기능이 얼마나 중요한지를 강조하는 것이다.

결국, 가정·직장·사회에서 훌륭한 리더가 되기 위해서는 조직 구성원들에게 좋은 영향력을 미쳐 호감을 얻고, 그들이 자발적으로 움직이도록 하여야 할 것이다. 그에 대한 방법은 다음과 같다.

- 친절한 말과 긍정적인 말을 많이 하라.
- 자기감정 조절을 통해서 인내하라.
- 상대방을 비난, 비판보다는 자존감을 높여 주어라.
- 정신적이든 물질적이든 조건 없이 도와주어라.
- 자신의 언행을 주도적으로 표현하라.
- 사소한 약속이라도 반드시 지켜라.
- 자신의 영향력을 긍정적으로 관리하라.
- 무조건적인 사랑을 실천하며 보여주어라.
- 상대방이 최선을 다하고 있다고 긍정적으로 생각하라.
- 말하기 전에 상대방의 말을 경청하라.
- 상대방의 솔직한 표현을 칭찬하라.
- 상대방의 표현에 온몸으로 응답하라.
- 자신의 감정이 상처를 받은 경우에는 선의적으로 솔직하게 표현하라.
- 서로의 갈등이 생기게 되면 먼저 실수를 인정하고 사과하라.
- 상대방과의 논쟁은 가능한 한 없애라.
- 가까운 사람일수록 정성을 다하며 개인적으로 다가서라.
- 공통의 관심사는 적극적으로 책임감 있게 반응을 나타내라.
- 상대방의 영향을 먼저 수용하고 반응을 보여라.
- 상대방의 현재 모습 그대로를 수용하라.
- 말하기 전에 먼저 상대방과 공감을 준비하라.
- 의견 충돌이 있으면 차이점을 인정하고 대화하라.
- 상대방에게 가르침의 시기는 타이밍을 잘 선택하라.
- 상대방과의 관계에 대하여 그라운드 룰을 정하고 서로 동의하라.
- 어떠한 상황에서도 포기하거나 굴복하지 않도록 책임감과 절제된 생활을 영위하라.
- 장기적인 안목으로 상황에 대응하라.
- 논리와 감정의 언어로 함께 표현하라.
- 권한 위임 시에는 상호책임감을 갖도록 효과적으로 하라.
- 중요한 기획에 사람들을 참여시켜라.
- 뿌린 대로 거둔다는 사고를 갖도록 보상 체계를 확실하게 갖추어라.
- 결과에 순응하는 책임감 있는 행동을 가르쳐라.

3 관리자와 리더

리더와 관리자는 분명히 다른 개념이다. 조직 환경이 급변하면서 관리자에 대한 관심보다는 리더에 대한 관심이 더욱 높아지고 있는 것이 현실이다. 뿐만 아니라 리더십의 형태도 과거에는 위에서 아래로, 즉 상사와 부하와의 관계인 수직적 영향력이 중요했지만 오늘날에는 전방위적으로 영향력을 발휘하지 않으면 안 되는 시대가 된 것이다.

그럼에도 불구하고 대부분의 사람들은 리더십과 관리가 다르다는 사실은 알지만 그 차이를 정확히 알지는 못한다. 리더십은 초자연적인 것도, 신비로운 것도 아니다. 카리스마적인 권위나 개인의 특별한 성격과는 아무런 관련도 없다. 선택받은 소수의 사람들만이 가질 수 있는 특별한 능력도 아니다. 그렇다고 리더십이 관리보다 우위의 개념이나 관리를 대체할 수 있는 것도 아니다. 서로는 각각 보완해 주며 고유한 기능과 독특한 활동을 수행한다.

주된 차이점이라면, 리더는 조직의 비전과 방향을 제시하거나 조직원들의 동기를 부여하는 역할을 하지만, 관리자는 비전과 수립된 목표들을 달성하기 위해 업무를 계획하고 예산과 인력을 관리·통제하는 등의 역할들을 하고 있다는 것이다.

오늘날 조직에는 많은 관리자가 있지만 진정한 리더는 없다는 말을 한다. 모든 관리자가 리더가 되는 것은 아니지만 리더십을 훈련시키기 위한 조직의 능력도 발전시킬 필요가 있다. 또한 조직은 잠재적인 리더들을 발굴하고 그들의 능력이 개발되도록 경력계획을 수립하는 것도 장기적 안목에서 필요하다.

| 표 3-4 | 리더 vs 관리자

리더	관리자
• 비전의 창조와 방향 제시	• 업무에 대한 계획과 통제
• 동기부여	• 지시와 모방
• 혁신 지향적	• 유지 지향적
• '무엇을 할까?'를 고민	• '어떻게 할까?'를 고민
• 자기와 타인 지도	• 타인 지도
• 계산된 리스크 감수	• 리스크를 회피
• 사람 중시	• 체계나 기구 중시
• 1990년대 이후 필수능력	• 1980년대 이전 필수능력

사례연구

롯데리아의 신입사원

여러분이 좋아하는 롯데리아의 한 신입사원에 대한 이야기입니다. 어느 날 야후 검색 사이트에서 롯데리아를 검색해 보니 각 영업점이 두서없이 나열되어 나타나는 것을 발견하였습니다. 최고의 검색 사이트인 야후는 많은 사람들이 주요 정보 수집 수단으로 활용을 하는데, 이러한 사실은 롯데리아 입장에서 보면 좋은 광고 기회를 놓치는 결과가 되는 것입니다.

이에 이 신입사원은 자기 상사와 관련 홍보팀에 본 상황을 이야기하고 검색 사이트의 검색 결과를 보다 유용하게 바꿀 필요성에 대해 주장을 합니다. 그래서 홍보팀은 그 신입사원에게 이러한 업무를 처리할 것을 의뢰하였습니다. 신입사원은 야후에서 롯데리아를 검색하면 롯데리아에 관련된 정보들이 체계적으로 검색될 수 있도록 조치를 취합니다. 물론 각 영업점도 두서없이 나열되는 것이 아니라 아주 정연하게 나타날 수 있도록 했습니다.

그 결과 많은 고객들이 검색 사이트를 통해서 롯데리아의 여러 정보를 얻을 수 있었고, 매출 부분에도 상당히 기여했습니다. 그 후 롯데리아는 인터넷의 위력을 실감하고 보다 전략적으로 활용할 방안을 구상 중에 있습니다.

– 한국산업인력공단 직업기초능력 대인관계능력 교수자용 매뉴얼 p.91.
국가직무능력표준 홈페이지(http://www.ncs.go.kr)

교육적 시사점

- 리더십은 직위를 수반하는 것이 아니라 모든 조직원이 각자의 위치에서 리더십 역량을 가질 필요가 있다.
- 따라서 리더십이란 특정 사람에게만 강조되는 것이 아니라 조직의 공통된 목적을 달성하기 위하여 개인이 조직원들에게 영향을 미치는 과정을 의미한다.

탐구활동

1. 조직에서 리더십이 중요한 이유를 기술해 보자.

2. 관리자와 리더의 차이점을 기술해 보자.

관리자	리더
•	•
•	•
•	•
•	•
•	•
•	•
•	•

3. 권위와 권위주의의 차이점을 기술해 보자.

권위	권위주의
•	•
•	•
•	•
•	•
•	•
•	•

4. 권위주의가 직장문화에 미치는 영향을 기술해 보자.

정답 및 해설 p.281

학습평가

※ 다음 문장의 내용이 맞으면 ○, 틀리면 ×에 ✓표시를 하시오. (1~4)

1 리더십(Leadership)은 리더의 목표나 집단의 목적 달성을 위한 행동이기 때문에 그 결과는 리더와 구성원 상호 간에 영향을 미치는 과정에 달려 있다. (○, ×)

2 영향력(Influence)은 타인의 행동이나 태도, 가치관, 신념에 효과적인 변화를 일으킬 수 있는 행위나 능력이다. (○, ×)

3 권력(Power)은 대상 인물에 영향력을 발휘할 수 있는 행위자의 잠재력(Potential)이나 역량(Capacity)이다. (○, ×)

4 권한(Authority)은 합법적·윤리적 정당성을 부여받지 못한 권력이다. (○, ×)

※ ( ) 안에 알맞은 말을 채워 넣으시오. (5~6)

5 과거에는 상사가 하급자에게 리더십을 발휘하는 수직적 형태를 띠었다. 그러나 오늘날은 리더십이 ( )(으)로 발휘된다.

6 관리자는 일을 '( )'에 초점을 맞추는 데 반해, 리더는 '( )'에 초점을 맞춘다.

7 조직 구성원들에게 좋은 영향력을 주는 방법으로 적절하지 않은 것을 고르시오.

① 친절한 말, 긍정적인 말을 한다.

② 사소한 약속도 잘 지킨다.

③ 자신의 언행을 주도적으로 표현한다.

④ 상대방의 과거 모습까지 수용한다.

8 조직에서 권력의 유형에 포함되지 않는 것은?

① 보상 권력

② 처벌 권력

③ 재산 권력

④ 전문성 권력

9 직책 권력에 해당하지 않는 것은?

① 공식적 권한

② 처벌에 대한 통제

③ 전문성

④ 정보에 대한 통제

10 개인적 권력에 해당하지 않는 것은?

① 생태학적 통제

② 카리스마

③ 전문성

④ 우정/충성심

Tip

우리 회사에 꼭 필요한 리더

미국의 기업 잡지 《시스템》에서 "어떤 지도자가 우리 회사에 필요한가"라는 앙케이트 조사를 한 적이 있었다. 그 회답은 다음과 같았다.

1. 약속한 것은 반드시 지키는 사람
2. 의지가 굳고, 경박하게 움직이지 않는 사람
3. 어떤 문제에도 자기 소신을 갖는 사람
4. 작은 일이나 큰 일이나 진지하게 대처하는 사람
5. 자기 자신의 야심이 아니라 조직 사회와 인류에 도움이 되는 포부를 갖춘 사람
6. 기회를 포착하는 데 민첩한 사람
7. 용기와 결단력이 있는 사람
8. 여러 사람들 속에 있어도 자기의 특성을 잃지 않는 사람
9. 아무리 하기 싫은 일, 미천한 일도 마다하지 않고 하는 사람
10. 실패하고도 낙담하지 않는 사람

한편, 위의 앙케이트에서 '필요하지 않은 사람'에 대한 질문의 회답은 다음과 같았다.

1. 말은 많은데 행동이 없는 사람
2. 자존심이 너무 강하고 그 자리의 분위기에 융화하지 못하는 사람
3. 어떤 문제에도 일일이 참견하는 사람
4. 큰 일, 작은 일을 분간하지 못하는 사람
5. 툭하면 대의명분을 내세우는 과대망상적인 사람
6. 눈앞의 실익에 너무 정신이 팔려서 큰 일을 그르치는 사람
7. 신중하지 못하고 저돌적인 사람
8. 협조 융화의 정신이 결여된 독선적인 사람
10. 자기 본분을 다하는 데 소홀한 무책임한 사람

— 홍사중, 《리더와 보스》, 사계절출판사

제2절 리더십 유형과 특징

① 리더십을 결정하는 요인

리더십을 결정하는 요인은 리더십의 연구발전과 그 궤적을 같이한다. 따라서 다음과 같이 다섯 가지 요인으로 설명이 가능하다.

1) 리더의 특성

리더가 가지고 있는 신체적·성격적·심리적 특성으로 결정된다고 본다.

2) 리더의 특성에 대한 부하의 인식

리더의 특성이 무엇이든 부하들의 머릿속에 인식되어진 리더에 대한 이미지가 리더십을 결정한다고 본다.

3) 리더의 행동

리더의 성격이나 가치관이 어떠하든 부하에게 비춰지는 것은 리더의 '드러난' 행동이므로 리더십을 결정하는 것은 그 행동이라고 본다.

4) 상황

리더의 특성이나 상황이 리더의 행동에 적합하느냐의 여부에 따라 결정된다고 본다.

5) 리더-부하의 상호 작용

리더와 부하 간 상호 관계를 어떻게 유지하며 발전시키느냐에 따라 리더십이 좌우된다고 본다.

2 리더십의 유형과 특징

성공적인 리더는 이끌고 나가야 할 집단에 따라 리더십의 한 가지 유형을 엄격히 고수하거나 다양한 유형의 리더십을 혼용하여 적용할 것이다.

리더십 유형은 연구자에 따라 다르게 분류된다. 전통적인 리더십 유형은 다음 [표 3-5]와 같다. 몇몇 연구자들은 '팀형 리더'를 가장 효과적이라고 말하고 있지만, 팀형 리더가 모든 경우에 효과적인 것만은 아니다. 사실 모든 연구 결과를 검토해 본 결과 단지 제한적으로만 보편적 리더십 유형(High-High Style)을 지지하고 있을 뿐이다. 상황에 따라서는 팀형 리더십 유형이 아닌 다른 리더십 유형이 요구되기 때문이다. 리더십 유형 중 '높은 과업 행동-높은 관계성 행동'의 유형이 가장 선호할만한 리더십 유형인지 여부는 아직 불명확하다.

| 표 3-5 | 리더십 유형과 특징

연구자	리더십 유형		특징
미시간대학	직무 중심 리더십		밀접한 감독, 합법적·강압적 권력, 과업성취도 평가
	인간 중심 리더십		책임 위양, 구성원 복지에 관심, 개인 성장 강조
오하이오 주립대학	배려	I형: 고 배려-저 구조 주도	인간 중심형
		II형: 고 배려-고 구조 주도	통합형
	구조 주도	III형: 저 배려-저 구조 주도	방임형
		IV형: 저 배려-고 구조 주도	업무 중심형
블레이크, 모우톤	생산·인간	무관심형(1·1형)	조직구성원으로서 최소한 노력
		인기형(1·9형)	개인욕구에 관심 및 우호적 분위기 중시
		과업형(9·1형)	일의 효율성으로 인간적 요소 최소화
		중도형(5·5형)	과업의 능률과 인간적 요소 절충
		팀형(9·9형)	개인과 조직공동목표 및 상호의존관계 강조, 상호신뢰 및 존경으로 몰입 유도

다니엘 골먼, 리처드 보이애치스, 애니 맥키	전망 제시형	• 사람들과 꿈을 공유 • 변화에 대한 새로운 전망이 요구될 때나 뚜렷한 방향성이 요구될 때
	코치형	• 개인이 원하는 것을 전체의 목표와 결부시킴 • 장래를 내다보면서 구성원의 업무 수행력 향상에 도움을 주고자 할 때
	관계 중시형	• 사람들을 서로 엮는 가운데 조화를 일구어 냄 • 어려운 상황에서도 팀의 불화를 해소하기 위해 사람들에게 용기를 심어 주거나 유대를 더욱 공고히 하려고 할 때
	민주형	• 사람들의 자발적 행동을 존중하고 참여를 통해 조직에 헌신하도록 함 • 사람들의 의견을 수용하여 의견의 일치를 얻고자 할 때나 구성원들로부터 가치 있는 자발적 참여를 유도하려고 할 때
	선도형	• 도전할만한 흥미로운 목표를 제시함 • 의욕이 넘치고 유능한 팀으로부터 최고의 결과물을 이끌어 내고자 할 때
	지시형	• 비상시에 뚜렷한 방향을 제시해 줌으로써 두려움을 누그러뜨림 • 위기 상황에서 전환을 꾀하고자 할 때나 문제가 있는 구성원을 다룰 때
한국산업인력공단	독재자형	• 질문 금지, 모든 정보는 리더 독점, 실수 불허 • 조직이 통제가 없는 방만 상황, 가시적 성과가 없는 상황, 긴급한 상황
	민주주의형	• 참여 중심, 토론 장려, 거부권 가능 • 혁신적 사고와 탁월한 능력의 리더와 구성원
	파트너십형	• 구성원 평등, 의사결정에 구성원 참여, 성과 및 결과에 책임공유 • 소규모 조직에서 풍부한 경험과 재능 소유자 적합
	변혁적형	• 조직에 비전 제시, 사업 수완 및 의사결정능력, 스스로 중요 존재임을 자각케 하고 충성심·존경심 유도, 성공에 대한 칭찬과 미래에 대한 자극, 솔선수범으로 자신감과 자극 부여 • 지금까지의 업무 수행 상태를 뛰어넘으려 함

사례연구

〈사례 1〉

기획부장 K씨는 부하 직원들의 생각을 듣기보다는 자신의 생각에 도전이나 반항 없이 순응하도록 요구한다. 이에 따라 부하 직원들은 주어진 업무만을 묵묵히 수행하며, 조직에 대한 정보를 잘 알지 못하고 있다.

〈사례 2〉

팀장 L씨는 아침마다 정규 직원회의를 개최한다. 직원회의에서 그녀는 그날의 협의 내용에 대한 개요 자료를 부하 직원들에게 나누어 준다. 그러면 직원들은 자신의 의견을 제시하거나 완전히 새로운 안을 제시할 수도 있다. L은 이러한 부하 직원들의 생각에 동의하거나 거부할 권한을 가진다.

〈사례 3〉

팀장 J씨는 자신은 팀원 중 한 명일 뿐이라는 생각을 가지고 있다. 이에 따라 자신이 다른 팀원들보다 더 비중있다고 생각하지 않으며, 모든 팀원들은 팀의 성과 및 결과에 대한 책임을 공유하고 있다.

〈사례 4〉

팀장 P씨는 그동안 자신의 팀이 유지해 온 업무 수행 상태에 문제가 있다고 생각하고 있었다. 이를 개선하기 위해 그는 팀에 명확한 비전을 제시하고, 팀원들로 하여금 업무에 몰두할 수 있도록 격려하였다.

– 한국산업인력공단 직업기초능력 대인관계능력 학습자용 워크북 p.60,
국가직무능력표준 홈페이지(http://www.ncs.go.kr)

교육적 시사점

- 〈사례 1〉은 '독재자 유형'의 리더십에 관한 것으로서, 기획부장 K씨는 부하 직원들에게 도전이나 반항 없이 묵묵히 순응할 것을 요구하고 있다.
- 〈사례 2〉는 '민주주의에 근접한 유형'의 리더십에 관한 것으로서, 팀장 L씨는 아침마다 직원회의를 개최하여 부하 직원들에게 자신의 의견을 제시할 것을 요구하고 있다.
- 〈사례 3〉은 '파트너십 유형'의 리더십에 관한 것으로서, 팀장 J씨는 자신은 팀원 중 한 명일 뿐이며, 모든 팀원들과 성과 및 결과에 대한 책임을 공유하고 있다.
- 〈사례 4〉는 '변혁적 유형'의 리더십에 관한 것으로서, 팀장 P씨는 팀이 처한 문제를 개선하기 위해 명확한 비전을 제시하여 팀원들이 업무에 몰두할 수 있도록 이끌고 있다.

탐구활동

1. 자신이 생각할 때 조직에서 요구되는 리더십 유형과 그 이유를 작성해 보자.

2. 자신의 리더십 유형은 어느 유형에 해당하는지 작성해 보자.

3. 조직에서 요구하는 리더십 유형을 발휘하기 위해서 자신이 더욱 갖추어야 할 점을 작성해 보자.

4. 자신은 평소에 솔선수범한 편이었는지 생각해 보고 그에 대한 경험을 작성해 보자.

   〈솔선수범한 사례〉

   〈솔선수범하지 않았던 사례와 이유〉

5. 자신이 상대방으로부터 신뢰를 받는 사람인지 생각해 보고 그에 대한 이유를 작성해 보자.

   〈신뢰를 받는 이유〉

   〈신뢰를 받지 못하는 이유〉

정답 및 해설 p.281

※ 다음 문장의 내용이 맞으면 ○, 틀리면 ×에 ✓표시를 하시오. (1~5)

1   리더와 부하 간 상호 관계를 어떻게 유지하며 발전시키느냐에 따라 리더십이 좌우된다. (○, ×)

2   리더와 부하가 상호 동기부여와 도덕성을 보다 더 높은 수준으로 높일 수 있도록 상호 작용할 경우에는 변혁적 유형의 리더십이 적합하다. (○, ×)

3   조직이 통제가 없는 방만한 상황, 가시적 성과가 없는 상황, 긴급한 상황에서는 민주주의에 근접한 유형의 리더십이 적합하다. (○, ×)

4   혁신적 사고를 하고 탁월한 능력이 있는 리더와 구성원이 있는 상황에서는 변혁적 유형의 리더십이 적합하다. (○, ×)

5   블레이크와 머튼의 리더십 중 팀형은 과업의 능률과 인간적 요소를 절충한다. (○, ×)

6   리더십을 결정하는 요인으로 적절하지 않은 것을 고르시오.
   ① 리더의 특성
   ② 리더의 특성에 대한 부하의 인식
   ③ 리더의 행동
   ④ 부하의 재력

7   독재형 리더십의 특징으로 적절하지 않은 것을 고르시오.
   ① 카리스마가 있다.
   ② 모든 정보는 리더의 것이다.
   ③ 실수를 용납하지 않는다.
   ④ 질문은 금지한다.

8 파트너십 유형 리더십의 특징으로 적절하지 않은 것을 고르시오.

① 평등

② 책임 공유

③ 토론 장려

④ 의사결정에 구성원 참여

9 민주주의에 근접한 유형 리더십의 특징으로 적절하지 않은 것을 고르시오.

① 참여

② 토론 장려

③ 감화

④ 거부권

10 변혁적 유형 리더십의 특징으로 적절하지 않은 것을 고르시오.

① 자기 확신

② 평등

③ 존경심과 충성심

④ 풍부한 칭찬

Tip

대한민국 리더들이 갖추어야 할 11대 성공 포인트!

새로운 시대의 리더는 어떻게 행동해야 하며 새로운 리더십은 어떻게 하면 함양될 수 있는지 생각해 보자.

1. **비전**: 리더는 비전이 있어야 한다. 그리고 그 비전을 구성원들과 나눌 수 있어야 한다. 비전을 설정하지 못하고 제시하지 못하면 관리자와 다를 바 없다.

2. **추진력**: 리더는 비전을 현실화시킬 수 있는 추진력이 있어야 한다. 어떠한 어려움이 뒤따르더라도 포기하지 말아야 한다.

3. **자신감**: 리더는 자신감을 가지고 팀을 이끌 수 있어야 한다. 자신감은 외모에서 나타난다. 자신감이 없어 보이는 리더를 보고 구성원은 따르지 않는다.

4. **지혜**: 리더는 지혜와 전략이 있어야 한다. 목표를 달성하기 위한 수많은 차별화된 방법과 요령을 찾고 활용할 수 있어야 한다.

5. **일관성**: 리더는 매사를 일관성 있게 처리해야 한다. 언행일치가 안 되면 신뢰성이 떨어져 사람이 따르지 않는다.

6. **감성**: 리더는 구성원들의 어려움을 챙겨 주고 극복하도록 도와주어야 한다. 따뜻한 인간미가 사람을 감동시킨다. 과거처럼 권위적 리더는 주위로부터 외면당한다.

7. **네트워킹**: 리더는 폭 넓은 네트워킹이 필요하다. 어떤 문제에 부딪히건 주위 사람들을 이용해 정보와 자료를 얻고 지원을 통해 해결할 수 있어야 한다. 지위가 높아질수록 더욱 필요하다.

8. **전문성**: 리더는 최소한 당면한 과제의 전체 그림을 이해할 수 있어야 한다. 그래야 구성원과 소통을 통해 지도할 수 있다.

9. **기회 포착력**: 리더는 트렌드를 읽고 기회가 왔을 때 붙잡을 수 있어야 한다. 그러기 위해서는 미래를 예측하고 전략적 사고로 문제에 접근해야 한다.

10. **열정**: 리더는 열정을 가지고 일해야 하며 그 열정을 전 구성원들에게 전파하도록 힘써야 한다. 솔선수범하는 모습은 주위 사람들에게 긍정적 영향력을 미친다.

11. **성과**: 리더는 어떤 업무에서건 성과를 만들어 내야 한다. 일만 벌리고 수습도 못하는 리더는 리더 자격이 없다.

– 김남희, 《역량》, 팜파스

제3절 동기부여

1 동기부여의 의의와 중요성

동기부여(Motivation)는 '움직이다(to move)'라는 의미의 라틴어 'Movere'에서 유래되었다. 동기부여는 인간의 행동을 이해할 수 있는 핵심적인 개념임에도 불구하고 무엇보다도 눈으로 볼 수 없고 만질 수 없는 심리적 과정이어서 측정이 불가능하기 때문에 명확한 개념 정의가 쉽지 않다.

수많은 연구자들의 정의에도 불구하고 직업기초능력에서 쓰이는 동기부여란 "어떤 행동을 계속해서 하도록 하거나 새롭게 시작하는 데 영향을 미치는 동인이다."라는 것이다. 즉, 조직 구성원들의 기분을 최고조로 상승시켜 높은 업무 실적을 실현시키는 것이다. 이 같은 동기부여의 과정은 다음과 같다.

- 1단계: 개인욕구 결핍, 조직의 유인
- 2단계: 욕구 충족을 위한 방법 탐색
- 3단계: 목표 지향적 행동
- 4단계: 업적
- 5단계: 보상 또는 처벌
- 6단계: 자신에 의한 욕구 결핍의 재평가

한편, 동기부여는 조직의 업적과 구성원의 만족을 목적으로 하기 때문에 업적 및 만족과 관련이 깊다. 동기부여와 업적의 관계에서 업적은 개인적 동기부여 및 능력뿐만 아니라 환경, 자원, 기회 등에 의해 결정되지만 그중 동기부여가 가장 중요하다. 이와 관련하여 제임스(W. James)는 동기부여에 관한 조사를 통해 구성원은 동기부여되면 직무수행에서 자기 능력의 80~90%까지 발휘할 수 있지만, 동기부여 활동이 없는 조직의 구성원은 통상 20~30%의 능력밖에 발휘하지 못하고 있음을 발견한 바 있다.

동기부여와 만족의 관계에서 만족은 직무 만족이 중심이 되고 직무 만족은 인생 만족의 중요한 부분이 된다. 따라서 많은 동기부여 이론은 직무 만족 이론으로도 볼 수 있다.

업적과 만족의 관계는 다음과 같이 세 가지로 설명할 수 있다.

- 만족도가 높아지면 업적도 높아진다.
- 업적이 높아지면 만족도가 높아진다.
- 업적의 결과로 받는 보상이 합리적이거나 공정하다고 지각하는 정도는 만족의 정도(업적으로부터 얻는)와 업적의 정도(만족에 의해 영향을 받는)에 영향을 미친다.

따라서 업적과 만족은 다 같이 중시하며 양자 간의 균형과 조화를 기해야 한다. 캘러한(R. E. Callahan) 등은 구성원에 대한 동기부여가 중요한 이유를 다음과 같이 밝히고 있다.

- 구성원들은 직무(직장, 일)에서 경제적 보상 이상의 것을 원하고 있으며, 구성원들의 생활양식도 변화하고 있다.
- 구성원들의 교육 수준이 높아지고 있으며, 그 수가 늘어나면서 생산직에서 사무직으로 전환되고 있다.
- 외적인 통제와 권한이 과거만큼 효과적일 수 없게 되었다.
- 구성원들은 직장에서 더 많은 욕구를 욕망함에 있어서 과거보다 더욱 전략적이다.

한편, 루시어(R. N. Lussier)는 구성원에 대한 동기부여 방법을 아는 것이 중요한 이유를 다음과 같이 밝히고 있다.

- 동기부여는 오늘날 기업이 직면하고 있는 첨예한 문제이다. 종업원들은 시간 외 근무, 직무에의 헌신, 출근 및 시간 엄수 등에 관심이 거의 없기 때문이다.
- 직무상에서 시간의 낭비 때문에 막대한 비용이 소모된다.
- 과거에는 금전적으로 동기부여되었으나 최근에는 직무 만족으로 동기부여된다.
- 동기부여 방법이 경영관리자에게 결정적으로 중요한 역량이 되어 가고 있다.

❷ 동기부여 방법

'동기부여'는 리더십의 핵심 개념이다. 이루고자 하는 성과와 목표의 실현은 동기부여의 직접적인 결과라고 해도 과언이 아니다.

팀의 구성원으로서 일을 하든 다른 사람의 지도를 받지 않고 자기 소신껏 일을 하든 간에 일을 멋지게 처리하도록 자기 자신에게 동기를 부여해야만 좋은 결과를 얻을 수 있다. 더군다나 팀의 리더라면 구성원들이 좋은 성과를 내도록 동기부여할 수 있는 능력을 반드시 갖추어야 할 뿐만 아니라, 자기 자신에게 동기를 부여할 수 있어야 한다.

세계적인 미디어 재벌인 루퍼트 머독은 "조직원 스스로 조직의 일원임을 느끼도록 일깨우는 것만큼 좋은 것은 없다."라는 말을 하였다. 여기서 동기부여의 핵심은 조직원들의 마음으로 들어가는 것임을 알 수 있다. 리더는 조직원들이 금전적인 보상이나 편익, 승진에 의해서만 동기를 부여받을 것이라는 단순한 생각으로 그들을 대해서는 안 된다. 물론 이러한 외적인 동기 유발제가 일시적으로 효과를 발휘할 수도 있다. 하지만 인간관계에서 이러한 전술은 전혀 먹혀들지 않는다. 이같은 보상이 단기간에는 좋은 결과를 가져오고 직원들의 사기를 끌어올릴 수 있지만, 그 효과는 오래가지 못한다. 즉, 금전적인 보상이나 스톡옵션 등의 외적인 동기 유발제는 조직원들에게 멋진 혜택일 수 있지만, 그들이 지속적으로 최선을 다하도록 동기를 부여하는 데는 충분하지 않은 것이다.

조직원들이 지속적으로 자신의 잠재력을 발휘하도록 만들기 위해서는 외적인 동기 유발제 그 이상을 제공해야 한다. 사실 모든 조직원들의 욕구를 만족시킬 수 있는 이상적인 근무 환경을 만드는 것은 쉽지 않다. 그러나 이러한 환경이 마련된다면 조직원들은 돈이나 편익 등 비본질적인 요인이 아닌, 자기 내면의 순수한 욕망에 의해 동기를 부여받을 것이다. 다음은 개인에게 긍정적인 동기부여의 방법에 관한 것이다.

- 목표 달성을 높이 평가해 구성원에게 곧바로 보상하는, '긍정적 강화법'을 활용한다.
- 새로운 도전 기회를 부여하여 성취감과 권한을 갖도록 한다.
- 창의적인 문제해결법을 찾는다.
- 스스로 문제해결을 하도록 한다.

- 업무 수행 결과에 책임감을 갖도록 한다.
- 코칭을 한다.
- 변화를 두려워하지 않도록 한다.
- 지속적으로 교육 기회를 부여한다.
- 동료 직원 지도 기회를 부여한다.
- 다양한 업무 경험을 할 수 있도록 한다.
- 권한 이양을 통해 독립성을 갖도록 한다.
- 정보를 공유하고 의사결정 과정에 참여 기회를 부여한다.
- 각종 이벤트를 통해 스타 의식을 불어 넣는다.
- 승진 기회를 준다.
- 경쟁의식을 불어 넣는다.
- 경청을 하고 피드백을 해준다.
- 자기 일에 대한 긍지를 갖게 한다.
- 열등감보다는 자신감을 갖도록 한다.
- 개인의 관심사를 표현한다.
- 슬럼프 극복에 도움을 준다.

한편, 모든 종류의 동기부여가 그 나름대로 효과가 있겠지만, 부정적인 동기부여는 여러 가지 문제를 낳을 수도 있다. 예컨대, 회사가 제시한 목표를 달성하지 못할 경우, 감봉, 강등, 해고 등의 불이익을 주겠다고 하면, 직원들은 단기적으로는 그 일에 주의를 기울일 것이다. 그러나 부정적인 동기부여를 받은 사람은 장기적으로는 심각한 한계적 상황을 초래하게 된다. 공포 분위기가 때로는 동기 유발제의 역할을 할 수도 있지만 공포의 리더십은 결국 실패하고 만다. 회사 내에서 공포가 업무를 처리하는 수단으로 매번 활용되면 직원들은 사기가 떨어지고, 상사의 눈치만 살피면서 회사를 떠날 기회만 엿볼 것이기 때문이다. 이와 반대로 칭찬과 격려 속에서 긍정적인 동기부여를 받은 직원들은 업무에 열의를 가지고 더욱 더 노력하게 되므로 보다 큰 성과를 얻게 되는 것이다.

사례연구

비전은 동기부여의 핵심이다

올해 11월에 전 근무처인 ○○사로 돌아가서 처음 한 달은 바쁘게 이것저것 파악하느라 잘 몰랐는데, 12월부터 직원들을 유심히 보니 전부 재미없어 한다는 느낌이 크게 들었다. '왜, 어떻게 마케팅을 하면서 재미없어 할까?', '이 재미있는 마케팅을 재미없어 해서 어떻게 성공할까?' 걱정스럽기까지 했다. 그러고 보니 회사가 전부 영업 주도로 돌아가고 있었다. 영업 담당 중역의 입김이 거센 반면, 마케팅은 한 단계 아래인 부장급 팀장이 맡고 있었던 것이다. ○○사 내에서 마케팅을 팀장이 맡고 있다는 말은 그 위상이 땅바닥에 떨어졌다는 의미였다.

나는 마케팅의 중요성을 강조하며 마케팅 직원들은 급여를 10% 더 주도록 하고, 마케팅 직원들을 전부 데리고 설악산으로 3박 4일 일정의 워크숍을 갔다. 직원들의 프라이드와 자신감부터 심어 줘야겠다는 생각에 3박 4일 동안 마케팅을 기초부터 쫙 다 가르치기 시작했다. 그리고 그때 광고 대행사까지 워크숍에 초청해 광고 대행사들도 같은 마케팅 용어를 쓰게 했다. 같은 용어를 써야 광고주가 무슨 말을 해도 금방 알아듣고 제대로 전달되기 때문이다. 그러면서 직원들에게 비전을 보여줬다.

"여러분은 다른 사람이다. 월급은 비록 다른 사람보다 불과 10% 정도 더 많지만, 완전히 다른 사람이다. 지금부터 여러분의 손에 의해 통합 마케팅이 이루어지는데, 만일 여러분이 머리가 나쁘거나 지식이 없으면 그야말로 직무 유기다."

회사가 비전을 갖기 위해서는 먼저 직원들이 비전을 가져야 한다. 회사의 비전은 직원 개개인이 자신감을 갖지 않고서는 절대 나오지 않는다. 또한, 비전은 남이 제공하는 것이 아니라 자신이 수립해야 한다. 마케팅이 영업 주도하에 움직이고, 영업과 마케팅을 한 사람이 담당하는데다 뭘 해도 회사에서 알아주지도 않으니, 희망도 없고, 재미도 없고, 직원들은 그야말로 오합지졸이 되어가고 있었던 것이다. 그래서 우선은 프라이드를 가지라고 약간은 강압적으로 또 주입식으로 교육을 시켰다.

그렇게 하니까 3박 4일 동안 직원들이 회사가 진짜 발전하겠다는 확신을 어느 정도 갖기 시작했다. 그리고 나는 다음과 같이 말했다.

"회사 전체로는 ○○그룹보다 일등이 아니지만, 각각의 브랜드는 지금부터 내가 일등이다. 내가 일등으로 만들겠다."

그러자 본격적으로 업무를 시작하기도 전에 벌써 마케팅 직원들의 눈빛이 반짝반짝 빛나고 행동도 빨라지기 시작했다.

– 조서환, 《모티베이터》(2011, 위즈덤하우스) 내용 중 일부 각색

교육적 시사점

- 달성 가능한 비전이든 프라이드를 느끼게 하는 비전이든 끊임없이 비전을 제공해야 한다.
- 비전은 아주 분명해 보이지 않더라도 매우 의욕적인 사람을 도와줘야 한다. 구체적으로 지시하고, 가르치고, 칭찬하면 직원들은 따라온다. 조직관리의 요체는 바로 칭찬과 비전 제시, 뚜렷한 가르침이다. 돈 때문에 이동하는 사람은 많지 않다.

탐구활동[5]

다음 상황에서 당신이라면 어떻게 대처할지 나름대로의 생각을 작성해 보자.

상황 1 팀의 프로젝트 진행에 문제가 생겨서 일정이 지연되고 있다. 팀원인 미숙은 프로젝트를 일정 안에 끝내기 위해 밤늦게까지 일에 매진하고 있다. 그녀는 조금도 불평하지 않은 채 최선을 다해 프로젝트를 수행하고 있다. 그녀의 노력에 힘입어 프로젝트는 예정된 일정대로 무사히 마무리되었고, 기대 이상의 좋은 결과도 얻었다. 당신은 어떻게 행동할 것인가?

상황 2 미라의 업무 속도가 점점 나빠지고 있다. 그녀는 업무에 눈곱만큼도 관심이 없는 것 같고, 업무 자체를 지겨워하는 것처럼 보인다. 당신은 이 상황을 어떻게 해결할 것인가?

상황 3 상택은 부서에서 최고의 성과를 올리는 영업사원으로 명성이 자자하지만, 서류 작업을 정시에 마친 적이 한 번도 없다. 그가 서류 작업을 지체하기 때문에 팀 전체의 생산성에 차질이 빚어지고 있다. 당신은 이 상황을 어떻게 해결할 것인가?

상황 4 기용은 2년간 당신의 부하 직원으로 일했는데, 업무능력이 대단히 뛰어났다. 최근 들어 당신은 그에게 회사 뉴스레터를 새로 디자인하라고 지시했는데, 결과물은 의외로 좋지 않았다. 깔끔하지 못했고 아마추어 분위기가 심하게 났다. 당신은 이 상황을 어떻게 해결할 것인가?

---

5) 출처: 한국산업인력공단 직업기초능력 대인관계능력 학습자용 워크북 p.67, 국가직무능력표준 홈페이지(http://www.ncs.go.kr)

학습평가

정답 및 해설 p.282

※ 다음 문장의 내용이 맞으면 ○, 틀리면 ×에 ✓표시를 하시오. (1~5)

1 동기부여란 어떤 행동을 계속해서 하도록 하거나 새롭게 시작하는 데 영향을 미치는 동인이다. (○, ×)

2 동기부여는 인간의 행동을 이해할 수 있는 핵심적 개념이며, 행동적 과정이다. (○, ×)

3 새로운 도전 기회를 부여하여 성취감과 권한을 갖도록 하는 것은 긍정적인 동기부여 방법이다. (○, ×)

4 스스로 문제해결을 하도록 하는 것은 긍정적인 동기부여 방법이다. (○, ×)

5 조직 구성원은 동기부여되면 직무수행에서 자기 능력의 80~90%까지 발휘할 수 있다. (○, ×)

※ ( ) 안에 알맞은 말을 채워 넣으시오. (6~7)

6 동기부여의 과정은 6단계로 구성된다. 즉, 개인욕구 결핍, 조직의 유인 → 욕구 충족을 위한 방법 탐색 → ( ) → 업적 → ( ) → 자신에 의한 욕구 결핍의 재평가 단계를 거친다.

7 동기부여는 ( )의 업적과 ( )의 만족을 목적으로 한다.

8 동기부여와 관련된 설명으로 바르지 않은 것을 고르시오.

① 목표 달성을 높이 평가하여 조직원에게 곧바로 보상하는 행위를 긍정적 강화라고 한다.

② 회사의 목표 달성을 위해 감봉, 해고 등으로 직원들을 압박하는 공포의 리더십은 단기적으로는 직원들의 업무 집중에 도움을 줄 수는 있지만, 장기적으로는 오히려 독이 될 수 있다.

③ 직원들에게 지속적으로 교육의 기회를 부여하는 것도 그들이 동기부여 할 수 있도록 하는 방안 중 하나이다.

④ 금전적 보상이나 승진과 같은 외적인 동기 유발제는 조직원들이 동기부여를 유지할 수 있도록 하는 가장 좋은 방법이다.

9 긍정적 동기부여의 방법으로 바르지 않은 것을 고르시오.

① 적극적으로 문제해결을 돕는다.

② 코칭을 한다.

③ 권한 이양을 통해 독립성을 갖도록 한다.

④ 승진 기회를 준다.

10 동기부여에 따른 업적과 만족의 관계에 대한 설명으로 바르지 않은 것을 고르시오.

① 만족도가 높아지면 업적도 높아진다.

② 업적이 높아지면 만족도가 높아진다.

③ 업적의 결과로 받는 보상에 대한 만족감은 업적으로부터 얻는 만족감과 반비례한다.

④ 업적과 만족은 다 같이 중시하며 양자 간의 균형과 조화를 기해야 한다.

Tip

줄탁통시(啐啄同時)

병아리가 알에서 깨어나기 위해서는 부화 기간이 필요하다. 어미 닭이 알을 품은 뒤 약 21일이 지나면, 적정한 부화 기간을 거친 건강한 병아리가 알 속에서 세상으로 나가기 위해 알껍데기를 쪼아 댄다. 병아리가 안쪽에서 껍데기를 쪼아 대기 시작할 때 밖에서 새끼를 기다리던 어미 닭도 병아리가 쪼고 있는 위치를 함께 쪼아 댄다. 그렇게 얼마의 시간이 지나면 병아리는 세상 밖으로 나오게 된다.

만약 병아리가 적정의 부화 기간을 거치지 않은 채 알껍데기를 깨고 세상 밖으로 나왔다면, 또는 부화 기간 중에 병아리가 안쪽에서 알껍데기를 쪼아 댈 때 밖에서 어미 닭이 함께 도와주지 않았다면 새끼 병아리는 건강한 상태로 태어나기 어려울 것이다.

조직도 이와 마찬가지이다. 신입사원이 자신이 가진 스펙만 믿고 주위 사람들을 무시하는 행동을 하면 선배나 상사들로부터 인정을 받기가 어렵다. 또한, 신입사원이 조직에 적응하는 시기인 수습기간 동안 선배나 상사가 그를 제대로 육성하지 않는다면, 신입사원은 조직에 적응하지 못하고 현실에 안주하거나 슬슬 이직 준비를 하려고 할 것이다.

신입사원이 훌륭한 인재로 성장하는 데는 신입사원과 기존 조직원 모두의 노력이 필요하다. 신입사원은 모든 것을 배운다는 자세로 조직에 적응하기 위해 노력해야 하고, 선배나 상사는 그런 신입사원의 육성에 힘써야 할 것이다.

제4절 코칭

1 코칭의 의의와 중요성

'코칭'의 어원은 헝가리의 도시 코치(Kocs)에서 개발된, 네 마리의 말이 끄는 마차에서 유래한다. 영국에서는 코치(Coach)라고 했으며, 이는 택시를 말하기도 한다. 마차(코치)는 현재 승객이 있는 위치에서 출발하여 원하는 목적지까지 데려다 주는 개별 서비스라고 볼 수 있다. 1880년경부터 코칭이 스포츠에 적용되어 운동선수를 지도하는 사람을 코치라고 부르게 되었으며, 1980년대 후반, 미국의 기업들이 코칭을 도입하기 시작하면서 전문적인 비즈니스 코칭이 탄생되었다. 우리나라 기업의 경우는 2000년대 초반부터 코칭이라는 용어가 사용되었다. 특히 2002년 한일월드컵에서 네덜란드인이었던 거스 히딩크 감독을 필두로 한 우리나라 축구 대표팀이 4강 진출이라는 쾌거를 이루면서 코치에 대한 관심이 더욱 높아졌다고 해도 과언이 아니다.

일반적으로 코치는 한 개인의 현재 모습을 진단하여 의사결정이나 문제해결을 지원하는 역할을 한다. 특히 본인 스스로는 파악하지 못한 잠재능력을 개발하도록 하여, 내면의 변화를 행동으로 옮길 수 있도록 돕는다.

코칭에 대한 일치된 언어적 정의는 존재하지 않지만 국제코치연맹(ICF: International Coach Federation)에서는 코칭을 다음과 같이 정의한다.

> "전문적인 코칭이란 인생, 경력, 비즈니스의 조직에서 뛰어난 결과를 달성할 수 있도록 도와주는 지속적이며 전문적인 관계를 말한다. 코칭 과정을 통해 클라이언트는 배움을 보다 심화하고, 성과를 향상시키며, 인생의 질을 한층 높일 수 있다. 각 미팅에서 피코치자가 대화의 주제를 선택하면, 코치는 경청하고 관찰한 후 질문한다. 이러한 상호 작용을 통해 주제에 대한 명확성을 이끌어 내어 피코치자가 행동으로 옮길 수 있도록 한다. 코칭은 피코치자가 집중할 수 있게 하고 선택에 대한 지각력을 높임으로써 발전을 가속화한다. 즉, 피코치자가 자신의 의도와 선택, 행동에 따라 결과가 다를 수 있음을 인식하고, 코칭 과정과 코치의 지원을 통해 현재의 위치와 미래에 되고자 하는 것을 얻기 위해 기꺼이 하려는 것에 집중하도록 한다."

성공적인 삶의 방법에는 정답이 없다. 하나의 정답이 아닌 다양한 해답이 있을 뿐이다. 또한, 그 해답도 매일매일 바뀌고 새롭게 개발되기도 한다. 그런 해답을 찾는 노력은 이제 혼자만의 힘으로는 한계에 부딪히게 되었다. 이제 환경 변화에 매몰되지 않고 변화를 주도하며 리드하기 위해서는 코칭이 필요하다.

기업이 코칭을 도입하는 이유는 다양하지만 다음과 같이 정리할 수 있다.

- 자립형·자아실현형 인재 육성을 해야 한다.
- 기업 및 조직의 관리능력을 향상시켜야 한다.
- 구성원들의 성장 및 경력 개발에 기여한다.
- 현장직무훈련(OJT)의 효과적 수행에 도움을 준다.
- 조직적인 학습능력 증진에 필요하다.
- 암묵지를 형식지화하는 데 필요하다.
- 문제해결능력 및 창조성을 개발하는 데 필요하다.

에노모토 히데타케(2003)는 그의 저서 《코칭의 기술》에서 코칭의 세 가지 철학을 정리했는데, 이는 첫째, 모든 사람에게는 무한한 가능성이 있다. 둘째, 그 사람에게 필요한 해답은 모두 그 사람 내부에 있다. 셋째, 해답을 찾기 위해서는 파트너가 필요하다는 것이다.

한편, 코칭에는 다음과 같은 기본 원칙들이 지켜져야 한다.

- 코칭의 기본은 서로가 자유롭게 논의할 수 있고 제안할 수 있어야 한다.
- 리더는 직원들이 어떠한 일이든 자신의 업무에 책임 의식을 갖고 완전히 책임질 수 있도록 이끌어야 한다.
- 코치인 리더는 적극적인 경청자답게 직원에게만 모든 관심을 집중해야 한다.
- 리더는 직원들에게 어떤 목표를 정해줄 것인지 확실히 판단해야 한다.

일반적으로 코칭은 다음과 같이 9단계의 진행 과정을 거치게 된다.

- 1단계: 시간을 명확히 알린다.
- 2단계: 목표를 확실히 밝힌다.
- 3단계: 핵심적인 질문으로 효과를 높인다.
- 4단계: 적극적으로 경청한다.
- 5단계: 반응을 이해하고 인정한다.

- 6단계: 직원 스스로 해결책을 찾도록 유도한다.
- 7단계: 코칭 과정을 반복한다.
- 8단계: 인정할 만한 일은 확실히 인정한다.
- 9단계: 결과에 대한 후속 작업에 집중한다.

2 코칭 스킬

코치는 피코치자의 발전과 변화를 위한 존재이며, 피코치자가 정확히 무엇을 원하고 있는지 깨닫게 하고, 그것을 실현시킬 수 있는 방법을 스스로 찾아가도록 하는 파트너의 역할을 한다. 코칭 스킬은 코칭 세션 중에 코치가 어떤 태도로, 어떻게 듣고 말할 것인가 하는 기법에 관한 문제이다.

코치는 피코치자가 자신의 생각과 감정을 솔직하게 표현할 수 있도록 신뢰를 주고, 일방적 지시나 해결 방안을 주는 대신 효과적인 질문을 통해 대안을 유도하며, 객관적인 피드백을 통해 피코치자가 자기 행동의 효과와 적합성을 되돌아 볼 수 있도록 돕는 역할을 해야 한다. 이를 통해 피코치자는 스스로 대안들을 발견하게 되고, 그것이 자발적이고 즉각적인 활동으로 연결되어 원하는 상태에 도달하게 된다.

이와 같은 코치가 성공적으로 수행되기 위해서는 다섯 가지 스킬이 필요하다. 이들은 각각의 스킬이 아니며 서로 밀접하게 유기적인 관계를 가지므로 종합적인 스킬-업이 바람직하다(에노모토 히데타케, 2006).

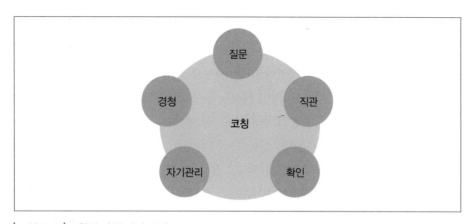

| 그림 3-3 | 코칭의 다섯 가지 스킬

1) 질문 스킬

코칭은 질문이 핵심이다. 질문 스킬 없이 코칭이 이루어지기는 어렵다. 대표적인 질문 스킬로는 확대 질문, 미래 질문, 긍정 질문과 같이 세 가지가 있다. 이들은 상대방의 가능성을 모두 이끌어 내는 것을 목적으로 한다는 공통점을 가지고 있다.

① 확대 질문

확대 질문은 상대방으로부터 두 가지 이상의 답이 나올 수 있도록 하는 질문으로, 개방형 질문으로 볼 수도 있다. 진위형 질문(O, ×)이나 단답형 질문의 경우 사고의 확대 없이 답을 할 수 있기 때문에 사고 확대를 통해 문제해결능력이 향상되지 않는 데 반해 확대 질문은 피코치자가 과거의 경험과 지식을 바탕으로 답을 할 수 있기 때문에 코치가 생각하는 것 이상의 답을 얻을 수 있다. 따라서 코치는 피코치자에게 가능한 한 확대 질문을 하는 것이 바람직하다.

② 미래 질문

코치가 피코치자에게 질문하는 것은 과거에 관한 것보다는 미래에 관한 질문이 바람직하다. 대부분의 사람들은 과거에 성공보다는 실패 경험이 더 많다. 그래서 과거 실패 경험을 돌이키고 싶어 하지 않는다. 설령 돌이키더라도 미래 생활에 큰 도움이 되지 않는 것이 일반적이다. 성공하는 사람들의 공통점은 과거에 연연하지 않는다는 것이다. 그들은 항상 미래에 대한 꿈과 희망을 그리고, 그것을 완성시키기 위해 노력한다. 즉, 피코치자들에게도 과거 실패에 대한 회상을 하게 하기보다는 미래와 관련된 희망적인 그림을 그릴 수 있는, 동기부여 차원의 질문을 하는 것이 바람직하다.

③ 긍정 질문

과거에 부정심리학이 대세였다면 현재는 긍정심리학이 대세이다. 과거에 '~을 하지 마라'라고 가르쳤다면, 현재는 '~을 하라'라고 가르치는 경향이 우세한 것이다. 이렇게 경향이 변화하게 된 데에는 부정형 질문이 주는 역효과 때문인 것으로 추측된다. 질문 속에 부정형 단어가 들어 있을 경우 은연중에 부정적 단어를 생각하게 되고, 결국 부정적 단어의 방향으로 의식이 기울며, 행동 또한 부정적인 방향으로 흐르게 되기 때문이다. 따라서 코치는 피코치자에게 가능한 한 긍정 질문을 하는 것이 바람직하다.

2) 경청 스킬

경청은 직장인들의 대인관계에서 기본이 되는 것이다. 여러 연구 결과에 따르면 말을 잘하는 사람은 인간관계의 좋고 나쁨이나 업무 성과의 높고 낮음과 상관관계가 없는 것으로 나타났지만, 잘 듣는 사람은 인간관계가 좋고, 업무 성과도 높은 것으로 밝혀진 바가 있다. 코칭을 잘하기 위해서는 우선 피코치자의 이야기를 잘 들어야 한다는 것이다. 코칭에서 잘 듣는다는 것은 '귀로 듣는다', '입으로 듣는다', '마음으로 듣는다'와 같이 세 가지 방법이 있다. 방법에 따라 피코치자에게 미치는 영향은 큰 차이가 있는데, 우선 결론적으로 중요한 것은 이 세 가지 방법을 모두 사용하여야 경청이 된다는 것이다. 그렇다면 각각의 방법에 대해 자세히 살펴보도록 하자.

① 귀로 듣는다.

경청(傾聽)에서 '경'은 '기울 경(傾)'이라는 한자를 쓴다. 이는 상대방의 이야기를 듣기 위해 몸을 기울인다는 뜻이 담겨 있다. 즉, 가까이 다가가 듣는다는 것이다. 앞으로 자세를 기울이게 되면 두 어깨가 앞으로 처지게 되며, 처진 어깨는 힘이 빠지게 되기 마련이다. 결국, 이는 겸손한 자세로 이야기를 들으라는 의미가 담겨 있다.

② 입으로 듣는다.

'메러비언의 법칙'이라는 것이 있다. 이는 '7 : 38 : 55 법칙'이라고도 하는데, 상대방에게 어떤 이야기를 할 때 말의 내용이 7%, 목소리가 38%, 비언어적 측면이 55%의 영향을 미친다는 것이다. 영향을 미치는 데 비언어적 측면이 절반 이상을 차지하는 만큼 상대방의 면전에서 그의 입모양을 보며 주의 깊게 듣는 것이 매우 중요하다. 피코치자 입장에서도 코치가 자신의 시선을 마주치고 이야기를 듣는다면 '내 이야기에 관심을 갖고 있구나.'라는 생각에 더욱 자신의 생각을 적극적으로 말하게 될 것이다.

③ 마음으로 듣는다.

코치는 피코치자의 감정에 이입할 수 있어야 한다. 의사가 환자의 입장에서 경청하고 그 입장을 이해해 처방하면 환자는 의사의 처방에 수긍하고, 신뢰를 갖게 된다. 이와 같이, 코치가 피코치자의 입장에서 진심으로 이야기를 들어준다면 피코치자도 마음을 열 것이다.

3) 직관 스킬

직관 스킬은 코치가 피코치자를 코칭할 때 코치 자신의 직관을 활용하는 기술이다. 깊은 생각을 통해 질문을 던지는 것이 아니라 잠재의식 속에서 나오는 질문을 하는 게 훨씬 확실하다는 것이다. 직관 스킬에는 '생각하지 않는다', '예측하지 않는다', '리드하지 않는다'라는 세 가지의 방법이 있으며, 각 방법을 살펴보면 다음과 같다.

① 생각하지 않는다.

코치가 오랫동안 생각을 하게 되면 결국 자신의 의도대로 피코치자에게 영향을 미치게 되며, 그 결과 피코치자는 스스로 생각을 하지 않게 되어 코치에게 의존할 수밖에 없다. 따라서 코치는 자신이 생각할 수 있는 시간을 최소화하는 것이 중요하다.

② 예측하지 않는다.

코치는 피코치자와 다름을 인정해야 한다. 코치가 코칭을 할 때 자기 경험을 토대로 하게 되는 경향이 있는데, 그것은 바로 코치의 현재 의식에서 비롯된다. 피코치자에게 주어진 환경이나 문제는 코치보다 피코치자가 훨씬 더 잘 알고 있다. 그러므로 문제해결을 위한 노력도 본인 스스로 할 수 있도록 유도하는 것이 더욱 바람직하다.

③ 리드하지 않는다.

성인이라면 누구나 주체적인 삶을 추구한다. 타인에 의해 조종되는 삶을 원하지 않는 것이다. 따라서 코치가 피코치자를 본인의 의도대로 이끌겠다는 마음을 갖는 것은 옳지 않다. 이보다는 피코치자의 파트너로서 혹은 동반자로서 그를 상대하고, 조력하는 자세를 취하는 것이 피코치자가 동기부여를 하는 데 힘이 된다.

4) 자기관리 스킬

자기관리 스킬이란 코치가 피코치자를 코칭할 때 어떤 태도로 대할 것인가에 대한 기술이다. 자기관리 스킬에는 '머리관리', '마음관리', '몸관리', '시간관리'와 같이 네 가지 방법이 있는데 각각을 살펴보면 다음과 같다.

① 머리를 관리한다.

머리를 관리한다는 것을 코칭을 할 때의 '사고 상태'를 의미한다. 코칭을 할 때에는 선입견이나 편견을 갖기보다는 자기 자신에 대하여 객관화시키려는 노력이 요구된다. 그러기 위해서는 기본적으로 제로베이스 사고가 필요하다.

② 마음을 관리한다.

마음을 관리한다는 것은 코칭을 할 때의 '감정 상태'를 관리한다는 것이다. 피코치자는 코치의 감정 상태에 따라 다르게 움직이게 된다. 코치의 감정 기복은 그대로 피코치자에게 투영되기 때문에 코치는 자기 감정 관리를 철저히 해야 한다.

③ 몸을 관리한다.

몸을 관리한다는 것은 건강 관리, 컨디션 관리뿐만이 아니라 반듯한 자세를 유지한다는 것을 뜻하기도 한다. 또한, 코치는 피코치자를 대할 때 눈높이를 맞추고, 그의 말에 귀를 기울여야 한다. 거만한 자세를 취하기보다는 겸손한 자세를 갖는 것이 중요하다.

④ 시간을 관리한다.

피코치자와의 대화 시간은 물리적인 면도 중요하지만 정신적인 면에서도 중요하다. 오히려 정신적인 시간이 더 중요할 수도 있다. 즉, 틀에 박힌 일정 시간을 정해 놓고 시간 채우기식으로 대화 시간을 갖는 것이 아니라, 진정한 교감을 나누는, 가치 있는 대화를 나눌 수 있도록 해야 한다.

5) 확인 스킬

확인 스킬이란 코치가 피코치자를 코칭할 때 피코치자에게 있어서 중요한 사항 및 능력과 가능성을 확인하기 위한 기술이다. 확인 스킬에서는 '미래', '현재', '과거'라는 세 가지를 확인해야 한다.

① 미래

미래 확인은 피코치자의 비전이나 꿈, 목표를 확인하는 것이다. 피코치자가 이것들을 가지고 있지 않은 경우도 있지만, 개인적으로 이것들을 갖고 있더라도 바쁜 일상으로 인해 잊고 살거나 잦은 실수로 포기하는 경우가 있다. 이때 코치의 역할은 피코치자가 목표를 망각하면 상기시키고, 자신감을 잃으면 격려해 주는 것이다.

② 현재

현재 확인은 피코치자가 현재 처한 상황을 확인하는 것이다. 일상을 바쁘게 지내다 보면 목표나 비전을 달성하는 과정에서 지금 어느 정도에 이르렀는지, 또는 어느 방향으로 가야할지를 잊는 경우가 있다. 그러다 보면 정도에서 벗어나는 행동을 하게 될 수도 있다. 이때 현재를 확인하는 일에서 중요한 것은 피코치자의 가치관이다.

③ 과거

과거 확인은 피코치자가 지금까지 걸어온 발자취이다. 사람은 성공했던 경험보다는 실패했던 경험을 더욱 잘 기억한다. 그렇기 때문에 피코치자 또한 과거의 실패 경험으로 자신감을 잃는 경우가 있다. 이때 코치는 피코치자가 성공했던 경험을 더 떠올리도록 해서 그가 갖고 있는 능력이나 가능성을 발휘할 수 있도록 지지하는 것이 중요하다.

즉, 과거를 확인한다는 것은 피코치자의 의식을 과거로 돌리는 것이 아니라 피코치자가 과거의 성공 경험을 토대로 하여 그가 꿈꾸는 미래의 목표를 향해 앞으로 전진할 수 있도록 도와주는 것이다.

사례연구

경청 스킬을 이용한 코칭

[Worst]

팀장: 요즘 잘 지내나?

팀원: 아이고 팀장님! 아주 죽을 맛입니다. 연일 야근에 주말에는 특근까지 하고 있습니다.

팀장: 알고 있네. 자네가 최근 야근과 특근으로 받는 수당이 많더군.

팀원: 팀장님! 저는 수당에 관심 없습니다.

팀장: 그럼 자네는 뭐에 관심이 있나?

팀원: 제게 일이 너무 과중된 것 같아 스트레스를 받고 있습니다.

팀장: 자네, 작년엔 야근이나 주말 특근을 거의 안 하지 않았었나? 내가 볼 때는 자네의 지금 업무가 지난해 업무와 별 차이가 없는 것 같은데….

팀원: 아닙니다. 지난해보다도 일도 많이 생기고 더욱 열심히 하고 있다고 생각합니다. 업무 협조를 위해 내부 직원들도 많이 만나고 고객과 상담하기 위해 거래처 방문도 수시로 합니다.

팀장: 그래서 그렇게 자주 자리를 비웠던 것이군.

팀원: 네, 직접 만나서 대화를 하는 것이 좋다고 생각해서 외근이나 업무 미팅이 잦았습니다.

팀장: 아까 오전에는 몸 상태가 안 좋아 보이던데. 술 냄새도 심하고. 요즘 술자리가 너무 잦은 거 아닌가?

팀원: 힘들긴 합니다. 그런데 업무는 밤에 이루어진다는 말이 있잖습니까? 역시 술자리가 업무 협조에는 최고인 것 같습니다.

팀장: 그건 그렇고 며칠 있으면 1/4분기 실적을 마무리하게 되는데. 목표 달성률이 너무 저조한 거 아닌가? 도대체 왜 그런 거야?

팀원: 팀장님, 그건 걱정 마십시오! 연말에 가서 한방 터트리면 올해 목표 달성은 문제 없습니다.

팀장: 한방이면 된다고? 그걸 말이라고 하나!

팀원: 믿어 주십시오! A거래처에 대학 선배가 있는데 이번에 저를 한번 밀어 준다고 했습니다. 며칠 전에는 함께 술까지 마셨습니다.

팀장: 실적 달성 못하면 알아서 해! 연말 인사 때 반영할 테니까! 나 농담하는 거아냐!

팀원: 네!

| Best |

팀장: 최우수 씨 요즘 많이 힘든 것 같던데, 어떤가요?

팀원: 예, 조금은 힘들지만 할 만 합니다.

팀장: 최근에 보니까 야근이나 특근이 잦아진 것 같은데 그래서 그런지 얼굴도 많이 수척해졌네요. 건강에는 문제가 없나요? 결혼한지 얼마 되지 않은 신혼인데… 일찍 퇴근해야죠.

팀원: 걱정해 주셔서 감사합니다.

팀장: 그런데 왜 최근에 야근과 특근이 잦아진 건가요? 지난해하고 비교했을 때 업무에 거의 변화가 없는 것 같다고 생각하는데요.

팀원: 아, 제가 결혼도 하고 앞으로 3개월 후에는 아기 아빠가 된다는 생각에 지난해보다도 더욱 업무에 매진하게 된 것 같습니다. 업무 협조를 위해 내부 직원들도 많이 만나고 고객과 상담하기 위해 거래처 방문도 수시로 하고 있습니다.

팀장: 바람직한 현상이군요. 가장이 된다는 것이 심리적·경제적으로 부담이 되지요. 나도 경험해 보아서 그 마음 잘 알아요. 그래도 건강도 잘 챙기고 가족들에게도 소홀함이 없도록 해야지요.

팀원: 네, 그렇게 하겠습니다.

팀장: 그리고 우수 씨도 잘 알겠지만 일을 열심히 하기 때문이라고 해도 올해에 업무가 많아진 것은 아닌데도 야근과 특근 횟수가 급격히 늘어났다는 것은 분명한 문제네요. 문제에는 항상 원인이 있게 마련인데 그 원인이 무엇이라고 생각하나요?

팀원: 제가 생각했을 때는 제가 일하는 방식에 문제가 있다고 생각합니다. 그동안 계획성 없이 닥치는 대로 열심히만 했는데 앞으로는 일, 주간, 월간, 분기 등으로 연간 계획 및 목표 달성 계획을 재수립하도록 하겠습니다. 또한, 업무의 특성을 고려하여 그룹핑도 하고 오전, 오후 시간대별로 업무를 구분하고, 회의 및 거래처 방문도 효율적으로 해야 되겠습니다.

팀장: 좋은 생각이네요. 그렇게 한다면 업무의 생산성은 높아지고 노동 강도는 줄일 수 있겠어요.

팀원: 네, 팀장님 덕분에 큰 문제를 해결했습니다. 감사합니다.

팀장: 공감을 하고 이해를 해주니 오히려 내가 고맙죠. 나는 우수 씨의 역량을 믿고 있습니다. 올해도 작년 이상의 높은 성과가 기대됩니다. 수고해 주세요!"

교육적 시사점

- Worst에서의 팀장은 '자신을 위해' 팀원의 이야기를 단순히 귀로만 듣는 단계에 머물러 있다. 팀장은 자신이 듣고 싶은 것만 들으려 하고, 팀원이 지금 어떤 이야기를 하고 싶어 하는지에 별로 관심이 없다.
- Best에서의 팀장은 '상대방을 위해' 팀원의 이야기를 마음으로 듣는 성숙된 단계의 모습을 보인다. 마음으로 듣는 팀장의 경청 방법으로 팀원은 질문에 대한 해답을 스스로 찾아낼 수 있었다.

탐구활동

다음의 코칭 상황에서 코칭이 성공한 이유가 무엇인지 작성해 보자.

팀원: 팀장님 이번 가을 정기 판촉 행사 프로젝트 건에 관한 것입니다만….
팀장: 그래, 어떻게 되어 가고 있는가? 마침 궁금했는데….

팀원: 네, 전체적으로는 순조롭게 진행되고 있지만, 부분적으로 마음에 좀 걸리는 부분
이 있어서요.
팀장: 그래? 어떤 부분이 마음에 걸리는데?

팀원: 네, 부산에 있는 G대리점이 아무래도 비협력적인 것 같습니다.
팀장: G대리점이 비협력적이라고?

팀원: 네, 어쩐지 동조하지 않는 것 같습니다.
팀장: 동조하지 않는다? 그렇다면 자네 생각에는 어떻게 하면 좋겠는가?

팀원: 솔직히 아직 모르겠습니다.
팀장: 그래? 그럼, 자네는 어떻게 하는 게 가장 이상적이라고 생각하는가?

팀원: G대리점이 우호적으로 바뀔 수 있도록 우리 회사 전체가 하나가 되어 이 프로젝
트에 몰두하는 것입니다.
팀장: 그래, 그 일을 위해 우선 자네가 할 수 있는 것은 무엇이라고 생각하나?
팀원: 글쎄요. G대리점이 왜 비협조적인지 그쪽 담당자에게 솔직히 물어보면 어떨까
요?

팀장: 그래, 좋아. 그럼 거기서부터 시작하자고.
팀원: 네, 팀장님. 감사합니다.

학습평가

정답 및 해설 p.282

※ 다음 문장의 내용이 맞으면 ㅇ, 틀리면 ✕에 ✓표시를 하시오. (1~6)

1 코칭 시 상사는 부하에게 가능한 한 확대 질문을 하는 것이 바람직하다. (ㅇ, ✕)

2 코칭 시 상사는 부하에게 가능한 한 미래 질문을 하는 것이 바람직하다. (ㅇ, ✕)

3 경청 스킬이란 귀로 잘 듣는 것만을 의미한다. (ㅇ, ✕)

4 직관 스킬이란 예측하는 것을 의미한다. (ㅇ, ✕)

5 코칭 시 많은 시간을 할애하는 것이 중요하다. (ㅇ, ✕)

6 코칭 시 상사는 부하에게 과거의 실패 경험을 많이 회상시키는 것이 중요하다. (ㅇ, ✕)

※ (   ) 안에 알맞은 말을 채워 넣으시오. (7~8)

7 [코칭의 진행 과정]
   • 1단계: 시간을 명확히 알린다.
   • 2단계: 목표를 확실히 밝힌다.
   • 3단계: 핵심적인 질문으로 효과를 높인다.
   • 4단계: (   )
   • 5단계: 반응을 이해하고 인정한다.
   • 6단계: 직원 스스로 해결책을 찾도록 유도한다.
   • 7단계: (   )
   • 8단계: 인정할 만한 일은 확실히 인정한다.
   • 9단계: 결과에 대한 후속 작업에 집중한다.

8 코칭의 다섯 가지 핵심 스킬은 질문, (   ), 직관, (   ), 확인이다.

9 코칭과 관련된 설명으로 적절하지 않은 것을 고르시오.

① 확대질문은 두 가지 이상의 답이 나올 수 있도록 하는 질문이다.

② 질문 스킬에는 확대 질문, 과거 질문, 부정 질문과 같이 세 가지가 있다.

③ 코칭에서 잘 듣는다는 것은 귀, 입, 마음의 세 가지로 듣는 것이다.

④ 확인 스킬에는 미래, 현재, 과거의 세 가지가 있다.

10 기업이 코칭을 도입하는 이유로 바르지 않은 것을 고르시오.

① 자립형·자아실현형 인재 육성

② 조직적인 학습능력의 증진

③ 구성원들의 성장 및 경력 개발

④ Off-JT의 효과적 수행

> **Tip**
>
> ### 듣기 증진을 위한 고려 사항
>
> **1. 개방적으로 듣기**
>
> 1) 상대의 이야기를 들을 때, 이야기를 통해 상대를 판단하거나 실수를 발견하려는 의도를 갖게 되면 상대의 말에 대한 진정한 청취가 어렵다.
> 2) 상대방의 아이디어를 거부할 사례를 모으는 데 집중한다면 그동안 모았던 다른 모든 정보가 뒤섞여 버려 혼란스럽게 되고, 정보의 가치를 떨어뜨릴 수 있다.
> 3) 개방적으로 청취한다는 것은 판단을 하기 전에 이야기 전체를 듣는 것이다. 이는 코치가 모든 정보를 가지고 있지 않기 때문이다.
>
> **2. 인식하면서 듣기**
>
> 1) 코치 자신의 지식과 피코치자가 말한 것의 내용을 비교한다. 내용을 판단하는 것이 아니며, 단순히 의사소통의 내용이 알고 있는 사실과 일치하는지에만 주의하면서 듣는 것이다.
> 2) 듣는 것과 관찰하는 것이 일치하는지 확인한다.
>
> **3. 적극적 경청에서 코치가 경험할 수 있는 실수**
>
> 1) 피코치자의 말을 너무 많이 사용하여 마치 흉내를 내는 것처럼 들리는 경우
> 2) 피코치자의 모든 말에 해석적인 태도를 보이는 경우
> 3) 피코치자의 모든 말을 경청한다기보다는 사실, 감정, 생각 혹은 느낌 중 하나에만 반응하는 경우
> 4) 피코치자에게 반응을 보이기 위해 피코치의 말을 자주 끊는 경우
> 5) 피코치자의 의미 없는 짧은 구절이나 진술에 대해서도 과도한 반응을 보이는 경우

제5절 임파워먼트

1 임파워먼트의 의의와 중요성

임파워(Empower)는 사전적으로는 '파워 또는 권한을 주다'라는 뜻을 가지며, 관계 구조적으로는 '조직 구성원에게 활력을 불어넣기 위한 권한 부여 또는 조직 내의 일정한 권한 배분'이라는 의미를 갖는다. 그리고 동기부여적인 의미에서는 '자신의 능력에 대한 강한 자신감과 신념을 갖도록 해주는 것'을 뜻하기도 한다. 임파워먼트(Empowerment)란 '조직 구성원들을 신뢰하고 그들의 잠재력을 믿으며, 그 잠재력의 개발을 통해 고성과(High Performance) 조직이 되도록 하는 일련의 행위'로 정의할 수 있다.

임파워먼트에 대한 관심 증대는 임파워먼트가 내포하고 있는 개념의 효과성 때문이라기보다는 다른 우선적인 이유가 있다. 기업의 내외적 환경 변화에서 경쟁력을 지니기 위해서는 기업의 구조 개편이 불가피하고, 이 구조 개편은 탄력적 조직을 위한 개편 방법으로 흔히 조직 내 의사결정 단계의 축소를 고려하고, 계층 수의 감소는 결과적으로 관리 대상 인원수(통제 폭)의 증가를 초래하며, 그런 상황에서는 임파워먼트 없이는 효율적 관리가 힘들게 된 것이다.

박원우(1998)와 캔터(Kanter, 1983)는 글로벌경쟁이 격화되고 환경 변화가 가속화되면서 구성원들이 더욱 강한 몰입과 위험의 수용 등을 촉진할 필요성이 크게 대두되었기 때문에 자율 경영의 중요성을 강조하였다. 즉, 조직이 급변하는 환경에 적응하려면 상부의 조언이나 허락 없이도 능동적으로 상황에 적극적으로 대응할 수 있는 역량을 가진 사람들이 필요한데, 임파워먼트는 그러한 능력을 갖추도록 하는 데 기여하는 개념이라고 할 수 있다. 사실상 임파워먼트 없이는 효율적 관리가 어려운 것이다.

2 임파워먼트 방안

우리나라 대부분의 조직들은 아직도 권한이 위로 집중되는 구조에서 벗어나지 못하고 있다. 고객 창구 및 매장에서 대 고객 서비스를 담당하는 직원들은 스스로 의사결정을 하며 처리할 수 있는 일이 많지 않다. 사소한 것 하나까지도 일일이 상사의 결정을 기다리거나 본사의 결재를 기다리느라 업무를 제대로 처리하지 못하는 경우가 의외로 많다. 이는 권한위임이 제대로 이루어지지 않고 있기 때문에 벌어지는 일이다. 권한을 가진 대부분의 사람들은 권한위임이 위험하다고 생각한다. 그것은 해당 업무 담당자들의 능력을 불신하거나 위계질서가 무너질지도 모른다는 불안감에서 비롯된다. 때문에 기업에서는 상급 조직이 필요 이상의 관리감독을 하는 경우가 종종 발생하기도 한다.

하지만 이제는 모든 권한을 쥐고 혼자 행사하려는 사람은 리더로서의 자질이 부족하다. 권한을 과감하게 위임하고 그 일을 잘 수행할 수 있도록 모든 지원을 아끼지 않는 사람이야말로 진정한 리더라고 할 수 있다. 이렇게 할 수 있게 되면 부하직원 및 하위 부서 직원들이 일을 통해 보람을 느끼고 일의 주인이 될 수 있다. 그런데 문제는 권한을 위임받고도 제대로 행사하지 못하는 사람이 있다. 권한을 위임받은 후에도 일일이 상급자 또는 최고경영자(CEO)에게 결재서류를 들고 들어가는 관리자가 있다. 일종의 눈도장을 찍기 위해서이다. 이와 같은 문제를 해결하기 위해서는 최고경영자이 이들을 인정하지 말아야 한다. 매사에 자신이 없는 이런 사람들은 가급적 중요한 보직에 임명되지 않도록 하여야 한다.

권한위임의 경우 조직은 다음과 같은 긍정적 결과를 얻을 수 있다.(Yukl, 2002; 김창걸, 2003, p.158 재인용).

- 더 강한 과업몰입
- 역할책임을 이행하는 보다 큰 독창성
- 장애와 일시적 좌절에 직면해서도 보다 큰 끈질긴 지속성
- 더 많은 개혁과 학습
- 업무의 실제적 성공에 대한 더 강한 낙천성
- 더 높은 직무만족
- 더 강한 조직몰입
- 더 낮은 이직률

다음 [표 3-6]은 리더가 부하에게 권한위임을 하게 되는 경우의 촉진조건들이다 (Yukl, 2002; 김창걸, 2003, p158 재인용).

| 표 3-6 | **권한위임을 촉진시키는 조건들**

조건	비호의적	호의적
조직구조	높은 집권화와 공식화	높은 분권화, 낮은 공식화
경쟁전략	낮은 비용, 표준제품 또는 서비스	주문 제작, 높게 차별되는 제품 또는 서비스
과업설계와 기술	단순·반복적인 과업과 신뢰적 기술	복잡·비일상적 과업, 비신뢰적 기술
고객과 관계를 맺는 기한	짧은 기간 동안에 단시간 거래	계속된 관계에서 반복된 상호작용
조직에서의 지배적 문화 가치	실수가 없고 믿음을 주는 효율적인 운영	융통성, 학습, 참여
종업원 특성	낮은 성취동기, 외재적 통제성향, 그리고 정서적 불안정성	높은 성취욕구, 내재적 통제성향, 정서적 안정성
종업원 능력	비숙련된, 무경험적	고도의 숙련된 전문성
종업원 재임기간	일시적 종업원제	정규·지속적인 종업원제
종업원 소유권, 성공에 대한 보상	없음 혹은 매우 적음	종업원이 주주이거나 동업소유자
종업원 관여 프로그램	없음	최고관리층으로부터 강력하게 지지받고 있는 광범위한 프로그램
상호신뢰	낮음	높음

한편, 훌륭한 리더는 부하들에게 권한을 부여하는 방법에 대한 지침을 알고 실행할 수 있어야 한다. 그 내용은 다음과 같다.

- 부하들에게 목표를 분명히 제시하고, 어떻게 이 업무가 목표들을 지원하는지를 그들에게 설명할 수 있다.
- 부하들에게 영향을 줄 의사결정에 그들을 참여시킨다.
- 부하들에게 중요한 활동에 대한 책임과 권한을 위임한다.

- 부하들에 대한 동기 유발과 기술에서 그들의 개인차를 고려한다.
- 부하들에게 그들과 관련이 있는 정보에 접근할 기회를 제공한다.
- 부하들에게 새로운 책임을 이행하는 데 필요한 자원을 제공한다.
- 관리 체계를 권력 부여와 일치하도록 변화시킨다.
- 부하들을 향한 관료적 억제와 불필요한 통제를 제거한다.
- 부하들이 자신감을 표현할 수 있도록 하고, 부하를 신뢰한다.
- 부하들이 요청할 때는 지도와 충고를 한다.
- 부하들의 독창성과 문제해결을 격려하고 지원한다.
- 부하들의 중요한 공헌과 성취를 인정한다.
- 부하들에게 그들이 새로 만든 책임과 균형이 잘 맞는지 확인하게 한다.
- 권력의 윤리적 사용에 대한 책무성을 확실히 한다.

사례연구

권한 위임과 업무 위임

〈상황 A〉

리더 K는 철수에게 지난 몇 달 동안의 판매 수치를 정리해 달라고 요청했다. 또한, 데이터베이스를 업데이트하고, 회계 부서에서 받은 수치를 반영해서 새로운 영업보고서를 만들라는 지시를 내렸다. 그런데 철수는 전혀 열의를 보이지 않은 채 업무를 처리했다. 리더 K는 그가 업무에 관심을 보이지 않는 이유가 무엇인지, 판매 개선에 필요한 아이디어를 왜 생각해 내지 못하는지 이상하게 생각했다.

〈상황 B〉

리더 K는 철수에게 지난 몇 달간의 판매 수치를 정리해 달라고 요청했다. 그는 정확하게 업무를 처리했지만, 눈에 띌 정도로 열의 없이 업무를 처리했다. 리더 K는 그와 함께 판매 수치를 자세하게 살핀 다음, 판매 향상에 도움이 될 만한 마케팅 계획을 개발하도록 그를 격려했다. 철수는 비로소 막중한 책임감을 느끼고, 새로 맡은 프로젝트에 대해 책임감을 갖는 한편 자신의 판단에 따라 효과적인 해결책을 만들었다.

– 한국산업인력공단 직업기초능력 대인관계능력 학습자용 워크북 p.78,
국가직무능력표준 홈페이지(http://www.ncs.go.kr)

교육적 시사점

• 〈상황 A〉는 단순히 업무를 위임한 사례로서 철수는 수명 업무에 대한 책임감을 느끼지 못하고 성의 없이 임했다.
• 반면 〈상황 B〉는 업무는 물론 권한을 위임한 사례로서 철수는 막중한 책임감을 느끼고 효과적인 해결책을 만들어 낼 수 있었다.
• 따라서 상사가 업무 지시를 내릴 때는 가능한 한 부하들이 권한과 책임하에 일에 임할 수 있도록 하는 것이 중요하다.

탐구활동

1. 권한위임의 경우 나타나는 긍정적 결과는 무엇인지 작성해 보자.

  1) 더 강한 과업 몰입

  2) 역할책임을 이행하는 보다 큰 독창성

  3) _____

  4) _____

  5) _____

  6) _____

  7) _____

  8) _____

2. 권한위임을 촉진시키는 호의적 조건을 작성해 보자.

조건	호의적
조직구조	
경쟁전략	
과업설계와 기술	
고객과 관계를 맺는 기한	
조직에서의 지배적 문화 가치	
종업원 특성	
종업원 능력	
종업원 재임기간	
종업원 소유권, 성공에 대한 보상	
종업원 관여 프로그램	
상호신뢰	

3. 가정이나 학교 그리고 직장에서 임파워먼트를 받았던 사례를 기술해 보자.

<u>〈가정〉</u>

<u>〈학교〉</u>

<u>〈직장〉</u>

4. 임파워먼트 없이는 효율적 관리가 어렵다는 것에 대한 자신의 생각을 기술해 보자.

5. 효과성과 효율성의 차이, 그리고 임파워먼트와의 관계를 기술해 보자.

학습평가

정답 및 해설 p.282

※ 다음 문장의 내용이 맞으면 ○, 틀리면 ×에 ✓표시를 하시오. (1~4)

1   임파워먼트란 조직 구성원들을 신뢰하고 그들의 잠재력을 믿으며, 그 잠재력의 개발을 통해 고성과(High Performance) 조직이 되도록 하는 일련의 행위로 정의할 수 있다. (○, ×)

2   임파워먼트에 대한 관심이 증대한 이유에는 기업의 내외적 환경 변화에서 경쟁력을 지니려면 기업의 구조 개편이 불가피했기 때문인 것도 있다. (○, ×)

3   임파워먼트에 대한 관심 증대에는 의사결정 단계 축소, 계층 수 감소 등이 영향을 주었다. (○, ×)

4   조직이 급변하는 환경에 적응하려면 상부의 조언이나 허락 없이도 능동적으로 상황에 적극적으로 대응할 수 있는 역량을 가진 사람들이 필요하다. (○, ×)

5   임파워먼트의 긍정적 결과로 바르지 않은 것을 고르시오.
   ① 보다 강력한 과업몰입
   ② 더 높은 직무만족
   ③ 더 강한 조직몰입
   ④ 더 높은 이직률

6   임파워먼트와 관련된 설명으로 적절하지 않은 것을 고르시오.
   ① 현대 조직에서는 임파워먼트 없이는 효율적 관리가 어렵다.
   ② 임파워먼트는 조직구성원에 대한 불신임이 강할 때 효과적이다.
   ③ 성공적인 임파워먼트를 위해서는 권한위임의 한계를 명확하게 하여여야 한다.
   ④ 임파워먼트에 장애가 되는 요인은 상사에 대하여 자기 PR이다.

7 임파워먼트가 잘 이루어지지 않는 조직의 특성에 해당하는 것은?

① 역할 책임을 다한다.
② 현상 유지와 보수적 태도를 보인다.
③ 높은 직무 만족을 한다.
④ 강한 조직 몰입을 한다.

8 임파워먼트를 위한 비호의적 조건에 해당하는 것은?

① 분권화되고 낮은 공식화
② 복잡하고 비일상적 과업
③ 높게 숙련된 전문성
④ 일시적 종업원제

9 임파워먼트를 위한 호의적 조건에 해당하는 것은?

① 높은 집권화와 공식화
② 낮은 비용, 표준제품과 서비스
③ 단순하고 반복적인 과업
④ 종업원의 높은 성취 욕구

10 임파워먼트를 위한 비호의적 조건에 해당하는 것은?

① 상호 신뢰가 낮음
② 종업원들의 높게 숙련된 전문성
③ 종업원들의 정서적 안정성
④ 종업원들이 주주이거나 동업자

Tip

의심이 들면 채용하지 말고, 채용하면 의심하지 말라!

중국의 역사서 《十八史略(십팔사략)》에 따르면, "재상은 사소한 일에 힘쓰지 않는다."라고 했다. 즉, 재상의 의무는 천자를 보좌하고 음양의 조화를 도모하여 4계절의 운행을 순조롭게 하고, 만민의 생활을 안정시키는 데 있다는 뜻이다. 여기서 재상(宰相)은 황제의 임명을 받아 정치를 도맡아 하는 입장에 있다. 즉, 문무백관의 으뜸이고 정치의 최고 책임자라 할 수 있다. 그런 재상이 하급 관리가 하는 일까지 시시콜콜 간섭을 한다면 그 나라의 국사(國事)가 제대로 돌아가겠는가? 다시 말해 훌륭한 리더는 관리자처럼 일해서는 안 된다. 관리자의 미션은 조직 내에서 자원을 효율적으로 관리하여 조직의 목표를 달성하는 것이다. 이를 위해서는 개인의 통제 또한 불가피하다. 그렇지만 리더는 사람만이 아닌 사건, 과정, 상황, 전략 등을 경영한다는 것을 알고 있어야 한다. 즉, 개인과 일을 믿고 맡길 수 있는 관계가 되어야 하며, 조직의 미래를 예측하고 큰 그림을 그리는 일에 비중을 더 두어야 한다는 것이다.

중국의 위(魏)·촉(蜀)·오(吳) 3국의 정사(正史)를 그린 나관중의 소설 《삼국지》를 통해 이야기해 보자.

《삼국지》에서 제갈근과 제갈공명은 친형제였지만, 제갈근은 오나라의 손권을 주군으로 섬겼으며 제갈공명은 촉나라의 유비를 주군으로 섬겼다. 적벽대전을 앞두고 유비와 손권은 동맹을 맺었는데, 그 교섭사절로 제갈공명이 오나라로 왔다. 이때 손권이 제갈근에게 이렇게 말을 건넸다. "그대와 공명은 친형제간이 아닌가. 동생이 형을 따르는 게 당연하니 공명에게 우리 오나라에 계속 있을 것을 부탁하면 어떻겠는가. 유비에게는 내가 편지를 써 줄 것이니." 이에 다음과 같이 제갈근이 대답을 하였다. "그건 무리입니다. 동생은 그쪽에 몸을 바쳐 주종(主從)의 계약을 맺었기 때문에 의리상 그것을 저버리지 않을 것입니다. 이는 제가 그쪽으로 가지 않는 것과 같습니다." 이 말을 듣고, 손권은 그 이상의 명답은 없다며 탄복했다. 그럼에도 불구하고 그런 제갈근에 대해서도 여러모로 의심하는 사람들이 있었다. 그 때문에 두 형제는 공식 석상 이외의 장소에서는 절대 만나지 않았다.

세월이 흘러 유비가 의형제였던 관우의 죽음에 격노하여 오나라를 공격하려 했을 때, 제갈근은 유비에게 편지를 보내 그 계획을 철회시키려 했다. 관우의 원수를 갚고 싶다는 마음은 알겠지만, 오나라와 촉나라가 싸우면 위나라만 이롭게 할 따름이라는 취지의 글이다. 하지만 이 편지로 제갈근은 손권 주위의 소인배들의 의심을 사게 되었다. 소인배들이 제갈근은 오나라 신하이면서도 측근의 사람을 유비에게 보내 연락을 취하고 있다는 식으로 손권에게 모함을 한 것이다. 하지만 손권은 들은 척도 하지 않았다. 오히려 모함하는 자들에게 이렇게 말했다. "나와 제갈근은 서로 굳은 약속을 한 사이이다. 제갈근은 나를 배신하지 않는다. 내가 제갈근을 배신하지 않는 것처럼." 제갈근에 대한 손권의 신뢰는 추호도 흔들림이 없었다.

"의심이 들면 등용하지 말고, 등용하면 의심하지 말라."는 말이 있다. 신뢰할 수 없는 사람이면 처음부터 등용하지 말고, 일단 믿고 등용한 사람이라면 끝까지 신뢰하라는 말이다. 손권은 이를 실천한 리더였던 것이다.

제6절 변화관리

1 변화관리의 의의와 중요성

변화(Change)란 변화의 방향 여하에 관계없이 중립적으로 사용되며, 조직에서의 변화는 혁신, 개혁, 설계, 개발과 연관된 의도적이고 인식적인 개념을 담고 있다. 변화관리(Change Management)는 조직에서 피할 수 없는 변화의 문제를 다룬다. 조직은 살아있는 유기체와 같아서 변화를 필요로 한다. 이 변화에 대한 조직의 관리 여하에 따라 조직의 성과가 달라지기 때문에 이는 주의 깊게 봐야 할 내용이다.

변화관리의 목적은 조직을 혁신시키고 개혁해 나감으로써 조직을 살아있는 유기체로 만드는 데 있다. 변화의 대상은 업무, 사람, 기술, 구조, 제도, 방침 등 다양하다. 조직에서 변화 대상의 폭이 넓고 심도가 깊어질수록 이에 대한 저항도 커지기 때문에 리더는 변화를 요구하는 압력과 이에 저항하는 요소들 사이의 관계 속에서 보다 효율적으로 변화를 계획하고 집행할 필요가 있다.
변화관리에 있어서 가장 염두에 두어야할 것은 조직의 보수성과 변화를 두려워하는 저항 세력이 있다는 점이다.

변화관리의 방향은 기본적으로 조직의 유효성을 높이면서 구성원의 참여를 중시하여야 한다. 조직의 유효성은 구성원의 창의와 참여를 바탕으로 할 때 바람직한 결과를 얻을 수 있기 때문이다. 또한, 조직 구조의 복잡성이 높고, 공식화 정도가 낮으며, 분권화의 특성을 가진 조직에서 변화가 일어날 가능성이 더 높다는 사실을 이해하여 변화관리를 잘 한다면 조직의 성장과 발전을 기대할 수 있다.

2 변화관리의 방안

세상은 끊임없이 변화하고 있다. 조직의 구성원으로서 이러한 변화를 잘 이해하고 효과적으로 관리하여 대처할 수 있다면 성공할 수 있다. 변화관리는 다음과 같이 3단계로 접근하는 것이 바람직하다.

1) 1단계: 변화를 이해하라.

변화에 잘 대처하기 위해서는 그 과정을 이해할 필요가 있다. 변화과정에 대해서 레빈(K. Lewin)은 해빙단계 → 변화단계 → 재빙단계의 3단계로 소개했으며, 리피트(R. Lippitt), 왓슨(J. Watson) 등은 레빈의 계획된 변화 3단계를 탐색 → 진입 → 진단 → 계획 → 행동 → 안정 → 종결과 같이 7단계로 소개했다. 그레이너(L. Greiner)는 변화과정이 성공하려면 권력 재배분이 권력 공유 쪽으로 이루어져야 하며, 이 재배분은 일시에 일어나는 것이 아니고 6단계, 즉 압력과 각성 → 개입과 재조정 → 진단과 재인식 → 발견과 실행 → 실험과 조사 → 강화와 수용을 거치면서 점차적으로 이루어진다고 주장했다.

2) 2단계: 변화를 인식하라.

변화가 일어나면 모든 직원들은 동요하고 저항한다. 저항의 이유는 불안 의식, 권력 재분배 문제, 현상 유지 욕구 등 다양하다. 이 가운데는 합리적인 것도 있지만 감정적인 것도 있다. 변화 저항이 모두 나쁜 것만은 아니다. 조직의 안정과 질서를 유지하기 위해서 좋지 않거나 불필요한 변화는 거부하고 바람직하고 필요한 변화만 하도록 하는 순기능도 가지고 있다. 그러나 변화의 필요성이 절실한데도 무조건 변화에 반대하는 것은 바람직하지 않다. 따라서 담당자가 변화의 성격을 잘 파악하고 이를 관리하는 것이야말로 변화 전략에 있어서 매우 중요하다. 또한, 이런 점을 잘 인식하고, 이에 적절하게 대처해 나가야 한다.

변화의 저항 요인은 개인적 측면에서는 무엇보다도 개인의 이익에 위협이 발생하거나 불이익이 초래된다고 예측될 때이다. 체제적 측면에서는 자원의 제약, 매몰비용과 기득권, 공식적 규제, 비공식적 규범, 조직 간 동의 등이 주된 요인이다.

3) 3단계: 변화를 수용하라.

변화를 바라보는 리더의 자세, 변화에 동기를 부여하는 행위, 변화에 필요한 행동 등은 직원들을 변화시키는 데 상당히 중요하다. 코틀러(J. Kotler) 및 슐레진저(L. Schlesinger)가 제시한 주요 저항관리 방법은 다음과 같다.

① 교육과 의사소통

변화에 대해 미리 교육을 시키거나 의사소통을 함으로써 변화의 필요성과 논리성을 이해시킨다.

② 참여와 몰입

구성원들이 변화에 대해 정보가 부족하거나 그들이 진심으로 따라주기를 원할 때 그들을 변화에 참여시키고 개입하도록 한다.

③ 촉진 및 지원

상담 및 심리치료, 새로운 기술훈련, 단기간의 유급 휴가 등을 지원함으로써 변화를 촉진시키도록 한다.

④ 협상과 동의

변화를 실시하는 조건으로 임금을 인상한다든지 연금 액수를 높이는 것 등으로 자극을 준다.

⑤ 조작과 호선

조작은 변화를 보다 매력적으로 만들기 위해 사실을 왜곡하거나 공장 폐쇄와 같은 헛소문을 퍼뜨리는 등의 변화에 불리한 정보를 억제하는 것이고, 호선은 조작과 참가가 혼합된 것으로서 저항 집단의 지도자들에게 변화결정 과정의 핵심적 역할을 하게 함으로써 그들을 매수하는 것이다.

⑥ 명시적·묵시적 강압

최후 수단으로써 저항자들에게 직접적인 위협과 폭력을 행사한다든지 전근 이동의 위협, 승진의 탈락, 부정적 업적 평가, 추천서 나쁘게 써 주기 등이 있다.

사례연구

고객서비스 시스템의 변화

리더: 영수 씨, 상부에서 고객서비스 전화 업무와 관련해 새로운 시스템을 사용하기로 결정했습니다.

영수: 아니, 그게 무슨 소리죠? 도무지 이해가 되지 않습니다. 우리 회사의 고객서비스는 업계에서 최고로 손꼽히지 않습니까? 그런데 왜 갑자기 바꾸려 하지요?

리더: 고객들은 전화 폭주로 인해 도저히 차례를 기다리지 못하겠다고 불만을 토로하고 있습니다. 이번에 새로운 시스템으로 바꾸면 고객은 빨리 답변을 받을 수 있습니다. 이러한 변화에 당황스러운 줄 압니다. 이번에 바뀐 시스템에 대해 걱정이 많으십니까?

영수: 솔직하게 말하면 걱정이 됩니다. 저는 지금까지 고객 한 사람에게 맞춘 최상의 서비스를 제공해 왔습니다. 그런데 이제는 고객과 관련된 문제를 다른 직원들과 공유해야 한다고 하니 난감할 따름입니다.

리더: 저도 그 점은 충분히 이해합니다. 긍정적인 소식이라면, 더 이상 혼자서 일하지 않아도 될 뿐 아니라, 동료와 정보를 공유하게 되므로 함께 일하며 배울 수 있는 기회가 생겼다는 것입니다.

영수: 그러면 고객관리를 훨씬 효율적으로 할 수 있고, 효과적인 고객서비스 자료를 개발할 수 있을 것 같습니다. 그런데 문제는 그 업무를 누가 책임지는가 하는 것입니다.

리더: 영수 씨도 아시겠지만 변화란 다른 말로 하면 기회라고 할 수 있을 겁니다. 영수 씨와 동료 직원들이 뜻을 같이 한다면 그 같은 문제는 전혀 걱정할 것이 없다고 생각합니다. 또 다른 문제는 없습니까?

영수: 팀을 중심으로 업무를 진행한다면 저의 능력이나 성과를 무슨 수로 측정할 수 있을까요?

리더: 그 문제에 대해서는 아직 결정된 바가 없습니다. 분명한 것은 서비스 직원 마다 업무 성과와 관련해 자신의 성과를 명확하게 측정할 수 있게 될 것이라는 점입니다.

－ 한국산업인력공단 직업기초능력 대인관계능력 학습자용 워크북 pp.83~84,
국가직무능력표준 홈페이지(http://www.ncs.go.kr)

교육적 시사점

• 영수는 새로운 서비스 시스템에 대해서 저항을 하고 있다. 기존의 서비스를 새로운 시스템으로 바꾸려면 불편한 점과 자기만의 경쟁력을 걱정하고 있다.
• 리더는 새로운 시스템의 도입에 대한 이유와 효과 등을 설명하며 영수를 설득하고 있다.
• 이처럼 변화는 저항을 초래하기 때문에 사전에 문제를 정확히 파악하고 대안을 가지고 접근할 필요가 있다.

탐구활동

1. 다음 내용을 작성해 보자.[6]

1) 효과적으로 변화에 대처할 때 생기는 이점 중 어느 것이 자신에게 중요한지 생각하고, ✓표시를 해보자.

① 직업안정

② 커리어 발전

③ 자신의 '몸값' 향상

④ 직업 만족도 향상

2) 각 이점에 대해서 좀 더 자세히 살펴보자.

① (직업안정) 우선 직장에서 직면하게 될 세 가지 변화를 적고, 그 다음에 각 변화에 대한 적절한 대처 방법을 적은 다음, 마지막으로 각 변화가 자신의 직업에 도움이 될 면을 작성해 보자.

가능한 변화	필요한 대처법	직업상 안전성

② (커리어 발전) 가까운 미래에 승진을 바란다면, 다음의 두 가지 질문에 답해 보자.

• 새로운 직위에서 당면하게 될 변화는 무엇인가?

• 그러한 변화에 대처할 수 있는 능력이 있다는 것을 어떻게 보여줄 것인가?

③ (자신의 '몸값' 향상) 오늘 이력서를 쓴다고 가정하면, 융통성과 창의성을 보여줄 만한 경력에는 어떤 것이 있는가?(예: 새로운 분야의 수업 듣기, 전직, 새로운 업무팀 소속, 수준 높은 전문가 과정 수료, 네 명의 각기 다른 팀 리더 밑에서의 업무)

④ (직업 만족도 향상) 다음 직업 만족도의 요소들 중 변화에 잘 대처할 경우 얻을 수 있는 것들은 무엇인가?

☐ 스트레스 감소   ☐ 생산성 향상

☐ 시간 활용 개선   ☐ 능률 향상

☐ 사기 진작   ☐ 자신감 상승

☐ 재미 증폭   ☐ 팀에서 받는 존중 증대

2. 상사로부터 기존의 업무방식을 다 버리고 새로운 방식으로 전환하라고 지시를 받았다면 어떻게 할 것인지 작성해 보자.

---

6) 출처: 한국산업인력공단 직업기초능력 대인관계능력 학습자용 워크북 pp.85~86, 국가직무능력표준 홈페이지(http://www.ncs.go.kr)

학습평가

정답 및 해설 p.282

※ 다음 문장의 내용이 맞으면 ○, 틀리면 ×에 ✓표시를 하시오. (1~7)

1 변화란 변화의 방향 여하에 관계없이 편향적이며 비의도적이다. (○, ×)

2 변화관리는 조직에서 피할 수 있는 변화의 문제를 다룬다. (○, ×)

3 변화관리의 목적은 조직을 혁신시키고 개혁해 나감으로써 조직을 살아있는 유기체로 만드는 데 있다. (○, ×)

4 조직에서 변화 대상의 폭이 넓고 심도가 깊어질수록 이에 대한 저항도 커진다. (○, ×)

5 변화관리에 있어서 가장 염두에 두어야 할 것은 조직의 진보성과 변화를 즐기는 저항 세력이 있다는 점이다. (○, ×)

6 변화관리의 방향은 기본적으로 조직의 유효성을 높이면서 구성원의 참여를 중시하여야 한다. (○, ×)

7 변화의 1단계는 변화를 인식하는 것이다. (○, ×)

8 '변화관리'와 관련된 설명으로 적절하지 않은 것을 고르시오.
　① 변화관리의 방향은 조직의 유효성을 높여야 한다.
　② 변화는 조직 구조의 복잡성이 낮은 조직에서 일어날 가능성이 높다.
　③ 변화는 분권화가 큰 조직에서 일어날 가능성이 높다.
　④ 변화관리의 방향은 구성원의 참여를 중시하여야 한다.

9   레빈(K. Lewin)의 변화단계로 적절하지 않은 것을 고르시오.

① 해빙단계

② 변화단계

③ 재빙단계

④ 유지단계

10   코틀러와 슐레진저가 제시한 저항관리 방법으로 적절하지 않은 것을 고르시오.

① 교육과 의사소통

② 구성원들의 불참

③ 촉진 및 지원

④ 협상과 동의

Tip

변화 단상(變化斷想)에 대한 말

1. 기본에 충실하라

작은 일도 무시하지 않고 최선을 다해야 한다.

작은 일에도 최선을 다하면 정성스럽게 된다.

정성스럽게 되면 겉에 배어 나오고,

겉에 배어 나오면 겉으로 드러나고,

겉으로 드러나면 이내 밝아지고,

밝아지면 남을 감동시키고,

남을 감동시키면 이내 변하게 되고,

변하면 생육된다.

그러니, 오직 세상에서 지극히 정성을 다하는 사람만이

나와 세상을 변하게 할 수 있는 것이다.   – 《중용》 23장

2. 군자불기(君子不器)

군자는 한정된 그릇이 아니다.

진리를 탐하는 군자라면 갇혀 있는 그릇처럼 편견에 치우쳐서는 안 된다. – 《논어》 위정 편

3. 학즉불고(學則不固)

지식이 협소한 사람은 자칫 자신의 좁은 사고에 사로잡혀 완고하기 쉬우니,

학문을 갈고 닦아 유연한 머리로 진리를 배워야 한다.   – 《논어》 위정 편

4. 변화 대응

어제와 똑같이 살면서, 다른 미래를 기대하는 것은 정신병의 초기 증세이다.

– 알버트 아인슈타인

5. Plan B

우물쭈물하다 내 이럴 줄 알았다.   – 조지 버나드 쇼

6. 종(種)의 기원

살아남는 種은 강한 종도,

머리 좋은 종도 아닌,

변화에 유연하게 적응할 수 있는 종이다.   – 찰스 로버트 다윈

7. 변화는 누구부터?

모두가 세상을 변화시키려고 생각하지만,

정작 스스로 변하겠다고 생각하는 사람은 없다.   – 레프 톨스토이

학/습/정/리

1. 리더십이란 조직의 공통된 목적을 달성하기 위하여 개인이 조직원들에게 영향을 미치는 과정이다.

2. 리더와 관리자의 최대 차이점은 비전의 유무에 있으며, 그 외의 차이점은 다음과 같다.
   1) 리더
      ① 비전을 선명하게 구축하고, 그 비전이 팀 멤버의 협력 아래 실현될 수 있도록 환경을 조성
      ② 사람의 마음을 중시하고 사람의 마음에 불을 지피는 사람
      ③ 미래를 향한 새로운 상황 창조자
      ④ '무엇을 할까(What to do?)'에 초점을 맞춤
   2) 관리자
      ① 자원을 관리·분배하고, 당면한 문제를 해결
      ② 주로 사람이나 물건을 관리하는 것에 관심을 둠
      ③ 오늘의 구체적인 문제를 대상으로 삼음
      ④ 일을 '어떻게 할까(How to do?)'에 초점을 맞춤

3. 리더십의 유형은 다음과 같이 구분할 수 있다.
   1) 독재자 유형
   2) 민주주의에 근접한 유형
   3) 파트너십 유형
   4) 변혁적 유형

4. 긍정적인 동기부여 방법은 직원들이 업무에 더욱 열의를 가지고 노력하게 만든다. 감봉, 강등, 해고 등의 불이익을 주며 공포를 유발하는 부정적인 동기부여 방법도 단기적으로는 동기 유발제가 될 수 있지만, 장기적으로는 직원들의 사기를 떨어뜨리는 심각한 상황을 초래할 수 있다는 것을 염두에 두어야 한다.

5. 코치는 피코치자의 발전과 변화를 위한 존재이며, 피코치자가 정확히 무엇을 원하고 있는지 깨닫게 하고, 그것을 실현시킬 수 있는 방법을 스스로 찾아가도록 하는 파트너의 역할을 한다. 코치가 성공적으로 이루어질 수 있도록 하는 데는 질문·직관·경청·자기관리·확인 스킬이라는 다섯 가지 스킬을 활용할 수 있다.

6. 임파워먼트(Empowerment)는 조직 구성원들을 신뢰하고, 그들의 잠재력을 믿으며, 그 잠재력의 개발을 통해 고성과 조직이 되도록 하는 일련의 행위로, 진정한 임파워먼트를 위해서는 다음의 조건들을 충족시켜야 한다.
   1) 여건의 조성
   2) 재능과 에너지의 극대화
   3) 명확하고 의미 있는 목적에 초점을 맞춤

7. 세상은 끊임없이 변화하고 있으며, 조직의 구성원으로서 이러한 변화를 잘 이해하고 효과적으로 관리·대처할 수 있다면 성공할 수 있다. 변화관리는 다음과 같은 단계로 접근하는 것이 바람직하다.
   1) 1단계: 변화를 이해하라.
   2) 2단계: 변화를 인식하라.
   3) 3단계: 변화를 수용하라.

NCS
직업기초능력평가

대인
관계
능력

갈등관리능력

제 4 장
갈등관리능력

▶▶ 학습목표

구분		학습목표
일반목표		직장생활에서 조직 구성원 사이에 갈등이 발생하였을 경우 이를 원만히 조절하는 능력을 기를 수 있다.
세부목표		1. 갈등의 의미를 설명할 수 있다. 2. 갈등의 유형을 구분할 수 있다. 3. 직장생활에서 발생한 갈등의 해결방법을 도출할 수 있다. 4. 직장생활에서 발생한 갈등을 윈-윈(Win-Win) 갈등 관리법으로 해결할 수 있다.
세부요소 및 행동지표	타인 생각·감정 이해	나는 팀 내 갈등이 발생할 경우 타인의 생각 및 감정을 이해할 수 있다.
	타인 배려	나는 팀 내 갈등이 발생할 경우 나의 입장보다는 타인의 입장을 우선한다.
	피드백 제공·받기	나는 팀 내 갈등해결을 위한 윈-윈(Win-Win) 방안을 타인과 공유하여 관리할 수 있다.

▶▶ 주요 용어 정리

갈등

당사자 간에 가치, 규범, 이해, 아이디어, 목표 등이 서로 불일치하여 충돌하는 상태를 의미한다.

갈등해결

갈등해결의 가장 생산적인 접근 방식은 갈등이 발생하기 전에 그 잠재력을 줄이는 조치를 취하는 것이지만, 발생한 후에는 역지사지의 마음으로 갈등을 최소화하기 위한 기본 원칙을 합의하고 실천하는 것이 최선이다.

윈-윈 갈등관리법

갈등과 관련된 모든 사람으로부터 의견을 받아서 문제의 본질적인 해결책을 얻는 것으로 양자 모두가 승자가 되도록 하는 것을 의미한다.

제1절 갈등의 의미와 중요성

1 선택과 갈등

실존주의 철학자 사르트르는 "인생은 B(Birth)와 D(Death) 사이의 C(Choice) 이다."라고 했다. 즉, 인생은 태어나서 죽을 때까지 끊임없이 선택하는 것이다. 선택을 잘하는 사람은 성공할 수도 있고 행복해질 수도 있다. 그 때문에 사람마다 다른 가치관, 기준, 원칙, 입장에서 선택을 하게 되고, 그 선택을 할 때에는 항상 갈등이 발생한다. 갈등은 개인의 내면에서 발생하기도 하지만 대인관계, 조직생활 과정에서도 발생한다.

갈등이란 영어로는 'Conflict(갈등) = Con(Together, 함께) + Flict(Strike, 충돌하다)'의 합성어로 "서로 충돌하다."라는 뜻을 가지며, 한자로는 '갈등(葛藤) = 칡 갈(葛) + 등나무 등(藤)'의 합성어로 "두 식물이 성장하면서 꼬이는 방향이 서로 달라 서로 복잡하게 얽혀 있다."라는 뜻을 갖기도 한다. 이를 토대로 갈등의 개념을 정리하면 '사회생활 또는 직장생활을 하는 2인 이상의 사람이 가치관, 목표, 이해관계 등의 차이로 서로 충돌하는 상태'라고 할 수 있다.

갈등은 결국 두 사람의 대립 현상이며, 자기 내면에서 심리적 변화가 일어나는 '내적 갈등'과 타인과의 관계에서 발생하는 '외적 갈등'으로 구분된다. 우리가 갈등을 가지게 될 때에는 목적에 대한 관심과 타인과의 관계라는 두 가지 관심을 고려할 필요가 있다.

목표를 달성하기 위해 노력하는 팀이라면 갈등은 항상 일어나기 마련이다. 그러나 이러한 결과가 항상 부정적인 것만은 아니다. 갈등은 새로운 해결책을 만들어 주는 기회를 제공한다. 중요한 것은 갈등 상황에서 어떻게 반응하느냐 하는 것이다. 즉, 조직 구성원의 갈등은 각기 다른 결과를 초래하는데 그때 결과에 대하여 어떻게 대응하느냐가 중요하다는 것이다.

갈등이나 의견의 불일치는 불가피하며 본래부터 좋거나 나쁜 것이 아니라는 점을 인식하는 것이 중요하다. 갈등이 해결되지 않고 방치된다면 팀의 발전을 저해할 수 있다. 그러나 잘 관리한다면 갈등을 통해 합리적인 의사결정을 이끌어 낼 수 있다. 결국 개인과 조직이 갈등을 어떻게 관리하느냐에 따라 결과는 달라진다.

2 갈등의 원인

갈등을 잘 관리하기 위해서는 우선 조직 내에 갈등이 존재하는지를 파악하고 깨닫는 일이 중요하다. 다음은 갈등을 파악하는 데 도움이 되는 몇 가지 단서[7]들이다.

- 지나치게 감정적으로 논평과 제안을 한다.
- 타인의 의견 발표가 끝나기도 전에 타인의 의견에 대해 공격한다.
- 핵심을 이해하지 못한 데 대해 서로 비난한다.
- 편을 가르고 타협하기를 거부한다.
- 개인적인 수준에서 미묘한 방식으로 서로를 공격한다.

갈등의 원인은 다양하다. 인간은 사회적 동물로서 다양한 환경에서 성장하고 그 과정에서 가치관과 생활 양식이 다르게 형성된다. 따라서 서로가 다른 생각과 행동으로 인하여 갈등이 생기는 것은 당연하다. 갈등의 원인으로는 신군재(2013)가 3가지 측면에서 14개 요인으로 분석했다.

첫째, 일반적 원인이 있다. 개인 차이, 문화 차이, 관심 차이, 한정 자원, 사회 변화, 의사소통이라는 6개 요인이다.

둘째, 내용적 원인이 있다. 사실관계, 이해관계, 구조적 문제, 가치관 차이와 같은 4개 요인이다.

셋째, 사회학적 원인이 있다. 본능적 성향, 좌절-공격, 상대적 박탈감, 인간의 기본적 욕구와 같은 4개 요인이다.

이밖에도 많은 학자 및 연구자들이 갈등의 원인을 밝혔는데, 그 내용을 정리하면 다음과 같다.

- 목표의 불일치 또는 불양립성
- 사물, 현상에 대한 지각상의 차이
- 자원 획득을 위한 경쟁
- 애매한 규정, 절차, 방침
- 집단 간 상호 의존성
- 부적절한 보상 시스템, 권한, 권력

- 가치관, 신념의 차이
- 의사소통의 부재
- 역할 인식의 차이
- 기타

한편, 갈등은 인간의 삶의 질 개선과 행복을 추구하도록 순기능적으로도 작용하지만, 때로는 지나친 갈등으로 인하여 개인의 삶을 황폐화시키기도 하고 역기능적 관계 형성의 주범이 되기도 한다.

신군재(2013)는 다음 표와 같이 갈등의 기능을 순기능과 역기능으로 분류했다.

| 표 4-1 | 갈등의 기능

갈등의 순기능	갈등의 역기능
다양한 심리적 욕구들을 만족시킴	지나친 갈등으로 인간관계 악화
혁신과 변화를 초래	개인의 심리적 불안정과 사회적 비용 초래
생산성 향상과 학습 효과	국민적 혼란 및 국론 분열
창의적 문제해결능력 향상	조직에 부정적 결과 초래
새로운 관계 형성	전체 목표보다는 하위 목표와 이익 추구
의사결정의 질 개선	외부 조직 및 집단에 대한 적대감

갈등을 즉각적으로 해결하지 않는다면 나중에는 곪아 터진다. 그렇게 되면 갈등은 팀 성공을 저해하는 강력한 장애물이 될 것이다. 그러나 갈등이 존재한다는 사실을 인정하고 해결을 위한 조치를 취한다면, 갈등을 성공을 위한 하나의 기회로 전환시킬 수 있다. 따라서 갈등에 직접 관련된 팀원이든 갈등을 관찰하는 팀의 리더이든 간에 갈등을 해결하고자 한다면 갈등이 존재한다는 사실부터 인정해야 한다.

7) 출처: 한국산업인력공단 직업기초능력 대인관계능력 학습자용 워크북 p.96 부분 발췌. 국가직무능력표준 홈페이지(http://www.ncs.go.kr)

사례연구

갈등 발생의 원인

〈사례 A〉

어느 가구 제조 회사는 자금 부족에 직면해 있었다. 이에 따라 회사는 부서를 합리화시키고 원가를 절약할 수 있는 방법을 찾고자 특별 대책반을 만들었다. 이 팀의 리더인 M은 모든 팀원들에게 원가 절감 방안에 대해 브레인스토밍하도록 하였다. 신임 경리 담당 감독자인 R은 다음과 같은 제안을 했다. "제가 생각하기에는 재고를 줄이는 것이 추가 비용을 절감시키는 길입니다."

"잠깐만요."라고 말하며 구매 담당인 I가 말을 가로막았다. "재고를 줄일 수는 없습니다. 그건 말도 안 되는 소리예요.", "자, 우리는 이 문제에 대하여 의견이 다른 것 같은데, 그 이유를 찾아보는 게 좋겠소."라고 R이 말했다.

〈사례 B〉

매출 증대 방안을 찾기 위해 애쓰고 있는 팀 리더 M은 사내에서 능력을 인정받고 있는 영업 사원인 R과 K 사이에 보이지 않는 갈등이 있다는 것을 알았다. K가 아이디어를 내놓을 때마다 R은 즉시 반대를 표명했다. 그 결과, K는 점점 말이 없고 위축되어 갔다. 어느 회의에서 K는 텔레마케팅을 사용하여 영업사원들이 추가의 대금 결제를 할 수 있도록 하자고 제안하였다. 이때 R은 "자기 자신의 대금 결제도 모른다면 당신은 영업부에 있을 자격이 없소."라고 냉소적으로 말했다. 팀 리더 M이 두 사람 사이에 끼어들었다. "그렇게 큰 소리를 낼 필요가 없다고 생각해요. 토론을 중지하고 문제를 규명해 봅시다."

– 한국산업인력공단 직업기초능력 대인관계능력 학습자용 워크북 p.93,
국가직무능력표준 홈페이지(http://www.ncs.go.kr)

교육적 시사점

- 갈등에 직접 관련된 팀원(사례 A)이든 갈등을 관찰하는 팀 리더(사례 B)이든 간에 갈등을 해결하고자 한다면 갈등의 의미를 알고, 갈등이 존재한다는 사실부터 인정하는 것이 중요하다.
- 이러한 갈등을 즉각적으로 해결하지 않는다면 나중에는 곪아 터진다. 그렇게 되면 갈등은 팀 성공을 저해하는 강력한 장애물이 될 것이다. 그러나 갈등이 존재한다는 사실을 인정하고 해결을 위한 조치를 취한다면, 갈등은 성공을 위한 하나의 기회로 전환시킬 수 있다.

탐구활동

1. 직장에서 일어날 수 있는 갈등에는 어떤 것들이 있는지 작성해 보자.

2. 직장에서 조직원들 간에 갈등이 발생할 경우 자신이라면 어떻게 대응할지 작성해 보자.

3. 자신에게 갈등이 있다면 그것의 주된 원인이 무엇인지 작성해 보자.

4. 친구들과의 의견 대립으로 갈등이 발생하면 어떻게 대응할 것인지 작성해 보자.

5. 자신이 소속한 팀이 고객으로부터 주문된 물량을 생산하기 위해 한 달간 야근과 특근을 해야 한다면 어떻게 할 것인지 작성해 보자.

학습평가

정답 및 해설 p.283

※ 다음 문장의 내용이 맞으면 ○, 틀리면 ×에 ✓표시를 하시오. (1~6)

1   다른 사람과의 갈등은 언제나 나쁜 것이다. (○, ×)

2   갈등은 시간을 두고 해결해야 한다. (○, ×)

3   갈등은 의사소통이 멈추었다는 의미이다. (○, ×)

4   갈등에는 항상 승자와 패자가 있다. (○, ×)

5   언제 어느 상황에서도 갈등은 생길 수 있는 것이다. (○, ×)

6   갈등은 개인이 발전하는 데 도움을 줄 수 있다. (○, ×)

※ (   ) 안에 알맞은 말을 채워 넣으시오. (7~8)

7   갈등은 결국 두 사람의 대립 현상이며 자기 내면에서 심리적 변화가 일어나는
     (   ) 갈등과 타인과의 관계에서 발생하는 (   ) 갈등으로 구분된다.

8   갈등은 인간의 삶의 질 개선과 행복을 추구하도록 (   )(으)로도 작용하지만,
     때로는 지나친 갈등으로 인하여 개인의 삶을 황폐화시키기도 하고 (   ) 관계
     형성의 주범이 되기도 한다.

9 갈등을 확인할 수 있는 단서에 해당하는 것은?

① 지나치게 감정적인 논평과 제안
② 핵심을 이해하여 서로 의견 공유
③ 상대방의 의견 발표 후 내용 공유
④ 편을 가르지 않고 타협

10 갈등의 순기능에 해당하지 않는 것은?

① 혁신과 변화를 초래
② 국민적 혼란 및 국론 분열
③ 새로운 관계 형성
④ 의사결정의 질 개선

Tip

갈등해결에 적극성을 띠어라!

기업 및 공공기관에서 팀 또는 직장생활을 하다보면 누구나 예외 없이 갈등 상황에 접하게 된다. 갈등은 건전한 갈등도 있지만 있어서는 안 되는 갈등도 있다. 즉, 건전한 갈등은 조직이 그만큼 건강하다는 것이기 때문에 위기관리 및 대응능력을 향상시키고 생산성 향상에도 도움이 되지만, 갈등이 심하게 나타나거나 전혀 없는 경우에는 오히려 이와 반대되는 현상이 나타날 수 있다.

갈등은 고의적인 행위로 발생하기도 하고, 우연하게 발생하는 경우도 있다. 갈등이 생기는 경우를 개인적·조직적 측면에 따라 분류하면 다음과 같다.

1. 개인적 측면

　　1) 공개 석상에서 타인을 비난하는 경우

　　2) 타인의 물건을 훔치거나 손상을 입히는 경우

　　3) 타인의 험담을 하는 경우

　　4) 타인의 역할 및 지위를 침해하는 경우

　　5) 서로 이해관계가 대립하는 경우

　　6) 서로의 가치관이 다른 경우

　　7) 개인적으로 부당한 대우를 받았다고 느끼는 경우

2. 조직적 측면

　　1) 팀 간에 영역 다툼이 있는 경우

　　2) 팀 간에 목표 경쟁이 과열될 경우

　　3) 성과에 대한 팀 간의 보상이 부당한 경우

　　4) 팀에 대한 지원이 미흡한 경우

　　5) 팀 업무가 과중하다고 판단되는 경우

앞에서 말한 상황들이 발생하기 전에 예방한다면 가장 이상적이겠지만, 발생한다고 해도 곧바로 대응하는 자세를 보여야 한다. 대응 시기를 놓치면 개인 간, 조직 간 갈등이 심각해져 조직 문화를 해치거나 개인과 조직의 업무 성과 및 생산성 향상에 악영향을 미친다. 적당한 갈등은 조직의 건강성에 청신호가 되지만, 지나친 갈등은 조직의 건강에 적신호가 된다는 것을 잊지 말아야 한다. 또한, 갈등해결을 위해서는 반드시 원활한 소통문화가 정착되어야 한다.

제2절 개인갈등의 유형별 관리전략

1 갈등과 패러다임

실제로 갈등을 파악하는 일은 보기보다 매우 어렵다. 핵심적인 문제들이 대부분 갈등의 밑바닥에 깔려 있기 때문에 이러한 문제부터 해결할 필요가 있다. 직장생활 중 발생하는 갈등을 근본적으로 해결하려면 어떻게 해야 할까?

실제로 존재하는 갈등을 파악하기 위해서는 먼저 자신의 패러다임을 점검하는 것이 중요하다. 어설픈 선입관은 가능한 것, 현실적인 것, 필요한 것에 대한 관점을 제한하기 때문에 갈등을 올바르게 파악하는 데 걸림돌이 된다. 따라서 어떠한 갈등이 생긴다면 이를 무턱대고 해결하려고 하기 전에 자신의 사고방식을 점검해야 한다. 이를 통해 갈등을 성공적으로 해결하는 데 발목을 잡는 자신만의 편견에 어떤 것들이 있는지 짚고 넘어갈 수 있을 것이다.

갈등을 잘 해결하려면 사고방식, 즉 패러다임을 전환할 수 있어야 한다. 여기에서는 일반적으로 대립에 직면하는 상황에 대한 패러다임, 자신만의 극복 노하우에 대한 패러다임에 대해 생각해 보게 한다. 부정적인 패러다임을 버리고, 더 긍정적인 것으로 바꾸는 데 도움이 되는 세 가지 테크닉은 생각의 전환, 역지사지의 정신, 긍정적인 태도로 요약된다. 이러한 기술을 발전시킨다면 정신적으로 폐쇄된 관점에서 벗어나 더욱더 개방적인 관점으로 향할 수 있다. 개방적이 되면 윈-윈 전략으로 갈등해결에 성공할 확률이 높아질 수 있다.

갈등을 건설적으로 보는 사람들은 자신들의 목적을 달성하게 되고, 갈등과 관련된 모든 이들과 서로 좋아하고, 존경하고, 서로를 더 신뢰하며, 서로에게 생길 앞으로의 갈등을 건설적으로 해결할 수 있는 잠재력을 가지고 있다.

다음 [그림 4-1]은 갈등 관점의 변천 과정을 보여준다.

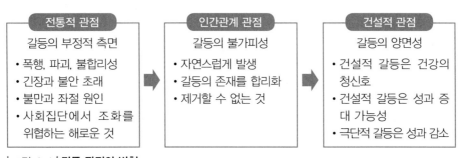

전통적 관점	인간관계 관점	건설적 관점
갈등의 부정적 측면	갈등의 불가피성	갈등의 양면성
• 폭행, 파괴, 불합리성	• 자연스럽게 발생	• 건설적 갈등은 건강의 청신호
• 긴장과 불안 초래	• 갈등의 존재를 합리화	• 건설적 갈등은 성과 증대 가능성
• 불만과 좌절 원인	• 제거할 수 없는 것	• 극단적 갈등은 성과 감소
• 사회집단에서 조화를 위협하는 해로운 것		

| 그림 4-1 | **갈등 관점의 변천**

② 개인갈등의 유형별 관리전략

1) 갈등의 과정

갈등의 과정은 관점에 따라 여러 단계로 나눌 수 있다. 도넬슨(Donelson)은 갈등 과정을 다음과 같이 5단계로 구분하였다.

① 1단계: 의견 불일치 단계

의견 불일치는 가까운 사람들과의 상호 작용으로부터 생겨난다. 상호 의존 관계에서는 이해관계가 작용하며, 서로 생각하는 것이 다르고, 가치관도 다르고, 성격도 다르기 때문이다. 서로 다름은 다른 사람들과의 의견 불일치를 가져온다. 그러나 의견 불일치 상황의 갈등은 상호 간의 진정 어린 대화를 통해 긴장을 더 이상 증가시키지 않고서도 쉽게 해결할 수 있다.

② 2단계: 대결 국면

의견 불일치가 제대로 해소되지 않으면 대결 국면에 들어서게 된다. 대결 국면에서는 상호 간에 해결 방안을 모색하기보다는 감정까지 개입되어 상대방의 주장에 대한 문제점을 찾기 시작한다. 갈등 당사자들의 행위, 신념, 생각들은 쉽게 바뀌지 않으며, 상대방의 주장은 부정하고 자기 주장만 하여 상대방으로부터 저항을 받는다.

③ 3단계: 격화 국면

이 단계는 갈등의 정도가 최고조에 이르는 상태이다. 격화 국면에서는 당사자 모두에게 오해, 불신 및 좌절을 초래하고 '눈에는 눈, 이에는 이'라는 부정적 심리를 갖게 한다. '끝까지 혹은 갈 데까지 가보자'는 부정적인 심리가 작용하는 것이다.

④ 4단계: 진정 국면

이 단계는 모든 갈등이 정점을 지나 점차 진정 국면으로 들어서는 단계이다. 당사자들은 계속되는 논쟁으로 인하여 시간과 에너지가 낭비되고 있다는 것을 인식하게 된다. 또한, 갈등 과정을 되돌아보는 시간을 갖기도 한다.

⑤ 5단계: 해소 국면

갈등이 지속되는 것이 결코 도움이 되지 않는다는 것을 느끼는 단계이다. 즉, 해소 국면에 들어서면 당사자들은 갈등으로 발생된 문제들을 해결하지 않고서는 목표를 달성할 수 없다는 것을 인식하게 된다. 따라서 어떻게 해서든지 갈등 해소 혹은 내분 종결 과정을 밟게 된다. 갈등해소 방법은 자신의 요구 철회, 강요와 설득, 타협, 상대방의 견해에 대한 동의 등 여러 가지가 있다.

2) 갈등의 유형[9]

갈등에는 두 가지 유형이 있다. 이 두 가지를 명확히 구별하고 그 유형들을 각기 독립적으로 다루면, 문제를 훨씬 수월하게 해결할 수 있다.

첫 번째 유형은 불필요한 갈등이다. 개개인이 저마다 문제를 다르게 인식하거나 정보가 부족한 경우, 편견 때문에 발생한 의견 불일치로 적대적 감정이 생기는 경우에 불필요한 갈등이 일어난다. 자신이 가장 중요하다고 여기는 문제가 다른 사람 때문에 해결되지 못한다고 느낄 때에도 불필요한 갈등이 생기는 것이다. 불필요한 갈등은 다음과 같은 상황에서 일어날 수 있다.

- 근심 걱정, 스트레스, 분노 등의 부정적인 감정
- 잘못 이해하거나 부족한 정보 등 전달이 불분명한 커뮤니케이션
- 편견, 변화에 대한 저항, 항상 해오던 방식에 대한 거부감 등에서 나오는 의견 불일치
- 관리자의 신중하지 못한 태도

두 번째 유형은 해결할 수 있는 갈등이다. 목표와 욕망, 가치, 문제를 바라보는 시각과 이해하는 시각이 다를 경우에 일어날 수 있는 갈등이다. 이러한 갈등은 상대를 먼저 이해하고, 서로가 원하는 것을 만족시켜 주면 저절로 해결된다. 두 사람이 정반대되는 욕구나 목표, 가치, 이해에 놓였을 때는 해결 가능한 갈등이 일어난다. 대표적인 예로, 같은 팀에 몸담고 있지만 다른 부서 출신인 두 명의 직원이 문제의 원인에 대해 서로 다른 견해를 가지고 있는 경우를 꼽을 수 있다. 두 사람 모두 상대방에게 문제에 대한 책임이 있다고 생각할 것이다.

---

9) 출처: 한국산업인력공단 직업기초능력 대인관계능력 학습자용 워크북 pp.100~101 부분 발췌. 국가직무능력표준 홈페이지(http://www.ncs.go.kr)

3) 개인갈등의 유형별 관리전략

토마스 킬만(Thomas-Kilman)은 개인들이 갈등에 대처하는 방법으로 자신과 타인에 대한 관심도를 중심으로 한 2차원 모형을 다음 [그림 4-2]와 같이 제시하였는데, 상호 간에 누가 더 강한 힘을 발휘할 수 있느냐에 따라 다섯 가지로 나타난다.

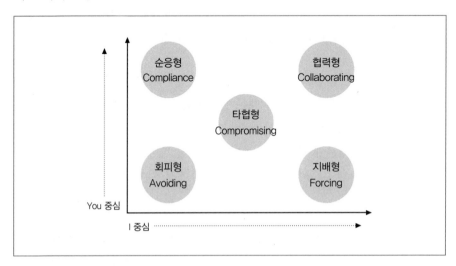

| 그림 4-2 | 개인갈등관리 유형

① 회피형(Lose-Lose)

갈등 자체를 피하는 타입이다. 회피형의 필요 상황과 문제점은 다음과 같다.

| 표 4-2 | 갈등관리 유형: 회피형

필요 상황	문제점
• 이해관계가 없다고 생각할 때 • 대립하면 이득보다 손실이 클 때 • 상대방의 흥분을 식히고 이성을 회복시키고자 할 때 • 다른 사람이 효율적으로 해결할 수 있을 때 • 갈등을 해결하는 적당한 시점이 아니라고 판단될 때	• 사안이 미해결되고 악화될 우려가 있음 • 신뢰성 약화 • 상대방 의심 • 창조적 의견과 개선 노력 부족

② 지배형(경쟁형, Win-Lose)

관계가 불편해지더라도 자신의 입장을 지키려고 할 때 힘과 주장으로 상대방을 굴복시키려는 타입이다. 지배형의 필요 상황과 문제점은 다음과 같다.

| 표 4-3 | 갈등관리 유형: 지배형

필요 상황	문제점
• 양보할 수 없는 중요한 문제일 때 • 신속하게 단호한 결정을 해야 할 때 • 조직의 질서 유지에 필요한 법규를 시행할 때 • 거부감을 갖는 개혁 조치를 단행해야 할 때 • 전체 복지 및 이익에 관계되어 자신의 생각이 옳다고 판단될 때 • 다른 방법이 효과가 없거나 신뢰성이 낮은 직장	• 예스맨 양산 • 본인 무지 가능성, 불확실성 인정 않음 • 왜곡된 인식 • 커뮤니케이션 기능 감퇴 • 참여 기회 상실

③ 순응형(배려형, Lose-Win)

고집을 부리지 않고 상대방에게 협조적이며 대립과 반대되는 타입이다. 순응형의 필요 상황과 문제점은 다음과 같다.

| 표 4-4 | 갈등관리 유형: 순응형

필요 상황	문제점
• 상대방에게 압도되어 손실을 극소화할 때 • 화합과 안정이 중요할 때 • 상대방 스스로 잘못을 알게 하여 개선이 필요할 때 • 자신의 잘못을 인정한 경우 • 사안이 상대방에게 더 중요할 때 • 신뢰감 구축이 필요한 경우 • 경쟁해 봐야 손실만 가져올 때	• 갈등자 영향력 및 존경심 약화 • 기강의 해이 • 욕구불만 증대 • 자존심 손상 • 최선책 포기

④ 타협형(Win/Lose-Win/Lose)

문제를 끌면 혼란만 초래하므로 서로 양보하여 절충하는 타입이다. 타협형의 필요 상황과 문제점은 다음과 같다.

| 표 4-5 | 갈등관리 유형: 타협형

필요 상황	문제점
• 힘이 비슷한 쌍방이 상호 배타적 목적 달성에 종사하게 될 때 • 복잡한 문제를 임시변통으로 해결하고자 할 때 • 상대방과 원만한 관계를 유지하면서 개인 목표를 달성하고자 할 때 • 시간에 쫓겨 임시방편적 조치가 필요한 경우	• 합의안에 아무도 만족하지 않을 수 있음 • 단기적·임시적 조치로서 기만으로 의심을 받음 • 실리추구로 인한 큰 사안, 명분이나 원칙, 장기적 목표에 손상 가능성 있음

⑤ 협력형(통합형, Win-Win)

소통을 통해 서로 원하는 것을 이야기하여 갈등을 풀고 협력의 방향으로 나가는 타입이다. 협력형의 필요 상황과 문제점은 다음과 같다.

| 표 4-6 | 갈등관리 유형: 협력형(통합형)

필요 상황	문제점
• 사안이 모두에게 중요하여 여러 사람의 견해와 통찰력을 모아야 할 때 • 의견을 통합함으로써 관계자들의 협력을 얻을 수 있을 때 • 쌍방의 관심사가 모두 고려되어야 할 정도로 중요하여 통합의 해결책을 마련해야 할 때 • 인간관계를 악화시키는 감정을 해소하고자 할 때	• 중요하지 않은 사안에 시간 낭비 가능성 • 상황을 모르는 사람들의 의견이 수렴되어 비효율적 의사결정 가능성

사례연구

다양한 갈등해결방법

S병원에서 외과 전문의로 일하고 있는 K박사는 골절과 외상에 대한 수많은 수술을 집도하면서 권위 있는 전문의사로 정평이 나 있다. 그 명성을 듣고 최근 환자들이 몰려들어 입원실이 부족할 지경이고 수술에 필요한 모르핀, 주삿바늘, 수술 가위 등의 재료와 의료기구가 부족하여 자재과에 열흘 전에 주문해 놓았지만 아직 입고되지 않아 두 차례나 독촉한 상태이다. 자재과를 책임지고 있는 L과장은 난감해 하고 있다. 자재 창고의 공간이 부족할 뿐만 아니라 각 부서별로 자재 주문이 들어온 순서대로 처리하도록 규정되어 있기 때문에 K박사의 구매 주문보다 빠른 주문이 아직 다섯 가지나 있다. L과장이 월요일 총무부 회의를 마치고 왼쪽에서 붐비는 병원 로비로 걸어 나오는데, 오른쪽 복도 끝에서 K박사가 오고 있는 것 같았다.

〈사례 A〉

병원 로비로 걸어 나오던 L과장은 멈칫하며 순간 어쩌나 하다가 오른쪽 복도로 가지 않고 K박사를 피해서 북쪽 다른 복도를 이용하여 돌아서 자재과로 갔다.

〈사례 B〉

K박사가 L과장을 보더니 언제부터 직접 만나 따져서 물어보려고 했는데 잘 되었다며 로비로 걸어 나와 재빨리 L과장을 막아서고는 자재 주문이 어떻게 되었냐며 다그쳐 물었다. L과장은 병원 규정대로 주문 건수를 해결하고 있으나 그 전에 주문 들어온 걸 처리하느라 아직 구매할 수 없다고 했다. K박사는 화를 내면서 많은 수술 환자가 대기하고 있는데, 당장 주문서를 처리하지 않으면 원장에게 보고하여 문책하도록 하겠다고 협박하였다. L과장은 병원 규정을 무시하면서 수술용 의료 자재를 먼저 구매해 줄 수 없으니 원장에게 보고하든지 말든지 마음대로 하라고 반박했다.

〈사례 C〉

L과장은 K박사가 성격이 불같고 자기에게 귀찮게 하는 사람을 수단 방법을 가리지 않고 응징하는 조폭같은 위인이라고 생각하면서 이번 외과 자재 주문을 규정을 위반해서라도 내일 당장 처리해 주겠으니 하루만 기다려 달라며 K박사를 달랬다.

〈사례 D〉

K박사가 난리법석을 떨며 L과장을 협박까지 하였지만 L과장도 호락호락하지 않았다. 30분간 두 사람이 옥신각신하다가 K박사는 다른 건 다 양보할테니 모르핀만은 내일까지 좀 구매해 달라고 부탁하자 L과장은 병원 규정을 어길 순 없지만 모르핀만은 직권으로 구매해 주겠다고 마지못해 응답했다.

〈사례 E〉

K박사의 다급한 부탁을 받고 L과장은 환자들에게 불편을 주지 않고 수술을 받을 수 있도록 하는 것이 병원 이미지와 발전에 매우 중요하다는 인식을 공감하였다. 그래서 L과장은 M총무부장과 상의한 결과 외과의 긴급 상황을 원장에게 보고하여 재가를 받아서 처리해 보자는 답변을 받았다. 그래서 K박사는 수술 환자 대기 상태와 자재 부족의 실태를 자세히 작성하여 결재를 받게 되었다. 비록 이틀이 걸렸지만 외과 K박사와 자재과 L과장이 모두 만족하는 원원의 결과를 얻을 수 있었다.

– 원창희, 《갈등관리의 이해》(2012) pp.83~85, 한국문화사

◢ 교육적 시사점

• 〈사례 A〉부터 〈사례 E〉의 순으로 회피형, 지배형, 순응형, 타협형, 협력형의 모습을 제시하고 있다.

• 이 상황에서 ① 회피형은 문제해결에 전혀 도움이 되지 않으며, 모두에게 악영향을 준다. ② 지배형은 논리적으로 설명하더라도 상대방의 감정을 상하게 해서 도움을 못 받는 경우가 있다. ③ 순응형은 관계성은 좋아지지만, 더 큰 문제를 초래할 가능성이 있다. ④ 타협형은 임시로 처방은 되더라도 병원 질서에 문제를 초래할 수 있다. ⑤ 협력형은 문제해결은 물론 모두에게 만족할 만한 결과를 줄 수 있다.

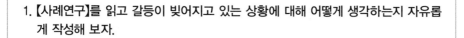

1. 【사례연구】를 읽고 갈등이 빚어지고 있는 상황에 대해 어떻게 생각하는지 자유롭게 작성해 보자.

2. 【사례연구】를 읽고 자신이 K박사 또는 L과장의 입장이라면 어떻게 대응할 것인지 작성해 보자.

〈K박사의 입장〉

〈L과장의 입장〉

학습평가

정답 및 해설 p.283

1 전통적 관점의 갈등 내용으로 적절하지 않은 것을 고르시오.

① 폭행, 파괴, 불합리성
② 긴장과 불안 초래
③ 갈등의 존재를 합리화
④ 불만과 좌절 원인

2 건설적 관점의 갈등 내용으로 적절하지 않은 것을 고르시오.

① 건설적 갈등은 건강의 청신호
② 건설적 갈등은 성과증대 가능성
③ 건설적 갈등은 자연스럽게 발생
④ 극단적 갈등은 성과 감소

3 갈등 유형 중 회피형의 문제점으로 바르지 않은 것을 고르시오.

① 최선책 포기
② 사안 미해결
③ 신뢰성 약화
④ 상대방 의심

4 갈등 유형 중 순응형의 문제점으로 바르지 않은 것을 고르시오.

① 예스맨 양산
② 기강의 해이
③ 욕구불만 증대
④ 자존심 손상

5 갈등 유형 중 타협형의 문제점으로 바르지 않은 것을 고르시오.

① 합의안에 아무도 만족하지 않을 수 있다.
② 단기적, 임시적 조치로서 기만으로 의심을 받을 수 있다.
③ 실리추구로 인한 큰 사안, 명분이나 원칙, 장기적 목표에 손상이 생길 수 있다.
④ 중요하지 않은 사안에 시간을 낭비할 가능성이 있다.

6 갈등 유형 중 협력형이 필요한 상황으로 적절하지 않은 것을 고르시오.

   ① 쌍방의 관심사가 모두 고려되어야 할 정도로 중요하여 통합의 해결책을
      마련해야 할 때
   ② 의견을 통합함으로써 관계자들의 협력을 얻을 수 있을 때
   ③ 사안이 모두에게 중요하여 여러 사람의 견해와 통찰력을 모아야 할 때
   ④ 시간에 쫓겨 임시방편적 조치가 필요할 때

7 갈등 유형 중 지배형(경쟁형)이 필요한 상황으로 바르지 않은 것을 고르시오.

   ① 양보할 수 없는 중요한 문제일 때
   ② 여유 있게 결정을 해야 할 때
   ③ 개혁 조치를 단행해야 할 때
   ④ 조직의 질서 유지에 필요한 법규를 시행할 때

8 갈등해결을 위한 패러다임 변화에 도움이 되는 테크닉에 해당하지 않는 것은?

   ① 생각의 전환
   ② 역지사지의 정신
   ③ 긍정적인 태도
   ④ 자기 주장 강화

※ (   ) 안에 알맞은 말을 채워 넣으시오. (9~10)

9 갈등에는 두 가지 유형이 있다. 첫 번째 유형은 (   )(이)고, 두 번째 유형은
   (   )(이)다.

10 도넬슨은 갈등관리 과정을 '의견 불일치 → (   ) → (   ) → (   ) → 해소
   국면'과 같이 5단계로 구분하였다.

이성계와 무학대사의 대화

조선의 태조 이성계는 왕이 되기 이전부터 무학대사와 인연이 깊었다. 이성계는 왕이 된 이후에도 정사로 힘들거나 스트레스 받는 일이 있으면 무학대사를 찾아가 자문을 구하거나 위로를 받을 수 있는 대화를 자주 나누었다.

어느 날 이성계가 오랜만에 무학대사를 찾아가 대화를 나누던 도중에 무학대사에게 농담을 던졌다. "스님은 꼭 돼지 같이 생겼습니다." 그 말을 들은 무학대사는 표정이 조금도 일그러지지 않은 채 웃으면서 말했다. "대왕께서는 부처님처럼 생겼습니다." 이성계는 자신이 아무리 한 나라의 왕이지만 스님께 지나친 농담을 한 것 같아 미안한 마음이 들어 다시 말을 건넸다. "저는 스님을 돼지에 비유했는데, 어찌 스님께서는 제게 부처님처럼 생겼다고 칭찬하십니까?"

무학대사는 얼굴에 미소를 띠며 말했다. "부처의 눈에는 부처만 보이고, 돼지의 눈에는 돼지만 보이는 법입니다." 이성계는 스스로 부끄러움을 느끼고 그 이후로는 그와 같은 농담을 삼가했다고 전해진다. 이 이야기를 통해 알 수 있듯이 상대방을 볼 때는 자신의 견해대로 상대방을 평가하고, 자신의 잣대대로 상대방을 저울질해서는 절대 안 된다.

제3절 성공적 갈등관리방법

1 건설적 갈등과 조직 성과

인간은 가족, 학교, 직장 등 조직의 구성원으로서 생활하며 갈등을 피할 수 없다. 갈등은 선택의 여지가 없는 것이다. 다만 현재의 갈등을 슬기롭게 풀어 나가면서 개인의 건강을 유지하고 조직의 생산성을 높이는 방향으로 갈등을 지혜롭게 관리하는 능력이 요구될 뿐이다. 갈등이 전혀 없거나 지나치게 낮을 때 오히려 조직 내부는 자극이 없게 되어 의욕이 상실되고 침체에 빠지기 쉽다. 또한, 환경 변화에 대한 적응력이 떨어지고 경쟁력도 저하되므로 조직 성과에도 악영향을 끼친다.

반대로 갈등이 너무 심하면 조직 내부적으로 상호 신뢰감이 없어지고 혼란, 분열을 초래할 뿐만 아니라 정보 교류를 억제하거나 정보를 왜곡하여 상대방에게 자신의 요구를 과장하기도 한다. 결과적으로 생산성 저하는 물론 조직에 대한 충성도가 낮아진다.

그러나 갈등 수준이 적절할 때는 위기 의식 및 문제 의식을 갖고 기술 혁신, 창조성, 다양성, 변화 지향성, 목표 지향성, 집단 결속력 등이 높게 나타나 조직 내부적으로 활력이 넘치게 된다. 결국 건설적인 갈등은 집단 또는 조직 간에 커뮤니케이션이 원활하게 되고 생산성을 높이는 것이다. 결론적으로 개인이나 조직에는 적당한 갈등이 있을 때 오히려 성과가 높게 나타난다고 할 수 있다.

| 표 4-8 | 갈등 수준과 조직 성과와의 관계

갈등 수준	낮다	적당하다	높다
영향	역기능적	순기능적	역기능적
집단 내 개인 행동	• 환경 변화에 둔감 • 무사안일적 • 침체적 • 의욕 상실	• 환경 변화에 민감 • 창의적 • 변화 지향적 • 활발한 문제해결 • 적극적 목표 달성	• 혼란 • 분열 • 상호 조정 결여 • 목적 의식 결여
조직 성과	낮음	높음	낮음

2 성공적 갈등관리방법

1) 갈등의 촉진 방안

갈등의 촉진 방안이란 조직의 활력, 변화와 혁신을 위하여 건설적 갈등을 조성하는 전략이다.

① 의사전달 경로 및 인물의 변경

특정한 의사전달 경로에 일반적으로 포함되던 사람을 의도적으로 제외시키고, 본래 포함되지 않았던 사람을 포함시킴으로써 권력의 재편이 이루어진다. 이는 권력의 재분배를 초래하여 갈등을 야기시킬 수 있다.

② 정보의 조작

정보의 양을 조절함으로써 변화와 혁신에 도움을 주거나 위기감을 조성할 수 있다. 과다하거나 모호한 정보는 혼란을 야기할 수 있다.

③ 이질감의 조성

조직에 기존의 조직 구성원들과 가치관, 배경, 경험 등이 다른 사람을 투입하여 이질감을 조성해 조직의 침체된 분위기를 깨뜨리고 새로운 변화와 활력을 일으킬 수 있다. 그러나 팀워크에 문제가 되지 않도록 주의할 필요가 있다.

④ 경쟁 유도

라인(Line) 조직과 스태프(Staff) 조직의 특성을 고려해 업무 영역을 명확히 구분 또는 통합한다든지, 직원들을 인사 이동시켜 업무를 재분장하고, 직위 간의 관계를 재설정하면서 갈등을 일으키는 등의 방법으로 상호 간에 경쟁심을 유도한다.

2) 갈등의 예방 방안

갈등의 예방 방안이란 미래에 발생 가능성이 높은 갈등을 사전에 방지하려는 전략이다.

① 균형된 자세 유지

인사고과권을 가지고 있는 관리자 또는 임원이 구성원을 평가하거나 조정 역할을 수행함에 있어서 편파적이지 않고, 균형된 자세를 유지함으로써 효과적일 수 있다.

② 상호 의존성 높은 조직 변경

업무적으로 자주 교류하게 되면 상호 작용의 필요에 따라 응집력 및 팀워크가 더욱 높아지기 때문에 조직 및 구성원을 변경할 수 있다.

③ 불필요한 경쟁 회피

비용 및 예산 통제, 수익 극대화, 성과 측정 등은 개인 및 조직의 경쟁을 유발시키기 때문에 제로섬(Zerosum) 게임의 회피를 통해 갈등을 줄일 수 있다.

④ 공동의 적 설정

경쟁 조직이나 제3의 집단 등 외부의 위협이 될 수 있는 공동의 적을 등장시키면 연합 공동 전선에 필요한 힘을 결집시키게 된다.

3) 갈등의 완화 및 해소 방안

갈등의 완화 및 해소 방안이란 이미 발생한 갈등을 완화 또는 해소시키는 전략이다.

① 문제해결

문제를 일으킨 당사자들이 직접 접촉하여 갈등의 원인이 되는 문제를 함께 해결하는 방법이다.

② 상위 목표의 설정

갈등의 당사자들이 함께 추구해야 할 상위 목표를 설정하는 방법이다.

③ 자원의 증대

희소성이 높은 자원에 의존하는 당사자들에게 자원을 충분히 제공하여 갈등을 해소시키는 방법이다.

④ 회피

갈등을 야기할 수 있는 의사결정을 보류하거나 갈등 당사자들의 접촉을 피하도록 함으로써 갈등을 일시적으로 피할 수는 있지만 근본적 해소 방법은 아니다.

⑤ 완화

갈등 당사자들의 이견이나 상충되는 이익과 같은 차이는 억압하고 유사성과 공동 이익을 전면에 부각시키는 방법으로써 갈등 당사자들의 차이가 근본적으로 제거된 것이라기보다는 잠정적·피상적 방법이다.

⑥ 전제적 명령

조직에서 공식적 권한을 가진 상사가 명령을 함으로써 갈등 당사자가 합의가
아닌 상태에서 따르기 때문에 원인은 제거되지 않은 채 일시적인 갈등 행동
만 해소시키게 된다.

⑦ 강압

강력한 힘을 가진 자, 권위가 높은 자, 중재인 등과 같은 사람을 이용하여
강압적으로 갈등을 해결하는 것으로서 재발의 위험성이 높다.

사례연구

상사와 갈등을 겪고 있는 신입사원

종수: 지난 몇 개월 동안 이메일, 체크리스트, 불만 사항에 이르기까지 모든 자료를 철저하게 살폈습니다. 그러나 정작 상사인 미라 씨에게서는 필요한 자료를 얻을 수 없었습니다. 그래서 보고서가 늦었습니다.

철수: 이 문제와 관련해서 직접 미라 씨에게 말을 하지 않은 이유가 무엇입니까? 그녀에게 월간 보고서 작성에 필요한 자료들을 좀 더 편리하게 얻을 수 있는 방법에 대해서 논의하고 싶다고 말하세요. 매월 어느 시점까지 자료가 필요한데, 미라 씨를 귀찮게 하지 않고서는 자료를 수집하기 어렵다고 자세하게 설명하세요. 미라 씨에게 이런 상황을 어떻게 생각하는지 물어보세요. 그리고 그것이 미라 씨에게 왜 어려운지에 대해 생각하면서 그녀의 말을 적극적으로 경청하세요. 미라 씨가 어떤 말을 하리라고 생각합니까?

종수: 미라 씨는 저와 논의하려고 애를 쓰지만, 긴급한 프로젝트를 처리하느라 늘 시간이 부족한 것 같습니다.

철수: 그렇다면, 미라 씨의 그런 자세를 어떻게 생각하세요?

종수: 정보를 바탕으로 해서 팀의 성과와 프로젝트 진척 상황, 인센티브 등을 평가해야 하기 때문에 당연히 미라 씨에게서 자료를 얻어야 한다고 생각합니다. 그런데 저는 미라 씨에게 이 문제에 대해서 한 번도 말씀드리지 않은 것 같습니다.

철수: 그렇다면, 자료를 얻는 것이 왜 중요한지 미라 씨가 알고 있어야 하며, 그것의 중요성을 미라 씨가 제대로 알고 있는지 확인해야 합니다. 항상 그 점을 유념해야 합니다.

종수: 예, 알겠습니다. 미라 씨도 좋은 반응을 보이리라 생각합니다.

철수: 종수 씨와 미라 씨의 마음에 쏙 드는, 참신하면서도 창조적인 아이디어를 브레인스토밍해 보세요. 몇 가지 아이디어를 생각한 다음 하나의 아이디어를 메모해서 미라 씨에게 전해 주세요. 모르긴 해도 미라 씨는 이메일보다는 메모를 읽고 그에 따른 조치를 할 겁니다. 다음 달 보고서를 작성한 다음에 제가 말한 것이 얼마나 효과적인지를 알 수 있을 겁니다. 하지만 그 방법이 서로에게 만족스러운지 알아보기 위해서는 한두 번 정도 그에 관한 이야기를 상세하게 나누어 보는 게 좋습니다.

- 한국산업인력공단 직업기초능력 대인관계능력 학습자용 워크북 pp.110~111,
국가직무능력표준 홈페이지(http://www.ncs.go.kr)

◢ 교육적 시사점

이 사례는 '윈-윈(Win-Win) 갈등관리법'을 활용하여 성공적으로 갈등을 해결한
사례이다. 사례에서 철수는 종수와 미라 사이에 갈등이 있다는 것을 인식하고, 두
사람의 의견을 모두 반영하여 효과적으로 갈등을 해결하려 하고 있다.

탐구활동

1. 다른 사람들과 다툼 없이 친밀하게 살아가는 방법을 기술해 보자.

2. 나쁜 상사의 유형을 살펴 보고, 그들과 잘 지내는 방법에는 어떤 것이 있는지 기술해 보자.

- 똑부형(똑똑하고 부지런한 상사)

- 똑게형(똑똑하지만 게으른 상사)

- 멍부형(멍청하고 부지런한 상사)

- 멍게형(멍청하면서 게으른 상사)

3. 골치 아픈 사람들의 유형을 살펴 보고, 그들과 잘 지내는 방법에는 어떤 것이 있는지 기술해 보자.

- 탱크형

- 저격수형

- 수류탄형

- 유식형

- 가식형

- 맹종형

- 우유부단형

- 벙어리형

- 부정형

- 투덜이형

학습평가

정답 및 해설 p.283

※ 다음 문장의 내용이 맞으면 ○, 틀리면 ×에 ✓표시를 하시오. (1~5)

1 건설적 갈등이란 조직 내 갈등이 전혀 없지도, 지나치게 많지도 않은 정도의 갈등으로써 조직에 활력을 불어넣고 긍정적 영향을 미친다. (○, ×)

2 갈등 수준이 높으면 혼란, 분열, 상호 조정 결여, 목적 의식 결여 등의 현상이 나타난다. (○, ×)

3 갈등 수준이 낮으면 환경 변화에 둔감, 무사안일, 침체, 의욕상실 등의 현상이 나타난다. (○, ×)

4 갈등의 촉진 방안이란 역기능적 갈등을 조성하는 전략이다. (○, ×)

5 성공적 갈등해결 방법은 윈-윈하는 것이다. (○, ×)

6 갈등 수준이 적당할 때의 집단 내 개인행동에 대한 설명으로 적절하지 않은 것을 고르시오.
① 환경 변화에 민감
② 무사안일
③ 활발한 문제해결
④ 적극적 목표 달성

7 갈등의 촉진 방안으로 적절하지 않은 것을 고르시오.
① 의사전달 경로 및 인물의 변경
② 정보의 조작
③ 동질감의 조성
④ 경쟁 유도

8 갈등의 예방 방안으로 적절하지 않은 것을 고르시오.

① 균형된 자세 유지
② 상호 의존성 높은 조직 변경
③ 불필요한 경쟁 유도
④ 공동의 적 설정

9 갈등의 해소 방안으로 적절하지 않은 것을 고르시오.

① 완화
② 상위 목표의 설정
③ 자원의 축소
④ 문제해결

10 성공적 갈등관리방법으로 적절하지 않은 것을 고르시오.

① 갈등의 촉진
② 갈등의 예방
③ 갈등의 완화
④ 갈등의 확대

갈등해결을 위한 정면 돌파!

신입사원인 이대찬 씨는 최근에 고민거리가 생겼다. 이틀 전 팀장이 이대찬 씨에게 자신의 주택 융자에 대한 연대 보증인이 되어 줄 것을 부탁했기 때문이다. 사회생활 경험이 별로 없었던 이대찬 씨였지만 뉴스나 주변 사람들의 이야기를 통해 연대보증이 얼마나 위험한 것인지를 알고 있었다. 하지만 직속 상사의 부탁인지라 거절도 쉽게 할 수 없었기 때문에 이대찬 씨는 선뜻 대답을 하지 못했고, 팀장은 그런 이대찬 씨에게 늦어도 3일 내로 답변을 달라고 얘기했다.

팀장에게 자신의 의사를 전달해야 하는 날을 하루 앞둔 이대찬 씨는 고민에 고민을 거듭한 끝에 결국 집에서 어머니와 상의하기로 결정하고 퇴근을 서둘렀다. 그리고 집에 도착해 어머니에게 자신의 고민을 말하고는 출근이 두렵다는 말도 덧붙였다. 어머니는 단호한 말투로 이대찬 씨에게 말했다.
"아마 힘들겠지만, 피하는 것은 옳지 못한 행동이니 네가 보증을 서는 것이 어렵다면 그런 네 의사를 확실히 말해라."

어머니의 말에 용기를 얻은 이대찬 씨는 다음 날, 회사에 가 팀장이 출근하자마자 함께 회사 근처의 카페로 갔다. 그러고는 연대 보증인을 서는 것이 어렵다는 자신의 뜻을 분명히 밝혔다. 잠깐의 침묵이 흐른 후 팀장은 의외로 바로 수긍하는 모습을 보이며, 오히려 이대찬 씨에게 고민을 하게 만들어 미안하다는 말까지 덧붙였다. 그리고 그 이후로도 둘의 관계에 별다른 변화 없이 함께 근무를 하게 되었다.

학/습/정/리

1. 갈등이란 사회생활 또는 직장생활을 하는 2인 이상의 사람이 가치관, 목표, 이해관계 등의 차이로 서로 충돌하는 상태라고 할 수 있다.

2. 갈등을 파악하는 데 도움이 되는 단서들은 다음과 같다.

   1) 지나치게 감정적인 논평과 제안

   2) 타인의 의견 발표가 끝나기도 전에 타인의 의견에 대해 공격함

   3) 핵심을 이해하지 못한 데 대해 서로를 비난함

   4) 편을 가르고 타협하기를 거부함

   5) 개인적 수준에서 미묘한 방식으로 서로를 공격함

3. 갈등의 기능은 순기능과 역기능으로 구분된다.

4. 갈등의 유형은 불필요한 갈등과 해결할 수 있는 갈등으로 구분된다.

5. 개인갈등관리 유형은 다음과 같이 구분할 수 있다.

   1) 회피형(Lose-Lose)

   2) 지배형(경쟁형, Win-Lose)

   3) 순응형(배려형, Lose-Win)

   4) 타협형(Win/Lose-Win/Lose)

   5) 협력형(통합형, Win-Win)

6. 성공적인 갈등해결방법은 다음과 같다.

   1) 갈등의 촉진

   2) 갈등의 예방

   3) 갈등의 완화 및 해소

NCS
직업기초능력평가

대인
관계
능력

Chapter

05

협상능력

제❺장
협상능력

▶ 학습목표

구분	학습목표	
일반목표	직장생활에서 협상 가능한 목표를 세우고 상황에 맞는 협상전략을 선택하여 다른 사람과 협상하는 능력을 기를 수 있다.	
세부목표	1. 협상의 의미를 설명할 수 있다. 2. 협상의 과정을 설명할 수 있다. 3. 직장생활에서 적절한 협상전략을 활용할 수 있다. 4. 직장생활에서 적절하게 상대방을 설득하는 방법을 활용할 수 있다.	
세부요소 및 행동지표	다양한 의견 수렴	나는 협상에 필요한 다양한 의견과 정보를 수집하여 정리할 수 있다.
	협상 가능한 목표 수립	나는 협상 쟁점 사항과 상대의 전략을 분석하여 협상 가능한 목표를 수립할 수 있다.
	최선의 타협방법 찾기	나는 협상 과정에서 목표와 상황을 종합하여 최선의 협상 방안을 선택할 수 있다.

▶ 주요 용어 정리

협상

갈등 상태에 있는 이해 당사자들이 대화와 논쟁을 통해서 서로를 설득하여 문제를 해결하려는 정보전달 과정이자 의사결정 과정이다.

협상 과정

일반적으로 협상 과정은 5단계와 3단계로 구분된다. 협상 과정의 5단계는 '협상 시작, 상호 이해, 해결 대안, 합의 문서'의 절차에 따라 이루어지며, 협상 과정의 3단계는 '협상 전 단계, 협상 진행 단계, 협상 후 단계' 순서로 진행된다.

협상 전략

협상 과정에서 자신이 가지고 있는 협상력을 최대한 발휘하기 위해서 유리한 조건과 방안으로 대응하는 것을 의미한다.

제1절 협상의 의미와 중요성

1 협상과 협상력

인간이 살고 있는 세계는 하나의 협상 테이블이라고 한다. 또한, 매일매일이 협상의 연속이라는 말을 한다. 이 말은 인간은 끊임없이 다양한 문제로 인하여 갈등을 겪게 되고, 그 문제 및 갈등을 해결하기 위하여 협상을 한다는 뜻이다.

협상에 대한 정의는 연구자나 연구자가 보는 관점에 따라 다르게 정의된다. 이달곤(2000)은 "협상은 이해 당사자들이 가능한 복수의 대안들 중에서 그들 전체가 수용할 수 있는, 찾아가는 동태적 의사결정이다."라고 정의했으며, 곽노성(2000)은 "협상이란 당사자 간 이해관계의 상충을 인식하는 상황에서 상호 타결 의사를 가진 또는 그 이상의 당사자 간에 의사소통을 통하여 합의에 이르는 과정이다."라고 했다. 한편 리차드 쉘(Richard Shell)은 "협상이란 자신이 협상 상대로부터 무엇을 얻고자 할 때 발생하는 상호 작용적인 의사소통 과정이다."라고 정의했고, 모란과 해리스(R. Moran & P. Harris)는 "협상이란 상호 이익이 되는 합의에 도달하기 위해 둘 또는 그 이상의 당사자가 서로 작용을 하여 갈등과 의견의 차이를 축소 또는 해소시키는 과정이다."라고 정의했다.

결국 사람들은 자신의 욕구를 충족시키거나 상대방으로부터 최선의 것을 얻어내기 위하여 상대방을 설득하는 과정을 거치게 된다. 즉, 협상이란 갈등 상태에 있는 이해 당사자들이 대화와 논쟁을 통해서 서로를 설득하여 문제를 해결하려는 정보전달 과정이자 의사결정 과정이라고 할 수 있다.
협상은 가정, 학교, 사회, 국가 간에 개인 협상 또는 단체 협상으로 이루어지지만, 실제로 협상은 상대와 내가 협상을 해야 할 필요가 있을 때 가능하다. 협상 전문회사인 랙스 세베니우스(Lax Sebenius)는 협상이 성립되기 위한 네 가지 요건을 다음과 같이 제시했다.

첫째, 서로가 필요해야 한다. 즉, 협상은 홀로 하는 것이 아니다.
둘째, 쟁점이 있어야 한다. 즉, 협상 대상 및 협상 타결에 대한 기대가 있어야 한다.

셋째, 협상 과정에서 얻는 것이 많아져야 한다. 즉, 협상에 의해 이익을 볼 가
능성이 있어야 한다.

넷째, 협상을 반드시 성사시키겠다는 타결 의지가 있어야 한다. 즉, 쌍방의 기
대가 일치하는 점에서 타결이 되도록 하는 것이 중요하다.

협상이 성공적으로 타결되기 위해서는 무엇보다도 양 당사자가 상호 이익을 얻을
수 있는 가능성이 높아야 하고 그 기대가 일치해야 한다.

협상의 기대 이익은 협상 과정에서 협상가들의 태도와 전략에 따라 각자에게 돌
아가는 몫이 달라질 수 있다. 따라서 협상력(Bargaining Power)은 '협상의 각
당사자들에게 돌아갈 몫을 결정하는 전략 혹은 자신에게 돌아올 몫을 상대적으
로 더 많게 하는 능력' 또는 '협상에 참여하는 상대방의 협상 타결에 대한 기대
를 자신에게 유리한 방향으로 변경시킬 수 있는 능력'이라고 정의할 수 있다.

일반적으로 협상은 다음과 같이 다섯 가지 차원[10]에서 이루어진다.

- **의사소통 차원**: 이해 당사자들이 자신들의 욕구를 충족시키기 위해 상대방
  으로부터 최선의 것을 얻어 내려고 상대방을 설득하는 커뮤니케이션 과정
- **갈등해결 차원**: 갈등관계에 있는 이해 당사자들이 대화를 통해서 갈등을 해
  결하고자 하는 상호 작용 과정
- **지식·노력 차원**: 우리가 얻고자 하는 것을 가진 사람의 호의를 쟁취하기 위
  한 것에 관한 지식이며, 노력의 분야
- **의사결정 차원**: 서로 선호가 다른 협상 당사자들이 합의에 도달하기 위해
  공동으로 의사결정을 하는 과정
- **교섭 차원**: 둘 이상의 이해 당사자들이 여러 대안들 가운데서 이해 당사자
  들 모두가 수용 가능한 대안을 찾기 위한 의사결정 과정

2 협상 개념의 변화와 협상 시 준수 원칙

시대가 변하면서 협상의 개념도 변했다. 과거에는 자기 것을 많이 갖고자 하는
분배적 협상시대로서 제로섬 게임이 작용한 협상 1.0세대라고 할 수 있다. 이때
는 사람들이 눈앞의 이익에 급급해서 관계를 오래 지속시킬 수가 없었다. 이 분

배적 협상의 한계를 극복하고자 그 이후에 등장한 것이 윈-윈(Win-Win)을 추구한 통합적 협상으로서 협상 2.0세대이다. 이 세대에서는 자신과 상대가 진정으로 원하는 것이 무엇인지를 충분히 파악한 후에 다양한 옵션을 제시해 협상을 풀어 나가는 것이 포인트이다. 그러나 최근에는 상대의 감정, 인식, 행동 등을 고려해 접근하는 감성 협상, 즉 협상 3.0세대로 접어들었다. 이 같은 변화는 다음의 [그림 5-1]과 같이 정리할 수 있다.

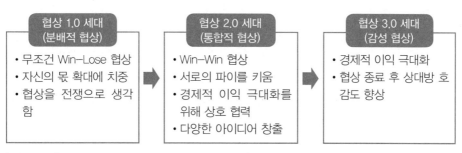

| 그림 5-1 | **협상개념의 변천**

협상의 개념이 이처럼 바뀌면서 협상 시 지켜져야 할 원칙은 다음과 같아졌다.

- 상대방의 입장에서 문제를 본다.
- 상호 이익이 될 수 있는 대안을 찾는다.
- 문제의 본질을 파악한다.
- 공과 사를 분명히 구분한다.
- 실리 추구의 해결책을 찾는다.
- 지나친 자기 주장보다는 양측의 공동 관심사에 주력한다.
- 자신이 원하는 것을 갖기 위해서 상대방이 원하는 것을 먼저 준다.

---

10)   한국산업인력공단 직업기초능력 대인관계능력 학습자용 워크북 p.127 참조. 국가직무능력표준 홈페이지(http://www.ncs.go.kr)

사례연구

직장생활에서 흔히 볼 수 있는 협상

〈사례 A〉

팀장: 이번 3/4분기 워크숍은 1박 2일 일정으로 강원도 낙산 비치 호텔에서 하는 것이 어떨까? 모처럼 바닷바람도 쐬고 바닷가에서 회도 먹으면 그동안의 스트레스가 확 풀릴 것 같은데, 내 아이디어를 직원들이 좋아하지 않을까?

팀원: 근사하긴 하지만 이번 분기 업무 추진비가 많이 부족합니다. 그냥 사내 회의장을 이용해서 하는 게 어떨까요? 그러면 예산도 절감되고 이동하는 데 걸리는 시간도 절약할 수 있을 것 같습니다. 결혼한 여직원들은 1박 2일로 워크숍을 갖는 것을 특히 싫어하고요.

팀장: 자네는 언제나 돈 생각만 하는군. 돈을 너무 아끼는 것 아냐? 쓰라고 버는 돈인데, 너무 돈만 아끼니 직장생활이 재미가 없잖아. 나도 가끔은 적당히 재미있는 삶을 누리고 싶다고. 여직원들에게는 내가 별도로 양해를 구하지.

팀원: 팀장님, 연말에 사업을 잘 마무리하고 나면 업무 추진비가 좀 여유가 있지 않겠어요? 그때는 연말 분위기도 있고 하니 여윳돈 가지고 송년회 겸 멀리 떠나는 것도 괜찮을 듯 싶습니다.

팀장: 그럼 그럴까? 자네 말을 들어 보니 일리가 있군. 좋은 의견 고맙네.

〈사례 B〉

매년 기업 및 공공기관에서 겪는 일이지만 올해도 A사는 노조위원장과 회장 사이에 '2015년 임금 협상 문제'로 갈등을 겪고 있었다. 노조위원장은 자신이 바라는 수준의 임금을 쟁취하기 위해 회장을 설득하려고 이성적으로 때론 감성적으로 대화를 하였다. 그 결과 회장을 설득하여 좋은 결과를 얻게 되었다.

〈사례 C〉

국내 영업 팀장은 판촉직 직원의 영업비 문제로 갈등을 겪고 있었다. 판촉직 직원은 영업비가 최근 3년간 동결되어 경쟁사 판촉직 직원에 비하여 매우 낮기 때문에 영업활동에 지장이 많다고 하며 영업비를 올려 달라는 입장이고, 팀장은 최근 회사 사정이 더욱 어려워져 올해에도 판촉직 직원의 영업비를 올려 주지 않으려 하고 있었다.

판촉직 직원은 팀장의 기분을 맞추어 가며 때로는 능청스러운 말을, 때로는 죽는 표정으로 연기를 하는 등 다양한 방법을 동원하여 팀장을 설득하여 호의를 얻어 내려고 하였다. 결국 어떻게 하면 팀장의 호의를 쉽게 얻어 낼 수 있는가를 알고 있었던 판촉직 직원은 자신의 영업비를 올릴 수 있었다.

◢ **교육적 시사점**

- 〈사례 A〉는 팀장과 팀원 간에 워크숍을 어디서 할 것인가에 대해서 의견을 나누고 있다. 이는 우리가 직장생활 중 항상 협상을 하고 있음을 보여준다.
- 〈사례 B〉는 노조위원장과 사장이 임금 문제로 협상하는 것을 보여준다.
- 〈사례 C〉는 팀장과 판촉직 직원이 영업비 문제로 협상하는 것을 보여주고 있다.
- 협상이란 갈등 상태에 있는 이해 당사자들이 대화와 논쟁을 통해서 서로를 설득하여 문제를 해결하려는 정보전달 과정이자 의사결정 과정을 의미한다.
- 협상 기회를 포기하는 것은 자신이 얻을 수 있는 것들을 포기하는 것이다.

탐구활동

1. 가정에서의 협상 사례로는 무엇이 있는지 작성해 보자.

2. 직장에서의 협상 사례로는 무엇이 있는지 작성해 보자.

3. 최근에 자신이 참여한 협상 사례를 기술해 보자.

학습평가

정답 및 해설 p.283

※ 다음 문장의 내용이 맞으면 ○, 틀리면 ×에 ✓표시를 하시오. (1~4)

1   협상이란 갈등 상태에 있는 이해 당사자들이 대화와 논쟁을 통해서 서로를 설득
    하여 문제를 해결하려는 정보전달 과정이자 의사결정 과정이다. (○, ×)

2   사람들은 자신들의 욕구를 충족시키거나 상대방으로부터 최선의 것을 얻어 내
    기 위해 상대방을 설득하는 과정을 거치게 된다. (○, ×)

3   교섭 차원의 협상은 둘 이상의 이해 당사자들이 여러 대안들 가운데서 이해 당
    사자들 모두가 수용 가능한 대안을 찾기 위한 의사결정 과정이다. (○, ×)

4   협상의 기대 이익은 협상 과정에서 협상가들의 태도와 전략에 따라 각자에게 돌
    아가는 몫이 달라질 수 있다. (○, ×)

※ (   ) 안에 알맞은 말을 채워 넣으시오. (5~7)

5   협상의 원칙 중 하나는 (   )이/가 원하는 것을 갖기 위해서 (   )이/가 원하
    는 것을 먼저 준다는 것이다.

6   협상의 원칙 중 하나는 지나친 (   )보다는 양측의 (   )에 주력한다는 것
    이다.

7   갈등관계에 있는 이해 당사자들이 대화를 통해서 갈등을 해결하고자 하는 상호
    작용 과정은 (   )의 협상이다.

8   협상이 성립되는 네 가지 요건으로 적절하지 않은 것을 고르시오.
    ① 쌍방 중 어느 한쪽에서만 필요로 하면 된다.
    ② 쟁점이 있어야 한다.
    ③ 협상 과정에서 얻는 것이 많아져야 한다.
    ④ 협상 타결 의지가 있어야 한다.

9   협상의 개념 변화로 인해 정리된 '협상 시 지켜져야 할 원칙'으로 적절하지 않은 것을 고르시오.

① 자신의 입장에서 문제를 본다.

② 상호 이익이 될 수 있는 대안을 찾는다.

③ 문제의 본질을 파악한다.

④ 공과 사를 분명히 구분한다.

10   협상의 의미에 대한 설명으로 적절하지 않은 것을 고르시오.

① 의사소통차원은 이해당사자들이 자신들의 욕구를 충족시키기 위해 상대방으로부터 최선의 것을 얻어 내려고 상대방을 설득하는 커뮤니케이션 과정이다.

② 갈등해결차원은 갈등관계에 있는 이해당사자들이 대화를 통해서 갈등을 해결하고자 하는 상호 작용 과정이다.

③ 지식, 노력차원은 우리가 얻고자 하는 것을 가진 사람의 호의를 쟁취하기 위한 것에 관한 지식이며 노력의 분야이다.

④ 의사결정 차원은 둘 이상의 이해 당사자들이 여러 대안들 가운데서 이해 당사자들 모두가 수용 가능한 대안을 찾기 위한 의사결정 과정이다.

Tip

비즈니스 협상 기본 용어 및 개념 익히기

비즈니스 협상: 둘 이상의 의사결정 주체가 서로 상충되는 이해관계에 대하여 보다 나은 결과를 얻기 위해 의견 교환 과정을 통해 합의에 도달하는 것

협상자: 협상하는 개인

협상 측(단): 협상하는 측(단)

협상 대상: 협상하는 상대방

목표점: 협상 측이 성취하기를 바라는 수준

최대 양보점: 협상자들 간에 합의가 가능한 범위

합의 가능 범위(ZOPA, Zone Of Possible Agreement): 자신이 받아들일 수 있는 가장 불리한 수준, 즉 쌍방의 최저 가격과 최대 가격의 폭이 겹치는 영역

대안: 협상자가 취할 수 있는 또 다른 선택

최상 대안: 협상자가 취할 수 있는 또 다른 최상의 선택

쟁점: 갈등의 중심이 되는 문제점

입장: 협상자가 협상의 쟁점에 대해 갖고 있는 마음의 자세

이익: 협상 측에게 이롭거나 도움이 되는 것

오퍼(Offer): 협상이 진행되는 과정에서 제시하는 가격

카운터 오퍼(Offer): 오퍼를 듣고 상대가 제시하는 가격

앵커링(Anchoring): 상대방이 요구하는 가격

포컬포인트(Focal Point): 최근 매매 체결 가격 및 조건

배트나(BATNA, Best Alternative To a Negotiated Agreement): 협상 체결을 위한 최상의 대안책

제2절 협상의 과정과 한국의 협상문화

1 협상의 과정

모든 일에는 절차가 있듯이 협상에도 절차가 있다. 협상의 과정은 연구 관점에 따라 다양한 형태로 언급될 수 있다. 정호수(2001)는 전략의 준비 → 정보의 교환 → 협상의 개시와 양보 → 협상 종료와 같이 4단계로, 김병국(2002)은 목표 설정 → 요구 수준 결정 → 원-윈 마무리 단계와 같이 4단계로, 김두열(2015)은 발단 → 전개 → 절정 → 결말과 같이 4단계로 대별했다.

와튼 스쿨(Wharton School)의 리차드 쉘(Richard Shell)도 협상의 진행과정을 다음과 같이 4단계로 소개하였다.

1) 1단계: 협상 상황 분석

이 단계에서는 협상상대와의 기대되는 관계의 중요성과 협상으로부터 얻어낼 것으로 기대되는 성과를 분석한다. 이를 분석하기 위한, 5가지 협상상황은 다음과 같다.

- 관계 상황(Relationship Situation): 상대와의 관계형성이 상당히 중요하다고 예상되는 반면, 협상으로부터 얻어낼 성과는 크지 않다고 판단되는 상황이다.
- 거래적 상황(Transactional Situation): 협상으로부터 얻을 것으로 기대되는 성과는 큰 반면, 상대와의 관계형성은 중요하지 않다고 판단되는 상황이다.
- 무관심 상황(Indifference Situation): 상대방과의 관계도 기대되는 협상성과도 크지 않다고 판단되는 상황이다.
- 문제해결 상황(Win-Win Situation): 모두 기대가 되는 성과가 크다고 판단되는 상황이다.
- 타협상황(Compromise Situation): 관계 상황, 거래적 상황, 무관심 상황, 문제해결 상황 등의 중간 위치의 상황으로 판단되는 경우이다.

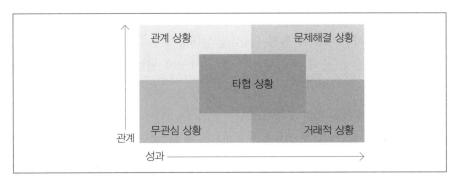

| 그림 5-2 | 다섯 가지 협상 상황

2) 2단계: 정보교환 및 의사소통

이 단계에서는 협상자들 간에 자신과 상대방이 서로 무엇을 원하는지, 그리고 숨은 의도는 없는지를 상호 정보교환을 통해 알아가는 과정이다. 자신이 얻고자 하는 만큼, 상대방도 똑같이 또는 그 이상을 얻고자 할 것이기 때문에 사람들이 필요로 하는 것에 대한 의사소통이 필요하다.

의사소통 시에는 경청 → 열린 질문 → 자신의 정보공개 등 3단계 전략이 필요하다. 협상에서 가장 중요한 기술은 경청이다. 경청을 하게 되면 상대방의 욕구는 물론 진정성을 파악할 수 있게 된다. 또한 질문의 형식은 '예', '아니오'로 답할 수 있는 '닫힌 질문'보다는, 상대의 생각을 제대로 이해할 수 있도록 '열린 질문'이 바람직하다.

3) 3단계: 가격 협상

이 단계에서는 협상자들은 쌍방의 실제적인 관심사, 가치 및 욕구의 이해, 상호 간의 유사성과 상이성에 대한 인식, 그리고 상호 간의 주요 차이점에 근거한 새로운 가능성을 발견하려고 노력하여 합의 가능한 범위(ZOPA: Zone of Possible Agreement)를 찾게 된다.

가격 협상의 경우 판매자와 구매자가 서로 원하는 가격을 모르나(저항가격), 구매자의 저항가격이 판매자의 저항가격보다 높으면 ZOPA가 형성되어 거래가 이루어진다. 반면 구매자의 저항가격이 판매자의 저항가격보다 낮으면 가격협상 자체가 불가능하다.

① 닻 내리기 효과

자신이 원하는 것보다 훨씬 큰 것을 상대방에게 요청하고 이를 거절하면 요구의 규모를 조금씩 축소하면서 결국 자신이 원하는 것을 얻어 내는 전술이다.

② High Ball & Low Ball

협상자가 상대보다 정보면에서 유리하다고 확신이 서면 가격 제시를 먼저 하는 것이 유리하다.

그러나 관계상황에서는 낮은 가격 제시, 즉 Low Ball전략을 선택해야 한다. 그렇지 않으면 거래상황으로 전환될 우려가 크며, 경쟁협상전략으로 변질될 가능성이 있다.

거래적 상황에서는 높은 가격 제시, 즉 High Ball전략을 선택해야 한다. 상대가 High Ball로 가격을 제시했다가 큰 폭의 양보를 해줄 때가 Low Ball로 가격을 제시했다가 소폭의 양보를 해줄 때보다 더 큰 만족을 느껴 합의에 도달할 가능성이 크다.

4) 4단계: 마무리 합의

이 단계에서는 일련의 양보 또는 합의에 따른 전체적인 타협을 이루는 단계이다. 양보와 합의단계에서는 약속한 것을 뒤엎지 않는 것이 중요하다.

협상 전문가는 협상을 시작할 때부터 끝날 때까지 협상의 한계와 목적을 잃지 않으며, 시종 협상의 종결에 초점을 맞춘다. 흔히 협상의 실패는 협상을 진행하는 동안 저지르게 되는 실수로 인해 발생한다. 다음은 협상에서 주로 나타나는 일곱 가지 실수와 그에 대한 효과적인 대처 방안이다.

| 표 5-1 | **협상의 실수와 대처 방안**[11]

협상의 실수	대처 방안
준비되기도 전에 협상을 시작하는 것	상대방이 먼저 협상을 요구하거나 재촉하면 아직 준비가 덜 되었다고 솔직히 말한다. 그리고 그런 때를 상대방의 입장을 묻는 기회로 삼는다. 협상 준비가 되지 않았을 때는 듣기만 한다.
잘못된 사람과 협상	협상 상대가 협상에 대하여 책임을 질 수 있고 타결 권한을 가지고 있는 사람인지 확인하고 협상을 시작한다. 상급자는 협상의 올바른 상대가 아니다. 최고 책임자는 협상의 세부 사항을 잘 모르기 때문이다.

특정 입장만 고집하는 것(입장 협상)	협상에서 한계를 설정하고 다음 단계를 대안으로 제시한다. 상대방이 특정 입장만 내세우는 입장 협상을 할 경우에는 조용히 그들의 준비를 도와주고 서로 의견을 교환하면서 상대의 마음을 열게 한다.
협상의 통제권을 잃을까 두려워하는 것	협상은 통제권을 확보하는 것이 아니라 함께 의견 차이를 조정하면서 최선의 해결책을 찾는 것이다. 통제권을 잃을까 염려되면 그 사람과의 협상 자체를 고려해 본다. 자신의 한계를 설정하고 그것을 고수하여 그런 염려를 하지 않게 된다.
설정한 목표와 한계에서 벗어나는 것	한계와 목표를 잃지 않도록 그것을 기록하고, 기록된 노트를 협상의 길잡이로 삼는다. 그러나 더 많은 것을 얻기 위해 한계와 목표를 바꾸기도 한다.
상대방에 대해서 너무 많은 염려를 하는 것	상대방이 원하는 것을 얻을까 너무 염려하지 말고, 협상을 타결짓기 전에 자신과 상대방이 각기 만족할만한 결과를 얻었는지, 협상 결과가 현실적으로 효력이 있었는지, 모두 만족할만한 상황이 되었는지 확인한다.
협상 타결에 초점을 맞추지 못하는 것	협상의 모든 단계에서 협상의 종결에 초점을 맞추고, 항상 종결을 염두에 둔다. 특정한 목적을 위해 협상을 하고 있기 때문에 목표가 가까이 왔을 때 쟁취하게 되는 것이다.

2 한국의 협상문화

협상문화란 협상을 가능하게 하는 혹은 어렵게 하는 협상 과정에서 지배적으로 작용하는 환경으로서 한 나라의 역사·문화와 밀접한 관계를 가지고 있다. 즉, 사람들이 일상생활에서 보고 느끼고 행동하는 모든 패턴이 협상문화와 관련이 있다고 할 수 있다.

1) 장유유서

장유유서는 나이에 따라 서열화하는 것으로, 사회 구성원 내의 의사소통에 심각한 영향을 끼친다. 사회 내부에서 협상이 활성화되기 위해서는 의사소통이 원활히 이루어져야 한다. 그런데 사회 구성원 사이에 서열이 매겨지면 이러한 의사소통이 매우 제한된다. 장유유서하에서는 정상적인 협상을 기대하기 어렵

---

11) 출처: 한국산업인력공단 직업기초능력 대인관계능력 학습자용 워크북 pp.132~133, 국가직무능력표준 홈페이지(http://www.ncs.go.kr)

다. 협상을 요구하거나 협상이 이루어진다는 자체가 장유유서에 대한 도전으로 비춰지기 때문이다.

장유유서는 역설적으로 사회적 갈등을 해결하기 위한 유용한 장치가 될 수도 있지만, 윗사람의 의견과 견해가 반드시 합리적이거나 옳다고는 볼 수 없다.

2) 권위주의

장유유서는 한국 사회를 오랫동안 지배해 온 유교적 이념을 바탕으로 존재해 왔다. 협상문화 관점에서 보면 여기에는 권위주의가 가장 중요한 동인이 된다. 권위주의 사회에서는 갈등이 묻혀질 수밖에 없고 갈등을 협상한다는 그 자체가 권위를 실추시키는 행위라고 여겨지기 때문이다.

3) 흑백논리

권위주의적 정치문화는 중립적인 것을 인정하지 않는 편중된 사고방식인 흑백논리를 강하게 자리잡게 했다. 협상은 서로 쌍방 간의 입장 차를 좁혀 나가는 과정이다. 이처럼 역지사지의 정신을 강조하는 협상문화는 흑백논리와는 거리가 멀다.

4) 조폭식 문제해결

목소리의 크기에 의한 문제해결 패턴은 조폭의 문제해결과 흡사하다. 문제해결에 논리와 합리 대신 억지라는 속성이 끼어들어 있는 것이다. 조폭식 문제해결은 개인의 감정을 협박하거나 위협하는 것이다. 이것은 문제를 원만히 해결하는 것이 아니라 억지로 또는 자기중심적으로 해결하는 것이라 볼 수 있다.

5) 비합리성

우리 사회에 협상문화가 제대로 확산되지 않은 것은 사회 저변에 깔려 있는 비합리성과 밀접한 관련이 있다. 협상문화가 제대로 정착되기 위해서는 사람과 사람의 관계, 사람과 일의 관계, 그리고 일과 일의 관계가 합리적으로 이루어져야 하지만, 현재에는 그런 합리성이 많이 왜곡되어 있다.

사례연구

페인트칠 공사

철수는 아직 학생이어서 자금이 넉넉하지는 못하므로 50만 원 이내에서 페인트칠을 하려고 계획을 세웠다. 철수는 한 번도 페인트칠 공사를 해본 적이 없기 때문에 페인트칠을 하는 업자를 알지 못했다. 우선 친구와 이웃들에게 일을 시킬 만한 사람들을 수소문하여 몇몇 업체에 전화를 걸었다. 철수는 두 군데 업체에 전화를 하였으나 모두 300만 원이 넘는 금액을 제시하여 그들이 제시하는 견적서대로 지불을 할 수는 없었다. 하지만 기필코 해야만 할 일인지라 적당한 가격에 페인트칠을 해 줄 사람을 수소문하기 시작했다.

운이 따랐는지 철수와 함께 대학을 다니는 한 학생이 페인트칠을 하여 번 돈으로 대학을 다니고 있다는 정보를 알게 되었다. 또한, 철수는 그 학생에 대한 어느 정도의 정보를 가지고 있었다. 우선 그는 공부를 계속하기 위해 돈이 필요하였으며, 또한 부족한 글솜씨 때문에 학업에 지장이 많다는 것도 알고 있었다. 그가 자신의 작문에 대해 불평을 늘어놓은 적이 있었기 때문이다. 게다가 그는 수업시간에 제출해야 하는 보고서 과제물에서 철수가 높은 점수를 받는 걸 보면서 부러움을 표시하곤 했었다.

철수는 이런 정보를 염두에 두고는 어느 날 수업을 마친 뒤에 그를 집으로 초대했다. 그는 철수의 집을 면밀히 검토하고 나서 120만 원을 불렀다. "보통 이만한 집 규모면 180만 원 정도 부르지만 아는 사이라 덜 부른 겁니다." 철수는 그의 배려에 진심으로 감사를 표시했다.

철수는 그의 견적 내용이 다른 어떤 회사들보다 가격 면에서 경쟁력이 있다고 말해 그를 기분 좋게 하였다. 그리곤 매우 친근하고, 다정한 말투로 그가 요구한 액수가 정당하다는 것을 인정하면서 한편으로 자신이 그만한 액수를 감당할 처지가 못 된다는 것을 솔직하게 털어놓았다. 철수는 그에게 우리 모두가 만족하면서도 가격을 낮출 수 있는 창조적인 방법으로 찾아보자고 말했다.

그러나 협상은 이제 시작이었다. 철수는 50만 원만 쓸 예정이었으므로 그에게 여전히 전체 비용을 줄여야 할 필요가 있다고 말해야만 했다. 그러나 무조건 50만 원으로 가격을 깎는다면 분명 그는 페인트칠을 하지 않거나, 한다고 해도 자신의 손해를 감수해야 할 것이다. 그러자면 둘의 관계는 좋지 않게 발전할 것이 틀림없었다. 따라서 철수는 그에게 정중하게 말했다.

"나와 거래 한번 하지 않을래요? 우리 집 페인트칠을 해주는 대가로 당신의 법률 문장론 과목을 개인 교습해 주고 싶은데, 그러면 당신의 문장력이 많이 향상될 거 같아요. 어때요?"

이로써 철수는 자신이 필요로 하는 것을 정확히 충족시켰다. 언뜻 비현실적인 것으로 보이던 50만 원으로 집 전체를 말끔히 페인트칠을 할 수 있었던 것이다.

– 한국산업인력공단 직업기초능력 대인관계능력 학습자용 워크북 pp.128~129,
국가직무능력표준 홈페이지(http://www.ncs.go.kr)

◁ 교육적 시사점

이 글은 철수가 페인트를 칠하는 가격에 대해 그의 대학 동료와 서로 협상하는 내용의 사례로써 협상이 일반적으로 어떤 절차에 따라 이루어지는지를 보여준다.

탐구활동

1. 【사례연구】를 읽고 자신이 겪은 유사한 경험을 작성해 보자.

2. 자신의 과거생활 중 협상에서 실수한 사례가 있었다면 이를 기술해 보자.

3. 협상에서 실수를 하지 않기 위한 방안을 기술해 보자.

※ 다음 문장의 내용이 맞으면 ○, 틀리면 ×에 ✓표시를 하시오. (1~5)

1   관계 상황은 상대와의 관계형성이 상당히 중요하다고 예상되는 반면, 협상으로 부터 얻어낼 성과는 크지 않다고 판단되는 상황이다. (○, ×)

2   거래적 상황은 협상으로부터 얻을 것으로 기대되는 성과는 큰 반면, 상대와의 관계형성은 중요하지 않다고 판단되는 상황이다. (○, ×)

3   무관심 상황은 상대방과의 관계도 기대되는 협상성과도 크지 않다고 판단되는 상황이다. (○, ×)

4   문제해결 상황은 모두 기대가 되는 성과가 크다고 판단되는 상황이다. (○, ×)

5   타협 상황은 관계 상황, 거래적 상황, 무관심 상황, 문제해결 상황 등의 중간 위 치의 상황으로 판단되는 경우이다. (○, ×)

※ (   ) 안에 알맞은 말을 채워 넣으시오. (6~7)

6   협상자가 상대보다 정보면에서 유리하다고 확신이 서면 (   )을/를 먼저 하는 것이 유리하다.

7   협상 타결에 초점을 맞추지 못하는 실수에 대처하기 위해서는 협상의 모든 단계 에서 협상의 (   )에 초점을 맞춘다.

8   준비되기도 전에 협상을 시작하는 것에 대한 대처 방안으로 적절하지 않은 것을 고르시오.

    ① 상대방이 먼저 협상을 요구하거나 재촉하면 아직 준비가 덜 되었다고 솔 직히 말한다.

    ② 상대방이 요구 또는 재촉하는 때를 상대방의 입장을 묻는 기회로 삼는다.

    ③ 협상 준비가 되지 않았을 때는 듣기만 한다.

    ④ 협상에서 한계를 설정하고 다음 단계를 대안으로 제시한다.

9 협상 시 설정한 목표와 한계에서 벗어나는 것에 대한 대처 방안으로 적절하지 않은 것을 고르시오.

① 한계와 목표를 잃지 않도록 그것을 기록한다.

② 모두 만족할만한 상황이 되었는지 확인한다.

③ 더 많은 것을 얻기 위해 한계와 목표를 바꾸기도 한다.

④ 한계와 목표를 기록한 노트를 협상의 길잡이로 삼는다.

10 한국의 협상문화로 적절하지 않은 것을 고르시오.

① 장유유서

② 권위주의

③ 합리성

④ 조폭식 문제해결

협상은 감정 컨트롤이 기본이다

1. 서로의 공통점을 찾아라

협상은 '이해관계'가 다른 쌍방 간의 대화이다. 그렇다고 자기 실속만 생각한다면 바람
직한 협상 결과를 기대하기 어렵다. 따라서 협상 전에 서로가 '다른 점'은 무엇이고 '공
통점'은 무엇인지를 찾은 후 공통점에 집중하는 것이 하나의 전략일 수 있다.

2. 작은 승리감을 빨리 경험하라

일반적으로 협상 테이블에 앉게 되면 긴장을 하게 된다. '실수하면 어떡하나', '지나친
양보로 잃는 것이 많으면 어떡하나', '한번에 끝내야지'와 같은 마음이 들기도 한다. 불
안감이 커지면 커질수록 협상은 원만히 진행되지 않는다. 서두르지 말고 침착하게 자기
감정을 잃지 않고 협상에 임하면, 자신감은 물론 원하는 것이 하나둘 성사되어 가는
것을 느끼게 될 것이다.

3. 양보는 가치 있게 하라

아직도 우리 사회에서는 양보가 미덕이라고 생각하는 사람이 의외로 많다. 비즈니스에
서는 결코 양보가 미덕이 될 수 없다. 양보는 분명한 명분이 있어야 상대방이 그것에 감
사함을 느끼고 보답하려는 마음도 갖게 된다. 작은 것에 대한 양보일지라도 이는 마찬
가지이다. 작은 것은 양보하고 큰 것을 얻겠다는 생각은 착각이다. 큰 것을 얻기 위해서
는 더욱 명분 있는 양보가 필요하다.

4. 강자에게 강하고 약자에게 약하라

협상은 심리전이며 전략을 필요로 한다. 사람마다 차이는 있겠지만 강자에게 약한 모
습을 보이고, 약자에게 강한 모습을 보이는 사람은 협상의 하수이다. 목표 의식이 희미
하고, 목표 달성을 위한 전략도 미흡하고, 원칙도 없는 협상은 자기 꾀에 자기가 넘어가
게 되어 있다.

5. 우호적으로 상대하라

비즈니스의 협상 파트너는 적군이 아니다. 함께 상생해야 하는 파트너이다. 상대에게
적대감을 표현하면 고스란히 자신에게 되돌아온다. 사람들은 이해관계가 극한 상황으
로 치달으면 노골적인 감정 표현을 하게 되어 상대방에게 마음의 상처를 주게 되고, 결
국에는 돌이킬 수 없는 상황에 직면하게 되어 후회하게 된다.

6. 시간에 쫓기지 마라

협상은 시간 싸움이라는 말이 있다. 즉, 시간적 여유와 느긋한 마음으로 협상에 임하
는 사람이 결국 유리한 국면을 만든다는 것이다. 시간에 쫓기다 보면 마음이 급해지고,
마음이 급하다 보면 정상적인 판단을 하기가 어렵다. 이는 불리한 협상결과를 초래하게
되므로 사전에 철저한 준비와 상대방의 협상 데드라인을 파악하면 유리하다.

제3절 협상과정의 전략과 전술

① 협상과정의 전략

협상에서 전략은 무엇보다 중요하다. 전략을 수립하지 않거나 잘못된 전략으로 협상에 임할 경우 실제 협상 과정에서 낭패를 보기 십상이다. 얼마나 뛰어난 전략을 수립하느냐에 따라 협상에서 우위를 차지할 수 있는지가 결정된다고 해도 과언이 아니다. 협상 전략은 다양한 시나리오에 따라 수립되어야 한다. 협상은 자신이 예상하는 방향으로만 흐르지는 않기 때문이다.

협상전략은 협상상황에 따라 다른 전략이 필요하다. 즉 상대와의 관계형성의 중요도, 협상으로부터 기대되는 성과, 협상의 우위정도 등에 따라 협상전략이 달라야 한다. 그 협상전략은 다음과 같다(Richard Shell).

- **수용전략(Accommodating Strategy)**: 상대방의 협상력이 우위에 있을 때 선택하는 전략이다. Lose-Win전략, 유화전략, 양보전략, 순응전략, 화해전략, 굴복전략 등으로 불리기도 한다.
- **경쟁전략(Competetive Strategy)**: 상대방보다 내가 협상력이 우위에 있을 때 선택하는 전략이다. Win-Lose전략, 강압전략, 공격전략이라고 불리기도 한다.
- **회피전략(Avoiding Strategy)**: 협상자 및 상대방 모두에게 협상의 사안이 관계가 없거나 연루되고 싶지 않을 때 선택하는 전략이다. Lose-Lose전략, 무행동전략, 철수전략이라고도 불린다.
- **문제해결전략(Cooperative Strategy)**: 협상자 및 상대방 모두에게 기대되는 성과가 클 경우 선택하는 전략이다. Win-Win전략, 협력전략이라고 불리기도 한다.
- **타협전략(Compromise Strategy)**: 수용전략, 회피전략, 경쟁전략, 문제해결전략 등의 중간 위치에서 선택하는 전략이다.

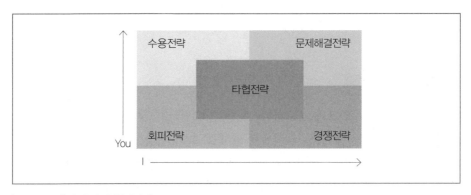

| 그림 5-3 | 다섯 가지 협상전략

김기홍(2009)은 협상 전략을 사전 협상 단계, 본 협상 단계, 후속 협상 단계의 협상 전략과 같이 3단계로 구분하였다.

1) 1단계: 사전 협상 단계

① 협상이 있게 하기

협상 전에는 탄력적인 태도를 취하여 상대방이 부담 없이 협상 테이블에 나오도록 하는 것이 중요하다. 그리고 협상 중에는 원칙을 준수해야 한다.

② 정보와 선례를 최대한 준비하기

협상에서 제기될 수 있는 문제에 대하여 가능한 한 모든 정보를 모아야 한다. 또한, 협상의 대상이 되는 문제가 이전에 어떠한 형태로 타결되었는지 선례를 알아보아야 한다. 준비한 만큼 협상이 유리해질 수 있다는 사실을 잊지 말아야 한다.

③ 객관적 자료를 제시하기

협상에 임하는 자신의 기본 태도를 결정하기 전에 할 수 있는 한도까지 정보를 모아야 한다. 객관적 자료를 준비하면 상대방으로부터 신뢰감을 얻을 수 있기 때문에 협상이 원활하게 진행될 수 있다.

2) 2단계: 본 협상 단계

① 참고 인내하기

특별한 경우가 아니고는 본 협상이 예상보다 빨리 끝나는 경우는 거의 없다. 협상에서 갈등과 교착 상황은 스트레스 받을 일이 아니다. 그 고비를 예상하고 대비하는 것이 중요하다.

② 대안을 준비하기

대안을 준비하면 현재 진행하고 있는 협상을 유리하게 이끌 수 있다. 대안이 준비가 되지 않으면 협상이 결렬되기 쉬우며, 대안이 많을수록 여유 있게 대응할 수 있다.

③ 마감 시간을 활용하기

협상 과정을 살펴보면 시한을 앞두고 협상이 타결되는 경우가 많다는 것을 알 수 있다. 사람은 마감 시간에 임박하면 대체로 주의 집중과 긴장이 풀어지는 경향이 있다. 즉, 이런 마감 시간의 특징을 잘 활용할 수 있어야 한다.

④ 상대방 주장의 이면을 읽기

대개 상대방이 무엇인가를 강하게 주장하는 것은 그 주장 자체보다는 주장의 이면에 무엇인가가 있는 경우가 많다. 즉, 자신의 허점을 커버하기 위한 하나의 술수일 수도 있는 것이다.

⑤ 장기적 관점으로 협상하기

대부분의 협상은 1차로 끝나는 경우가 드물다. 2차 혹은 3차까지 갈 수 있다는 마음의 준비도 필요하다. 단기적 이익만을 극대화하는 데에만 신경을 쓰다가는 장기적으로 손해를 볼 수 있다.

⑥ 장소와 시간을 활용하기

장소와 시간은 가급적 자신에게 유리하도록 주도권을 잡고 결정할 필요가 있다. 협상은 오전에 진행하는 것이 좋으며, 장소는 자신이 익숙한 곳으로 선택하는 것이 좋다. 그래야 긴장감을 덜고 때로는 상대방에게 서비스를 제공할 수도 있기 때문이다.

⑦ 관행에 도전하기

협상을 하다보면 "안 됩니다."라는 말을 많이 접하게 된다. 이 말에 지나치게 의미를 부여하면 자신의 선택 여지가 좁아진다는 것을 염두에 두어야 하며, 부정적 어휘는 협상에서 가급적 쓰지 않는 것이 좋다.

⑧ 정보의 흐름을 조정하기

협상 과정에서 상대방의 정보를 얼마나 가지고 있느냐가 우위 결정에 영향을 미치므로 사전 준비가 필요하다.

⑨ **필요하다면 막후(幕後)에서 협상하기**

막후 협상이란 공식적인 협상을 벗어나서 이루어지는 협상으로서 친목적 협상 또는 공식 협상의 연장선에서 진행된다. 의외로 막후 협상이 효과적인 성과를 올릴 수도 있다.

⑩ **최종 책임자는 마지막에 나서기**

협상과 관련한 중요 결정은 실무자보다 책임자가 해야 하기 때문에 최종 책임자는 마지막에 나서는 것이 좋다. 그것이 원활한 진행은 물론 최종 의사결정에서 상대방에게 신뢰를 줄 수 있기 때문이다.

⑪ **부분적인 실패는 잊어버리기**

협상에서 실수를 하면 사과하고 곧바로 잊어야 한다. 협상은 계속 진행되기 때문이다. 협상은 변수가 많이 있기 때문에 일희일비할 필요가 없다. 그렇지 않으면 긴장하게 되고 실수를 반복할 수 있다.

⑫ **약점은 되도록 건드리지 말기**

약점을 건드리는 것은 뒤늦은 오해를 불러일으킬 수 있다. 따라서 위협은 가급적 자제해야 한다. 굳이 상대방의 약점을 건드려 자극할 필요는 없다.

⑬ **섣불리 말하지 말기**

말이 적절히 사용되지 않을 경우 오히려 자신에게 부메랑이 되어 돌아온다. 지나치게 말을 많이 하다 보면 불필요한 정보를 흘리게 되는 경우가 많으므로 생각 없이 말하는 태도를 삼가야 한다.

⑭ **직접적인 감정 표출을 삼가기**

협상 중에 자신의 감정을 나타내는 것은 원활한 협상을 방해할 수 있다. 시종일관 여유 있고 자신에 찬 모습을 보여주도록 최선을 다할 필요가 있다.

⑮ **함께 만족하는 협상을 하기**

윈-윈 협상이 되어야 한다. 지금 당장 내게 유리하게 협상을 했다고 최선의 협상이 된 것은 아니다. 가급적이면 상대방도 만족한 결과를 얻을 수 있도록 해야 한다.

⑯ **원칙과 융통성을 적절히 조화시키기**

자신의 원칙을 지킴으로써 상대방의 자신에 대한 기대를 조정할 수 있고, 그런 과정을 통해 자신의 협상력을 높일 수 있다.

3) 3단계: 후속 협상 단계

① 협상이 종료되더라도 방심하지 말기

끝난 순간 협상은 다시 시작된다. 협상의 궁극적인 목표는 합의 결과가 이행되어야 하는 것이기 때문이다.

② 재협상의 가능성을 염두에 두기

상대방이 재협상을 요구할 수도, 우리가 요구할 수도 있다는 것을 생각해야 한다.

2 협상과정의 전술

협상에서 주도권을 잡는 것은 중요하다. 많은 사람들이 협상을 하지만 협상 결과에 따라 누군가는 큰 이득을 얻고 누군가는 크게 손실을 본다. 협상을 경험하거나 공부한 사람, 또는 협상 준비를 많이 한 사람은 이득을 볼 것이고, 준비를 소홀히 하고 협상에 무지한 사람은 손해를 볼 것이다.

김두열(2015)은 경험을 토대로 한 성공적 협상을 위한 14가지 전술(원칙)[12]을 다음과 같이 주장했다.

1) 첫 번째 제안은 거절하기

상대방의 첫 번째 제안은 상대방이 취할 수 있는 가장 유리한 제안이다. 때문에 상대가 두 번, 세 번 제안을 거듭하도록 해 자신에게 유리한 대안을 제시하도록 유도할 수 있어야 한다.

2) '이럴 때 어떻게 하지?'를 반복하기

미래에 발생할지도 모르는 사고나 분쟁의 대비책은 미리 마련해 둬야 한다. 그래야 리스크를 최소화할 수 있다.

---

12) 출처: 김두열, ≪어떻게 협상할 것인가≫, 페가수스, 2015. 본문 참조

3) 양보를 협상이라 생각하지 말기

양보는 협상이 아니다. 마음이 유약한 사람은 자기가 먼저 양보를 해야 한다고 생각한다. 하지만 그런 사람은 강한 사람의 제물이 되기 쉽다.

4) 다급한 사정을 상대에게 알리지 말기

다급한 사정을 상대방이 알면, 상대방은 그 약점을 이용하여 유리하게 활용할 수도 있다.

5) 양보해야 한다면 조건을 달기

협상이란 주고받는 것이지 양보하는 것이 아니다. 최소한 자신이 양보한 것만큼 조건을 달아서 생색도 내고, 당당함을 보여줘야 한다.

6) 위임자를 활용하기

협상가는 거절을 할 때도 상대가 마음을 상하지 않도록 해야 한다. 더욱이 대변해서 거절하는 것은 협상력이 부족하고 경험이 적은 사람들의 모습이라 할 수 있다.

7) 'No'라고 말하지 않기

협상에서 부정적인 뉘앙스의 단어는 금물이다. 협상 분위기를 굳게 만들기도 하고, 협상을 대결 국면으로 가게 할 확률이 높기 때문이다.

8) 문화적 차이를 인식하기

영국인의 "Yes"는 협상이 타결되었다는 뜻이지만, 이집트인의 "Yes"는 생각해 볼 만하다는 뜻일 수 있다. 업종별, 규모별, 연령별, 성별 등에 따라서도 분명한 차이가 있다.

9) 외양에 속지 말기

적대적 협상에서 상대는 어떻게든 나의 판단력을 흐리기 위해 위장한다. 따라서 선입견을 갖지 말고 상대방의 진면목을 알기 위한 시간을 가져야 한다.

10) 교착 상태에 빠졌을 때는 일 보 후퇴하기

옵션을 걸고 잠정적 결론을 내든지, 각자 생각할 기회를 가진 뒤에 다음 회합을 갖는 것이 좋다. 서로의 감정 대립은 사전에 막는 것이 상책이다.

11) 눈앞의 이익에 집착하지 말기

근시안적인 결정이 오히려 존폐를 좌우하는 결과로 이어질 수 있다. 협상을 할 때는 전체와 미래를 내다보는 통찰의 협상이 필요하다.

12) 상대방의 흠을 찾아서 활용하기

흠을 찾을 수 있다면 협상을 유리하게 이끌 수 있다.

13) 상대방의 술수에 대비하기

술수는 나를 기만하는 것이다. 상대방은 끊임없이 술수를 가지고 접근할 것이기 때문에 이에 대한 대비가 요구된다.

14) 바이어 마켓에서 사고, 셀러 마켓에서 팔기

자신이 힘을 발휘할 수 있는 시장 상황에서 협상을 하면 매우 유리하다.

사례연구

다양한 협상 전략

〈사례 A〉

철수는 자신의 집에 페인트 칠을 하려고 하였으나, 여윳돈이 부족하였다. 그리하여 여러 사람을 수소문해 본 결과 자신의 학교에 페인트칠을 하여 학비를 대고 있는 동료를 발견하였다. 그의 정보를 알아본 결과 그는 작문에 자신이 없어 항상 고민하는 것으로 나타났다. 따라서 철수는 그에게 페인트칠을 싸게 해 주는 대가로 작문 개인 교습을 해 주는 것을 제안하였다. 그는 만족해 하며 철수의 제안을 받아들였다. 결국 철수는 훨씬 저렴한 가격으로 자신의 집에 페인트칠을 할 수 있었다.

〈사례 B〉

중소기업 K사의 대리인 철수는 기업 L에서 부품을 구매하는 역할을 담당하고 있다. K사는 절대적으로 중요한 부품인 스위치를 개당 3,000원에 L사로부터 항상 구입해 왔다. 그런데 L사는 어느 날 스위치의 가격을 개당 3,500원으로 올리겠다는 의사를 보였다. 이에 철수는 곰곰이 생각해 본 후, L사의 제안을 기꺼이 받아들였다. 철수는 단기적으로는 자신의 회사가 약간 손해를 보더라도, 장기적으로 L사와의 관계를 생각해 볼 때 L사의 제안을 받아들이는 것이 훨씬 이익이 된다고 생각하였다.

〈사례 C〉

대기업 영업부장인 L씨는 신제품 출시 가격에 대해서 도매 업체 T와 가격 협상을 하고 있었다. 그런데 도매 업체 T는 새로 출시된 신제품에 별반 관심을 보이지 않았고, 적극적이지 않았다. 또한, L씨는 시간과 노력을 투자하여 T와 협상할 가치도 낮다고 느끼는 중이었다. 따라서 L씨는 과감하게 협상을 포기하였다.

〈사례 D〉

대기업 영업부장인 L씨는 기존의 재고를 처리할 목적으로 업체 T와 협상 중이다. 그러나 T는 자금 부족을 이유로 이를 거절하였다. 그러나 L씨는 자신의 회사에서 물품을 제공하지 않으면 업체 T는 매우 곤란한 지경에 빠진다는 사실을 알고 있었기에, 앞으로 T와 거래하지 않을 것이라는 엄포를 놓았다. 이에 따라 L씨는 성공적으로 협상을 이끌어 낼 수 있었다.

– 한국산업인력공단 직업기초능력 대인관계능력 학습자용 워크북 pp.134~135,
국가직무능력표준 홈페이지(http://www.ncs.go.kr)

> **교육적 시사점**
>
> - 〈사례 A〉는 문제해결 전략(협력 전략)과 관련된 것으로서, 철수는 그의 동료와 협동과 통합으로 문제를 해결하고자 하고 있다.
> - 〈사례 B〉는 수용 전략(유화 전략)과 관련된 것으로서, 철수는 장기적인 이익을 위해 L사의 제안을 순응하고 수용하고 있다.
> - 〈사례 C〉는 회피 전략(철수 전략)과 관련된 것으로서, L씨는 T업체와 가격 협상을 하는 중 얻게 될 이익이 전혀 없다고 판단하여 협상을 철수하고 있다.
> - 〈사례 D〉는 경쟁 전략(강압 전략)과 관련된 것으로서, L씨는 힘의 우위를 활용하여 자신의 이익을 극대화하려 하고 있다.

탐구활동

1. 각각의 협상 전략은 어떤 상황에서 활용하면 유용할지 기술해 보자.

전략	유용한 경우
수용 전략	• • • •
경쟁 전략	• • • •
회피 전략	• • • •
문제해결 전략	• • • •
타협 전략	• • • •

2. 최근 자신이 참여한 협상의 전략과 결과를 작성해 보자.

학습평가

정답 및 해설 p.284

※ 다음 문장의 내용이 맞으면 ○, 틀리면 ×에 ✓표시를 하시오. (1~9)

1   사전 협상 단계 전략에서 "협상이 있게 하라."라는 것은 협상 전에는 탄력적인 태도를 취하고, 협상 중에는 원칙을 준수하라는 것이다. (○, ×)

2   본 협상 단계 전략에서 "참고 인내하라."라고 하는 것은 특별한 경우가 아니고는 본 협상이 예상보다 빨리 끝나는 경우가 거의 없기 때문이다. (○, ×)

3   성공적 협상을 위한 14가지 전술(원칙) 중 "첫 번째 제안을 거절하라."라는 것은 상대방의 첫 번째 제안이 상대방이 취할 수 있는 가장 유리한 제안이기 때문이다. (○, ×)

4   성공적 협상을 위한 14가지 전술(원칙) 중 "다급한 사정을 상대에게 알리지 말라."라는 것은 내가 다급하다는 것을 상대가 알면, 그 약점을 상대방이 유리하게 활용하기 때문이다. (○, ×)

5   성공적인 협상을 위해서는 협상 시 부정적인 뉘앙스의 단어는 금물이다. (○, ×)

6   협상 중 교착 상태에 빠졌을 때는 일단 밀어붙이는 것이 좋다. (○, ×)

7   성공적 협상을 위한 14가지 전술(원칙)에서 "바이어 마켓에서 사고, 셀러 마켓에서 팔라."라는 것은 자신이 힘을 발휘할 수 있는 시장 상황에서 협상을 하면 매우 유리하다는 것이다. (○, ×)

8   본 협상 단계에서 "마감 시간을 활용하라."라는 것은 시한을 앞두고 협상이 타결되는 경우가 많기 때문이다. (○, ×)

9   협상의 궁극적인 목표는 합의 결과가 이행되어야 하는 것이기 때문에 협상이 종료되더라도 방심해서는 안 된다. (○, ×)

10 각각의 협상 전략과 특징을 적절한 것끼리 연결하시오.

① 문제해결 전략 •

② 수용 전략 •

③ 회피 전략 •

④ 경쟁 전략 •

⑤ 타협 전략 •

• ⓐ Lose-Lose전략: 'I lose, You lose, We lose'전략

• ⓑ Win-Win전략: 'I win, You win, We win'전략

• ⓒ Win-Lose전략: 'I win, You lose'전략

• ⓓ Lose-Win전략: 'I lose, You win'전략

• ⓔ 호혜전략: Sense of Reciprocity

Tip

협상을 좌우하는 힘의 원천 변수를 이해하자

Herb Cohem(1980)	김두열(2015)	해석
경쟁의 힘	경쟁의 힘	상대방을 경쟁 상황에 빠지게 하면 나의 가치는 상대적으로 올라간다.
합법성의 힘	합법성의 힘	합법성의 힘은 자신의 직무나 법적, 실질적 지위로부터 나온다. 이익이 되면 최대한 사용한다.
위험 감수의 힘	위험 감수의 힘	위험 감수의 힘은 무언가를 희생할 각오가 되어 있을 때 생긴다.
전문 지식의 힘	전문성의 힘	협상은 협상 전문가에게 맡겨라.
투자의 힘	투자의 힘	상대방에게 시간과 노력, 비용을 투자하면 나에게 힘이 생긴다.
보상과 벌이 가져오는 힘	벌칙의 힘	상대에게 보상과 벌을 줄 수 있다고 인식되면 나에게 힘이 생긴다.
동일시의 힘	동일시의 힘	상대편을 나와 동일시하게 느낄 수 있도록 하면 나에게 힘이 생긴다.
도덕성의 힘	도덕성의 힘	강자는 때론 약자를 지키겠다는 의무감을 갖는다. 대부분의 사람들은 도덕적·윤리적 기준에 익숙해 있다.
선례의 힘	선례의 힘	이 세상은 시간적 동질성에 의해 같은 사건이 반복된다. 따라서 선례의 힘을 이용하여 대응해야 한다.
끈질김으로 인해 얻는 힘	끈질김의 힘	협상에서는 버티는 게 힘이 될 수 있다. 대부분의 사람들은 협상에서 오래 버티지 못한다.
–	약자의 힘	갑과 을은 생각하기 나름이다. 줄 것이 있고 받을 것이 있으면 협상력이 있게 마련이다.
–	따르는 힘	상대방에게 어떤 힘을 사용하면 나의 요구에 응할지를 찾아내는 것이 중요하다.
–	눈치의 힘	단도직입적으로 요구하기보다는 명분과 실리를 추구하는 감각이 중요하다.
동참에서 얻는 힘	–	위험을 분산시키기 위해서 여러 사람을 끌어들인다.
필요의 지식이 갖는 힘	–	어떤 거래가 시간과 돈을 들일 가치가 있는 일이라면 그 거래를 성사시킬 수 있도록 철저한 준비를 해 둘 만한 가치가 있다.
설득력의 힘	–	상대의 필요와 욕구를 충족시키기 위해서는 본인이 말하고자 하는 것의 긴밀성과 타당성의 가치를 보여 주어야 한다.
일에 임하는 태도의 힘	–	우리는 무엇인가 개인적으로 관련되어 있을 때 지나치게 우려하는 경향이 있다. 그 때문에 오히려 다른 누군가를 위해서 협상할 때 훨씬 더 잘할 수 있다.
시간	시간의 중요성	협상은 시간적 여유가 있는 사람이 이긴다. 급한 사람은 급행료를 내거나 직접 우물을 판다.
–	타이밍	상대가 망설이는 시점에 조그만 선물을 주어 마음을 굳히게 하라.
–	긴박감	상대방을 긴박한 상황에 몰아넣고 협상하면 유리할 수 있다.
정보	정보의 중요성	상대방의 사전 정보는 협상에서 매우 유용하다.
–	정보 수집 방법	상대방이 경계심이 없어질 때 이용한다. 상대방 정보의 출처가 어디인지도 파악한다.

제4절 타인의 설득 방법

1 설득의 개념과 설득 과정

설득은 일상생활 및 비즈니스에서 매우 중요한 커뮤니케이션 기술이다. 더욱이 협상에서 설득은 필수적이다. 설득을 못 시키면 개인이나 조직이 막대한 비용을 지불해야 하는 등의 피해를 볼 수 있기 때문이다.

설득에 대하여 이희승의 《국어대사전》에서는 "여러 가지로 설명하여 납득시킴"이라 정의했으며, 전영우의 《국어화법론》에서는 "청자로 하여금 어떤 사실을 강도 있게 느끼게 하고, 사고하게 하며, 믿도록 하는 것이다."라고 정의하였다. 신군재(2013)는 "설득이란 인간의 행동을 결정하는 여러 가지 요소를 동원하여 상대를 이해, 납득, 공감시켜서 사고나 행동에 변화를 일으키는 언어적 수단이다."라고 정의하였다. 이들을 정리하면 설득이란 '나의 주장을 상대방이 이해, 납득, 공감하여 심리적·행동적 변화를 일으키는 상태'라고 할 수 있다. 이 같은 설득이 일어나는 과정은 일반적으로 다음과 같은 5단계를 거쳐 일어난다.

- 1단계: 상대방이 메시지를 주목하는 주의 단계이다.
- 2단계: 상대방이 메시지를 이해·파악하는 단계이다.
- 3단계: 상대방이 메시지를 수용·거부하는 단계이다.
- 4단계: 상대방이 메시지의 내용을 행동으로 옮기기 전까지 보유 단계이다.
- 5단계: 상대방이 메시지 내용을 행동화하는 단계이다.

2 설득의 원리와 원칙

앞에서 본 것과 같은 설득 과정에는 기본적으로 다음과 같은 설득의 원리와 원칙이 작용하게 된다.

설득의 원리로는 첫째, 상대를 하나의 인격체로 인정하고 이야기해야 한다. 둘째, 목적이나 과정, 수단에 있어서 윤리적으로 타당해야 한다. 셋째, 내용 및 표현 그리고 상황에 있어서 논리성을 갖추어야 한다. 넷째, 구체적 조건성이 반영되어야 한다. 한편 설득을 위한 원칙에는 첫째, 상호성의 원칙, 둘째, 일관성의 원칙,

셋째, 사회적 증거의 원칙, 넷째, 호감의 원칙, 다섯째, 권위의 원칙, 여섯째, 희귀성의 원칙이 있다(Robert B. Cialdini, 1996).

한편, 이동연(2008)은 통(通)하는 말의 10대 원칙으로 첫째, 첫 마디의 원칙, 둘째, 경청의 원칙, 셋째, 유익성의 원칙, 넷째, 일관성의 원칙, 다섯째, 적절성의 원칙, 여섯째, 자연성의 원칙, 일곱째, 매력성의 원칙, 여덟째, 신선성의 원칙, 아홉째, 신뢰성의 원칙, 열째, 간단성의 원칙을 소개했다.

3 상대방 설득 방법 Ⅰ

협상에 있어서 상대방을 설득시키는 일은 필수적이다. 협상에서 상대방을 설득시키기 위해서는 기본적으로 설득의 원리와 원칙을 바탕으로 해야 한다. 또한 상대방, 주제, 상황에 따라 설득 방법을 다르게 해야 한다. 설득은 협상 당사자들에게 이성적 요인과 감성적 요인이 함께 작용하기 때문이다.

문용식(1997)에 따르면 설득의 방법[13]은 다음과 같다.

1) 나 자신을 바꾼다.

설득과 관계 개선은 밀접한 관계에 있다. 왜 문제는 해결되지 않고, 나의 의견은 무시당하고, 협상은 결렬되고 있는가? 왜 그런 일이 발생하였는지 돌이켜 보자. 그것의 근본적 원인은 인간관계의 미숙이다.

로버트 콘클린은 인간관계를 바꾸는 방법으로 첫째, 상황을 바꾼다, 둘째, 타인을 바꾼다, 셋째, 나 자신을 바꾼다 등과 같이 세 가지를 소개했다. 이 중에서 가장 어려운 것이 나 자신을 바꾸는 것이다. 나 자신을 바꾸게 되면 다른 모든 것은 자연스럽게 변하게 마련이다.

2) 상대편에 선다.

나는 남의 말을 잘 들어주는가? 나는 말도 안 되는 남의 소리를 끝까지 들을 수 있는가? 경청을 한다는 것은 상대의 입장에서 듣는 것이다. 나 자신의 말을 상대방이 내 입장에서 들어주기를 기대하기 전에 먼저 상대방의 이야기를

---

13) 출처: 문용식, 《스피치커뮤니케이션의 이론과 실제》, 한국로고스연구원, 1997, 본문 참조

들어주는 것이다. 영업계의 세계적인 인물인 지그 지글러(Zig Zigler)는 '상대방이 원하는 것을 먼저 주게 되면, 세상에 모든 것을 얻을 수 있다'고 했다.

3) 상대방에게 질문한다.

질문은 상대방을 이해하고 의견 차이를 좁히며 공통된 목적에 대해 서로 손잡게 하는 커뮤니케이션 수단이다. 상대방에 대한 질문 요령은 다음과 같다.

- 상대방의 감정 상태를 알고 싶을 때, 또는 상대방의 생각을 자세히 알고 싶지만 특별한 질문 내용이 떠오르지 않을 때는 쉬운 질문을 사용한다.
- 필요한 정보를 정확하게 얻기 위해서는 진위형(○,×) 질문은 하지 않는다.
- 상대방이 동의하지 않을 때는 "왜 안 되는가?" 그 이유를 물어보아야 한다. 오해를 할 수 있기 때문이다.
- 상대방의 대답 가운데 핵심이 되는 부분의 말은 반복해서 물어본다. 자세히 알려줄 것이다.
- 상담하듯 질문한다.

4) 반항에 효과적으로 대처한다.

반항은 관심의 또 다른 표현이다. 반항에는 첫째, 명분과 이유가 있는 이성적 반항, 둘째, 상대방을 보기만 해도 기분 나쁜 감정적 반항, 셋째, 거절해 두면 무난하다고 판단해서 하는 단순 반항 등 세 가지가 있다.

① 이성적 반항

이성적 반항에는 상대방의 견해를 인정하는 것이 좋다. 이들은 자기 스스로 문제를 해결하거나 구매를 결정하는 사람이다.

② 감정적 반항

감정적 반항에는 우선 그 원인을 파악해야 한다. 그 후 원인에 따른 대응이 필요하다. 감정적 거절에는 우선 상대방 마음을 풀어 주고, 그 다음은 마음을 자신에게로 돌려야 한다. 즉 상대가 화를 내면 상대의 체면을 세워 주면서 가르침을 청하는 방식이 좋다. 동등한 위치에 있는 사람이 분노를 터뜨리는 경우에는, 그 감정을 인정해 주면 그는 감정을 가라앉힐 것이다. 막무가내로 반항하면 그 이유에 대하여 숙고하고 대응한다. 이 경우도 상대방을 이해하고 있다는 태도를 취하는 것이 좋다. 그리고 선택권을 상대방에게 준다.

③ 단순한 반항

단순한 반항에는 잠재의식을 움직이면 된다. 상대방의 잠재의식 속에 이쪽의 생각을 스며들게 한다. 그리고 맥락효과를 이용하는 것이 좋다. 맥락효과란 상황이나 조건이 비슷한 환경에 놓이게 하여 거의 똑같은 감정을 갖게 하는 것이다.

한편, 상대방은 자신의 생각을 표명한 이상 자신의 생각을 번복하려고 하지 않는다. 그러나 뛰어난 실력자는 상대방의 자존심과 체면을 지켜주면서 번복하도록 유도한다. 그리고 그 방법까지도 지도한다. 그리고 적대적인 상대방에게는 절대 화를 내는 등의 감정을 자제하고 제3세력하고 연대하고 있음을 언행에서 보여주는 것이 도움이 된다.

3 상대방 설득 방법 Ⅱ

조 지라드(Joe Girad)는 설득 방법을 다음과 같이 일곱 가지로 소개한다.

1) 설득하는 사람의 인격을 중요시한다.

그리스 철학자 아리스토텔레스는 설득의 요소로 다음 세 가지를 들고 있다. 첫째, 말하는 사람의 인격, 둘째, 듣는 사람의 감정 충동, 셋째, 상황에 맞는 언어구사이다. 이 중에서 설득의 장애가 되는 불신감과 혐오감, 그리고 오해 등을 불식시키기 위해서는 설득하는 사람의 인격이 무엇보다 중요하다고 보았다. 미국의 심리학자 메러비언의 법칙에 따르면 설득을 위한 말의 내용은 7%, 목소리가 38%, 표정과 신체동작이 55%의 영향을 준다고 했다. 이렇듯 설득의 비결은 단순한 말 재치만이 아니라 음성연기도 필요하다. 듣는 사람은 귀와 눈을 통해 상대의 일거수일투족을 지켜보면서 진의를 가리려고 애쓰기 때문이다.

2) 상대에게 충분히 말할 시간을 준다.

사람들은 말을 많이 하는 사람보다는 매사에 겸손한 태도를 보이며 경청하는 사람을 좋아한다. 말을 잘하는 사람은 인간관계뿐만 아니라 업무성과에도 상관관계가 없지만, 잘 듣는 사람은 인간관계뿐만 아니라 업무성과에도 상관관계가 있다는 연구 결과가 있다.

상대방에게 필요한 말을 하기위해서는 우선 상대방이 무슨 말을 듣고 싶어 하는지 그의 생각을 들어야 한다. 그리고 나서 본인의 말을 하게 되면 상대방이 호감을 갖게 된다.

3) 대화 시작 5분과 마지막 5분에 집중한다.

첫 대면은 상대로부터 설득을 당하느냐 혹은 그렇지 않느냐를 판가름한다. 사람은 무슨 일을 할 때 결과에 대한 예측을 내리는 심리가 있기 때문이다. 일반적으로 협상 테이블에 앉게 되면 누구나가 협조하기로 마음을 정하든지 그렇지 않든지 애초부터 마음을 작정하여 둔다. 그러나 첫 대면 못지않게 끝맺는 시간도 중요하다. 사람은 사고를 반추한다. 마음의 결정을 내려놓고서도 자신의 평가가 옳고 그름이 아닌 좀 더 현명한 판단에 대한 아쉬움을 갖는다. 따라서 겉으로는 태연한 척 하지만 속으로는 끊임없는 갈등을 한다. 그 같은 갈등을 되돌릴 수 있는 순간은 마지막 5분이다.

처음부터 몰아치는 것도 중요하지만, 심리 기복이 심한 순간에 더욱 집중하는 것이 바람직하다.

4) 상대의 가능성을 먼저 제시한다.

상대를 분발시키고 능력을 최대한 발휘시키기 위해서는 상대에게 잠재되어 있는 가능성을 알아내어 그 가치를 높일 수 있는 방법을 발견하는 일에서부터 출발해야 한다. 용기를 북돋아 줘야 하는 상대는 대부분 난관에 봉착해 있는 사람들이다. 그들은 근거 없는 이야기에도 관심을 집중하는 경향이 있으므로 엉뚱한 대안 제시는 옳지 않다. 분발의 계기는 항상 가능성을 얻는 데서 시작되기 때문이다.

5) 상대의 고정관념을 깨뜨려야 한다.

설득하는 협상자가 먼저 상대의 심리에 본질적으로 접근하려는 의지를 보여야 한다. 누구에게나 버릇과 습관은 있다. 그것은 쉽게 바뀌지 않는다. 그래서 인간의 행위는 부지불식간에 심리적 압박을 받는다. 문제는 그 심리적 압박을 자신이 떨쳐 버릴 수 없다는 것이다. 따라서 설득하는 협상자가 먼저 상대의 심리에 본질적으로 접근하려는 의지를 보여야 한다.

6) 상대의 자기합리화를 하도록 부추긴다.

사람은 자신의 뜻대로 안 되는 일에 봉착하게 되면 종종 자기합리화로 자신을 보호하려 한다. 이것은 본능적인 자기방어로서 외부의 압력이나 불안에서 자신을 보호하려는 '내부적인 힘'이다. 인간은 끊임없이 향상성 추구심리를 갖고 있다. 만일 이 향상성이 제약을 받게 되면 체념하는 속성도 갖지만 궁극적으로는 자신의 무능은 인정하지 않으려는 심리가 있다. 이렇게 자신을 보호하려는 방어심리를 교묘히 자극하는 것이 상대의 개선을 약속받는 설득 대화의 포인트다.

7) 상대에게 설득 내용의 가치를 인정케 한다.

협상자의 기대에 상대방이 움직이지 않는다는 것은 플러스 요인과 마이너스 요인이 균형 상태에 놓여져 있기 때문이다. 이 밸런스를 무너뜨릴 가치를 부여하지 않으면 움직이지 않는 것은 당연하다. 여기에는 플러스 요인을 강화 시키거나, 마이너스 요인을 약화 시키거나, 또한 이 두 가지를 동시에 충족 시킨다면 움직이게 마련이다. 그 구체적 방법은 첫째, 실물을 보여준다. 둘째, 권위자의 증언을 이용한다. 셋째, 증명한다. 넷째, 데이터를 보인다 등이다.

사례연구

상대방을 설득하는 법

〈사례 A〉

불경기가 지속될수록 중소기업 경영의 어려움은 더 가중된다. 회사 자금이 부족하고, 당장 큰 수익이 나는 것도 아니고 시장 수요도 불투명하다. 그렇게 되면 아무리 큰 비전을 가진 사람이라도 다소 의기소침해질 수밖에 없다. 그럴 때는 내가 그 사장님에게 걸고 있는 기대가 얼마나 큰지 힘을 주어 말하곤 한다. "사장님이 하지 않으면 누가 하겠어요? 이 일은 사장님밖에 할 분이 없습니다." 그러면 신기하게도 상대방의 눈빛이 바뀐다. 방금 전까지 기가 푹 죽어 있던 사람이 "그래, 내가 하지 않으면 누가 하겠어?"라고 하기도 하고, "우리나라를 불황에서 건질 사람은 바로 나야."라고 외치기도 한다.

〈사례 B〉

"제안서 준비하느라고 애를 많이 쓴 것 같네요." "네, 이 제안은 A씨께서 전에 말씀하신 ○○라는 의견에 토대를 두고 작성한 것입니다." 이렇게 설득하면 상대방은 고개를 끄덕이지 않을 수 없다. 애초에 자기가 한 말이 아닌가? 사람은 상대방이 자기 의견을 참고로 하거나 인용해 주면 '나를 인정해 주었다.'라는 생각에 기분이 좋아지게 마련이다. 일단 상대방이 관심을 보이면 바로 분위기를 띄우고, 협상의 분위기가 제일 좋은 때에 기회를 놓치지 말고 키워드를 꺼내도록 하라. 그만큼 협상의 설득력을 높일 수 있다.

〈사례 C〉

H회사(주)는 노사분규로 심한 노사갈등을 겪고 있었다. 이에 사장은 회사의 재무 상태와 수익 비용 구조 등의 기업 운영 현황을 전부 공개하고 설명함으로써 노사가 모두 기업의 실제 사정을 스스로 보고 판단할 수 있게 하여 이해시켰다. 종업원들이 회사의 어려운 현황을 정확히 이해하고 사장의 설명에 공감하게 되면서 노사 간에 신뢰가 형성되어 노사갈등이 원만하게 해결되었다.

– 무라야마 료이치(임희선 역), 《한계를 뛰어넘는 비즈니스 협상》, 2004, 혜문서관

교육적 시사점

- 〈사례 A〉에서는 의기소침해 있는 사람에게 힘을 북돋아 줌으로써 상대방을 설득하고 있다.
- 〈사례 B〉에서는 이전에 상대방이 제시했던 의견을 제시함으로써 상대방을 설득하고 있다.
- 〈사례 C〉에서는 이해관계에 있는 사람들에게 직접 눈으로 보게 하거나 느끼게 하여 설득하고 있다.

탐구활동

1. 자신이 갖고 있는 좋은 설득 화법을 작성해 보자.

2. 상대방을 설득시키기 위해 활용할 수 있는 방법은 여러 가지가 있다. 다음에 제시된 설득 방법에 대해서 구체적인 예를 한 가지씩 작성해 보자.

설득 방법	사례
나 자신을 바꾼다.	
상대편에 선다.	
상대방에게 질문한다.	
반항에 효과적으로 대처한다.	
설득하는 사람의 인격을 중요시한다.	
상대에게 말할 시간을 충분히 준다.	
대화 시작과 마무리 5분에 집중한다.	
상대의 가능성을 먼저 제시한다.	
상대의 고정관념을 깨뜨려야 한다.	
상대의 자기 합리화를 부추긴다.	
상대에게 설득 내용의 가치를 인정케 한다.	

학습평가

정답 및 해설 p.284

※ 다음 문장의 내용이 맞으면 ○, 틀리면 ×에 ✓표시를 하시오. (1~6)

1 설득의 원칙 중 '일관성의 원칙'이란 협상에서는 일관된 언행을 중요시함을 뜻한다. (○, ×)

2 설득의 원칙 중 '호감의 원칙'은 우리가 좋아하는 사람뿐만 아니라 전혀 낯선 사람에게도 적용된다. (○, ×)

3 설득의 원칙 중 '권위의 원칙'에서 사람들은 권위에 저항하는 경향이 있다. (○, ×)

4 설득의 방법 중 우선 '나' 부터 바꾸는 것이 중요하다. (○, ×)

5 설득을 위해서는 나의 말을 하기 전에 상대방의 말을 경청하는 것이 우선이다. (○, ×)

6 상대방이 나의 말에 동조를 하지 않으면 상대에게 설득 내용의 가치를 인정하게 하면 된다. (○, ×)

7 ( ) 안에 알맞은 말을 채워 넣으시오.

> 상대방을 설득시키는 방법은 상대방, 주제, 상황에 따라 매우 다양한데, 이는 설득이 ( ) 요인과 ( ) 요인이 작용하기 때문이다.

8   설득이 일어나는 단계에 대한 설명으로 바르지 않은 것을 고르시오.

① 1단계: 상대방이 메시지를 주목을 하는 주의 단계이다.

② 2단계: 상대방이 나의 메시지를 이해하고 파악하는 단계이다.

③ 3단계: 상대방이 주의와 이해를 거쳐 메시지를 수용 또는 거부하는 단계이다.

④ 4단계: 상대방이 행동을 실천하는 단계이다.

9   설득의 원리에 대한 설명으로 바르지 않은 것을 고르시오.

① 목적이나 과정, 수단에 있어서 윤리적으로 타당해야 한다.

② 상대를 하나의 인격체로 인정하고 이야기해야 한다.

③ 일종의 게임의 성격을 가져서는 안 된다.

④ 내용 및 표현 그리고 상황에 있어서 논리성을 갖추어야 한다.

10   설득을 위한 원칙으로 바르지 않은 것을 고르시오.

① 독립의 원칙

② 일관성의 원칙

③ 사회적 증거의 원칙

④ 권위의 원칙

Tip

협상의 유종의 미를 위하여

협상 계획에 따라 준비를 철저히 하고 협상 진행을 잘하는 것 못지않게 끝 마무리를 잘하는 것도 중요하다. 협상이 만족스럽게 성사가 되었건 결렬되었건 모든 협상은 적기·적시에 마무리되어야 한다. 협상을 잘 마무리하는 것은 협상에 임하는 당사자들의 미래 관계를 좌우하는 중요한 요인이 되기도 한다.

협상을 잘 마무리하려면 협상 전에 일정표를 교환·확인하고, 협상 시간을 정할 때부터 준비를 정확히 해야 한다. 협상 시간은 모든 협의 안건에 대해 충분히 의견 교환이 이루어지고 합의를 도출하는 데 요구되는 시간을 산정해서 배정해야 하며, 가급적 이 일정에 따라 진행해 나가야 한다. 그리고 협상을 어느 수준에서 어떤 식으로 마무리할 것인가에 대한 기준을 사전에 설정해 두는 것이 중요하다. 이 기준에 다다른 시점에서 협상 종결을 선언하고 마무리 단계로 돌입한다.

일반적으로 협상을 마무리 하면서 나올 수 있는 결과는 다음과 같이 네 가지로 나누어진다.

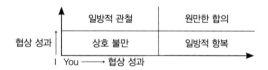

첫째, 원만한 합의는 쌍방이 서로 양보를 통하여 만족할 만한 합의점에 도달하는 경우를 말하는 것이다. 이 같이 쌍방 간 원만한 합의에 의한 협상 결과가 가장 바람직하다. 즉, 원만한 합의점을 찾지 못하는 것은 정상적인 사업 관계를 지속할 수 없음을 뜻하는 것이다. 서로 양보를 주고받는 과정을 통해 합의점에 도달했을 때 비로소 만족할 만한 협상을 했다는 느낌을 받게 된다.

둘째, 일방적 관철이란 자기 중심적으로만 협상을 주도하여 나름대로 목표를 달성했지만 상대방은 을의 입장이 되어 주도권을 빼앗긴 채 목표 달성에 실패한 경우를 말한다.

셋째, 일방적 항복이란 자기 입장은 전혀 내세우지 않고 희생하면서 상대방이 요구하는 거의 모든 조건을 수용하여 협상을 항복으로 종결하는 경우를 말한다.

넷째, 상호 불만이란 쌍방이 추구하는 합의점 도출에 실패하여 결국 협상이 결렬되거나 상호 불만족한 합의에 도달하는 경우를 말한다. 사실 상호 불만은 그렇게 흔하지 않지만, 상호 불만의 협상은 정상적·지속적 사업 관계 유지에 큰 장애가 될 수 있다.

협상의 관점에서 보면 이 네 가지 결과 중 어느 쪽이 좋고 나쁘다고 말할 수 없다. 협상이란 서로의 합일점을 찾아가는 상생의 과정이자 흑백논리로 평가할 수 있는 것이 아니기 때문이다. 다만 중요한 것은 협상자가 충분한 준비를 통해 협상을 진행해 왔다면 주어진 결과가 네 가지 중 어느 쪽이라 해도 당사자들에게 최대의 이익을 보장해 준다는 것이다.

학/습/정/리

1. 협상이란 갈등 상태에 있는 이해 당사자들이 대화와 논쟁을 통해서 서로를 설득하여 문제를 해결하려는 정보전달 과정이자 의사결정 과정이다.

2. 협상 과정은 관점에 따라 다양한 형태로 언급되어질 수 있다. 리처드 셸의 협상 과정은 다음과 같다.

   1) 1단계: 협상상황분석

   2) 2단계: 정보교환 및 의사소통

   3) 3단계: 가격협상

   4) 4단계: 마무리 합의

3. 협상 과정을 협상 진행 단계를 중심으로 구분하면 다음과 같다.

   1) 사전 협상단계

   2) 본 협상단계

   3) 후속 협상단계

4. 협상문화란 협상을 가능 또는 어렵게 하는, 협상 과정에서 지배적으로 작용하는 환경으로서 한 나라의 역사·문화와 밀접한 관계를 가지고 있다. 한국의 협상문화로는 다음과 같은 것들이 있다.

   1) 장유유서

   2) 권위주의

   3) 흑백논리

   4) 조폭식 문제해결

   5) 비합리성

5. 협상에서 전략은 무엇보다 중요하다. 전략을 수립하지 않거나 잘못된 전략을 수립한 채로 협상에 임할 경우 낭패를 보기 쉽다. 따라서 다양한 시나리오에 따라 협상 전략을 수립해야 하며, 성공적인 협상의 원리와 원칙을 숙지하고 있어야 한다.

6. 협상에 있어 상대방을 설득시키기 위해 흔히 활용할 수 있는 방법은 다음과 같다.

   1) 나 자신을 바꾼다.

   2) 상대편에 선다.

   3) 상대방에게 질문한다.

   4) 반항에 효과적으로 대처한다.

   5) 설득하는 사람의 인격을 중요시한다.

   6) 상대에게 말할 시간을 충분히 준다.

   7) 대화 시작과 마무리 시간 5분에 집중한다.

   8) 상대의 가능성을 먼저 제시한다.

9) 상대의 고정관념을 깨뜨려야 한다.

10) 상대의 자기 합리화를 부추긴다.

11) 상대에게 설득 내용의 가치를 인정하게 한다.

NCS
직업기초능력평가

대인
관계
능력

06

고객서비스능력

제**❻**장
고객서비스능력

▶▶ 학습목표

구분	학습목표	
일반목표	직장생활에서 고객서비스에 대한 이해를 바탕으로 실제 현장에서 다양한 고객에 대처할 수 있으며, 고객만족을 이끌어 낼 수 있는 능력을 기를 수 있다.	
세부목표	1. 고객서비스의 의미를 설명할 수 있다. 2. 고객의 불만 표현 유형을 알고 대응 방안을 마련할 수 있다. 3. 직장생활에서 불만 처리 프로세스에 따라 고객의 불만을 처리할 수 있다. 4. 직장생활에서 고객만족 조사를 활용할 수 있다.	
세부요소 및 행동지표	고객불만·요구 이해	나는 고객의 불만 및 요구 사항이 무엇인지를 분석하고 정리할 수 있다.
	매너·신뢰감 있는 대화	고객을 배려하는 매너를 갖추고 고객과 신뢰감 있는 대화를 할 수 있다.
	고객불만 해결책 제공	고객 요구에 대한 해결책을 도출하고 불만 처리 프로세스에 따라 고객의 불만을 처리할 수 있다.

▶▶ 주요 용어 정리

고객서비스

다양한 고객의 요구를 파악하고, 대응법을 마련하여 고객에게 양질의 서비스를 제공하는 것을 의미한다.

고객불만 유형

고객이 불만을 표현하는 방식으로서 거만형, 의심형, 트집형, 빨리빨리형 등이 있다.

고객만족

제품 및 서비스 등에 대한 고객의 요구 및 욕구가 충족된 상태로서 제품 및 서비스를 제공한 개인 및 조직에 불만을 갖지 않는 것을 의미한다.

제1절 고객서비스의 의미와 중요성

1 고객과 서비스

1980년대 이전까지만 하더라도 대부분의 업계들은 고객의 요구나 주문에 대해 정성을 다하지 않았으며, 고객 또한 상품을 잠자코 구입할 뿐이었다. 공급자와 수급자, 생산자와 소비자 관계가 형성되어 선택권이 거의 실종된 시기였던 것이다. 이는 기업이 가지고 있는 정보에 대하여 개인이 접근할 수 없었기 때문이었다. 그러나 1990년대에 들어서면서부터는 인터넷의 발달과 글로벌 시장이 형성되어 완전시장 경쟁 체제가 자리를 잡으면서 개인은 기업의 제품과 서비스에 대한 정보를 손쉽게 입수하게 되었고, 구입 상품과 서비스에 대해 엄격한 주문과 요구를 하게 되었다. 이 과정에서 기업들은 많은 고객을 확보하기 위해 제품과 서비스에서 경쟁을 하게 돼 급기야 "고객은 왕이다."라는 말이 나올 정도로 고객서비스를 우선시하게 되었다. 기업들은 주요 경쟁 우위 수단으로써 '고객만족 헌장', '고객서비스 헌장'을 제정하고, 이를 실천하기 위해 노력하는 기업들이 늘어났다. 그러한 노력에도 불구하고 여전히 많은 기업들은 경쟁 우위를 갖는 것에 어려움을 겪고 있다. 그것은 고객들의 요구 수준이 갈수록 높아지고 있고, 서비스의 내용과 조건도 갈수록 다양해지기 때문이기도 하다. 초기에는 단순히 '고객서비스'였지만, 이제는 '고객가치 제공'으로 호감도, 친밀도를 높이지 않으면 시장에서 살아남기 어렵게 되었다.

고객의 소비 활동에 대한 조사 결과에 따르면, 기업들이 가장 중요시해야 할 것은 '고정 고객 유지'라고 한다. 즉, 신규 고객을 확보하는 데에는 많은 비용이 들지만, 타사 제품으로 이동하는 고객을 5%만 감소시켜도 수익을 25~95%까지 증대시킬 수 있다는 것이다. 뿐만 아니라 고정 고객의 증대와 비례해서 담당 업무에 대한 사원들의 만족도도 증대한다는 분석이 나왔다. 신규 고객을 유치하든 고정 고객을 유지하든 절대적으로 필요한 것은 그들에 대한 서비스가 중요한 것이다.

결국 '고객서비스란 다양한 고객의 요구를 파악하고, 대응법을 마련하여 고객에게 양질의 서비스를 제공하는 것'이라고 정의할 수 있으며, 고객서비스를 제공하는 목적은 조달, 생산, 판매, 혹은 고객 지원 등의 기업 활동 중 어디에 중점을 두느냐에 따라 다르다. 고객서비스의 특징은 무형성, 동시성, 이질성, 소멸성을 갖는다는 것이다. 고객 중심 기업의 일반적 특성은 다음과 같다.

첫째, 내·외부 고객을 모두 중시한다.
둘째, 고객이 정보, 제품, 서비스, 경험 등에 쉽게 접근할 수 있다.
셋째, 보다 나은 고객서비스를 위한 정책을 지속적으로 수립한다.
넷째, 기업의 관리 시스템이 고객서비스 지원 업무에 연동되어 있다.
다섯째, 고객서비스에 대한 평가 시스템 운영으로 양질의 서비스를 제공한다.

2 고객서비스와 고객만족

남녀가 이성을 본 뒤 상대의 매력을 판단하는 데 걸리는 시간은 불과 1초도 걸리지 않는다고 한다. 그리고 대화를 통해 상대의 매력을 판단하는 데 걸리는 시간도 90초에서 4분가량이라고 한다. 심지어 미국의 심리학자 고든 올포트(Gorden W. Allport)는 사람은 상대방을 평가할 때 대면 후 30초 이내에 그의 직업, 성격, 가치관, 취미 등 모든 것을 판단한다고까지 했다. 그 짧은 순간의 끌림이 사랑이라는 감정을 이끌어 내기도 한다. 이것은 남녀 사이뿐만 아니라 부모 자식 사이, 친구 사이, 그리고 기업과 고객 사이도 똑같이 나타난다. 즉, 고객이 제품, 서비스, 브랜드에 빠져드는 데 가장 중요한 것은 바로 그 우호적 감정을 증폭시켜 줄 수 있는, 짧지만 매우 중요하고 결정적인 순간, 즉 '진실의 순간(MOT: Moment of Truth)'이 있기 때문이다.

진실의 순간은 중요한 가치를 만드는 시간이 되기도 하지만, 동시에 그동안 쌓아온 관계와 가치를 한순간에 무너뜨리는 순간이 될 수도 있다. 그렇기 때문에 매 순간 고객으로부터 진실의 순간을 만들어 가는 것이 중요하다. 고객에게 가치를 제공하고 고객에 의한 가치를 제공받는 일에서도 이 같은 일이 빈번하게 일어난다. 고객이 기업으로부터 여러 번에 걸쳐서 만족스런 가치를 받았더라도, 단 한 순간 0점의 가치를 받으면 기업의 가치도 0이 되어버린다. 즉, 곱셈의 법칙이 작용하는 것이다. 예를 들면 백화점 쇼핑센터에서 만족스런 쇼핑을 마치고 셔틀버스를 타고 귀가하는데, 버스 출발이 지연되거나 버스 기사가 불친절한데다 난폭 운전에 라디오나 TV를 크게 틀어 놓는다면 전체 서비스에 대한 만족도가 0이 되는 동시에 그 백화점에 대한 좋은 감정마저도 나빠지게 되는 것이다. 따라서 고객에게 가치를 제공하고 사랑을 받길 원하는 기업들은 고객을 만나는 매 순간에 최선을 다해야 한다. 그렇지 않으면 그 순간이 영원한 이별의 순간이 될 수도 있기 때문이다.

그렇다면 어떤 순간에 고객이 기업에 호감을 갖게 되거나 비호감을 갖게 되는가? 그 순간이 언제인지 아는 것은 기업 입장에서 매우 중요한 사안이다. 진실의 순간은 철저히 고객의 입장에서 바라보고 규명해야 한다. 기업의 입장과 고객의 입장이 다르기 때문이다. 기업의 입장에서 아무리 가치를 부여하고 중요하게 여기는 것도 고객이 싫으면 그만인 것이다. 그렇다면 해결책은 분명하다. 우선 관계 단절 상황에 직면하지 않기 위해서는 상대방과 끊임없이 소통하여 고객이 생각하는 진실의 순간들을 올바르게 파악하는 것이 중요하다. 실제로 기업의 서비스를 이용하는 고객들의 경우, 기업과 진실의 순간을 경험하면서 그 순간들을 축적하게 되며, 이른바 서비스 사이클 안에 머무른다. 그 과정에서 고객은 그 기업과의 관계를 지속할지 여부를 의사결정하게 된다.

사례연구

고객만족서비스에 대한 불편한 진실 이야기

다음 이야기는 국내에서 고객만족(CS) 교육과 컨설팅이 한창 도입되던 지난 1990년대, 한 금융업계의 사례이다. 당시만 하더라도 은행 객장 인테리어 및 레이아웃 수준은 지금하고는 비교도 안 되던 시절이다. ○○은행은 고객에게 좀 더 가까운 곳에서 서비스를 한다는 취지하에 높기만 하던 고객 창구 높이를 낮추는가 하면, 철제 또는 목재 창구 데스크를 투명한 유리로 바꾸었다. 그뿐만 아니라 여직원들의 유니폼을 파격적인 디자인으로 교체하였다. 이는 그 당시 고객들의 주목을 끌기에 충분할 정도로 신선한 변화였다. 그러던 어느 날 갑자기 ○○은행장이 소속 연수원장을 호출하여 불호령을 내렸다.

"지금 업계에서는 한 명의 고객이라도 더 유치하기 위해서 고객만족을 넘어 고객감동을 실현하겠다고 난리들인데 우리는 뭐하는 겁니까? 최근 외부에서 많은 고객들을 만났는데, 한 고객으로부터 우리 은행의 직원들에 대한 좋은 소리보다는 불만의 소리를 많이 듣고 있습니다. 연수원장은 이를 알고 있나요? 당장 전 임직원을 대상으로 예절교육부터 다시 시키세요."
그 후 곧바로 전사적인 예절 교육이 있었으며 교육 만족도도 높게 나타났다는 연수원장의 보고도 있었다. 은행장은 내심 기분이 좋아졌고, 직원들의 고객에 대한 친절 마인드 및 응대 예절 수준도 높아졌을 거라는 기대를 갖게 되었다. 그런데 이게 웬일인가. 주간 단위로 집계되는 고객의 목소리를 확인한 결과, 전혀 나아진 것이 없었다.

화가 난 은행장은 다시 연수원장을 호출한 다음 왜 고객의 불만 사항이 해소가 되지 않았는지 그 원인을 정확히 파악한 후 보고하라는 지시를 내렸다. 또 다시 1주일이 지난 후 보고가 있었는데, 고객불만의 원인은 교육과는 무관한 것임이 밝혀졌다. 고객들이 은행에 불만을 느끼는 이유는 뻐딱한 자세로 자신들을 맞이하는 창구 직원들 때문이었는데, 창구 직원들이 자세를 바르게 하지 않는 이유를 찾아보니 그 원인이 유니폼과 창구 데스크에 있었기 때문이다. 창구 여직원들은 짧은 미니스커트를 입고 투명한 유리 안내 데스크에서 업무를 보다보니 전면에 앉아 있는 고객들의 시선이 불편하여 다리를 꼬거나 비스듬히 앉는 자세를 취할 수밖에 없었던 것이다. 문제를 파악한 ○○은행은 다시 객장 인테리어를 리모델링하였고, 연수원장은 더 이상 은행장실에 불려 들어가지 않게 되었다.

그 당시 금융업계뿐만 아니라 전 산업에 고객만족 서비스 시스템을 갖추기 위하여 교육 및 컨설팅을 통해 매뉴얼도 잘 갖추고 각종 이벤트도 수시로 갖는 등 나름대로 고객만족 서비스 수준을 점차 높여가고 있었다. 20여 년이 지난 지금도 고객은 왕이라는 컨셉은 변함이 없지만, 실상을 보면 기준에 못 미치는 조직이나 개인이 많다. 다시 말해서 형식 면에서는 다소 개선되었다고 보지만 진정성 면에 있어서는 내면에서 우러나오는, 영혼이 맑은, 친절 서비스가 아쉬운 상태인 것이다. 이런 안타까운 현실을 인정하면서도 포기하지 않고, 서비스 개선을 위한 교육과 투자를 아끼지 말아야 할 것이다.

무엇을 도와드릴까요? 고객님♥

교육적 시사점

- 고객서비스를 통한 고객만족은 형식도 중요하지만, 진정성이 더욱 중요하다. 직원들의 기계적 언행은 오히려 고객들의 반감을 살 수 있고, 직원들의 과도한 서비스는 고객들이 불편함을 느낄 수 있다.
- 보이기 위한 전시행정이나 퍼포먼스를 기획하기 위한 노력보다는 직원들이 고객들에게 진정 어린 서비스를 수행할 수 있도록 유도하는 것이 바람직하다.

탐구활동

1. 고객서비스와 고객만족이 무엇인지 기술해 보자.

고객서비스	고객만족

2. 고객서비스를 위한 자신의 장점과 단점을 기술해 보자.

장점	단점

3. 자신이 경험한 '진실의 순간'을 기술해 보자.

4. '곱셈의 법칙'과 관련한 사례를 기술해 보자.

학습평가

정답 및 해설 p.284

※ 다음 문장의 내용이 맞으면 ○, 틀리면 ×에 ✓표시를 하시오. (1~6)

1 진실의 순간은 중요한 가치를 만드는 시간이 되기도 하지만, 동시에 그동안 쌓아온 관계와 가치를 한순간에 무너뜨리는 시간이 될 수도 있다. (○, ×)

2 '곱셈의 법칙'이란 고객이 기업으로부터 여러 번에 걸쳐서 만족스런 가치를 받았더라도, 단 한순간 0점의 가치를 받으면 기업의 가치도 0이 되어 버린다는 뜻이다. (○, ×)

3 진실의 순간은 철저히 기업의 입장에서 바라보고 규명해야 한다. (○, ×)

4 기업의 서비스를 이용하는 고객들의 경우, 기업과의 진실의 순간을 경험하면서 그 순간들을 축적하게 되며, 이른바 서비스 사이클 안에 머무른다. (○, ×)

5 고객중심 기업은 보다 나은 고객서비스를 위한 정책을 지속적으로 수립한다. (○, ×)

6 고객서비스란 다양한 고객의 요구를 파악하고, 대응법을 마련하여, 고객에게 양질의 서비스를 제공하는 것을 말한다. (○, ×)

※ (   ) 안에 알맞은 말을 채워 넣으시오. (7~10)

7 고객서비스를 제공하는 목적은 (   ), (   ), (   ), 혹은 (   ) 등의 기업 활동 중 어디에 중점을 두느냐에 따라 다르다.

8 고객서비스의 특징은 (   ), (   ), (   ), (   )을/를 갖는다는 것이다.

9   고객 중심 기업은 기업의 관리 시스템이 고객서비스 (   ) 업무에 (   )되어
있다.

10   고객 중심 기업은 (   )와/과 (   )을/를 모두 중시한다.

Tip

고객을 이탈하게 만드는 일곱 가지 요인

최근에는 기업 및 공공기관들이 앞다퉈 고객서비스 향상에 필사적인 노력을 기울이고 있다. 특히 공공기관의 경우에는 고객서비스 평가 등급이 낮으면 책임자의 인사고과에도 영향을 주기도 한다. 따라서 직원들을 대상으로 한 고객서비스 교육, 제도 개선을 위한 서비스 컨설팅, 우수 사원에 대한 포상 및 인사 반영과 같은 노력을 기울인다. 고객서비스는 쉽지 않은 일이지만 그렇다고 해서 쉽게 포기해서도 안 된다. 고객서비스에 대한 호평을 얻기 위해선 내부 고객을 만족시키고, 더 나아가 외부 고객을 만족시킬 수 있어야 한다. 그리고 다음과 같은 '충성고객을 잃는 요인'이 나타나지 않도록 해야 한다.

1. 고객과 접하는 사원들은 지위, 급여, 복지 등 모든 면에서 최하위 수준을 유지하고 있어 업무에 대한 열정과 사기가 높지 않다.
2. 회사가 고객서비스 담당 사원들의 상세한 책무 기준을 제대로 갖추고 있지 않거나 중요성을 인식하지 않고 있어 서비스가 제대로 이행되지 않고 있다.
3. 고객을 직접 접하는 매장 관계자에게 현장에서의 의사 결정권이나 재량권이 부여되지 않아 고객에게 불편을 끼친다.
4. 경영진 또는 관리자들이 일일이 고객 응대에 직접 관여하거나 그 과정에서 현장 담당자들을 제외시켜 그들이 소외감을 느끼게 한다.
5. 고객의 요구를 파악할 수 있는 현장 의견 접수나 인터뷰와 같은 활동이 전혀 이루어지지 않아 고객이 요구하는 서비스에 부합하지 못한다.
6. 사내의 복잡하고 지나친 행정 절차로 인해 고객에 대한 최적 서비스 제공이 제때에 이루어지지 않는다.
7. 개인 및 회사의 서비스 수준을 능동적·지속적으로 향상시키지 않아 서비스 수준이 낮다.

고객감동 서비스의 '일곱 가지 기본 요소'

S(smile): 서비스는 밝은 표정으로 한다.
E(energy): 서비스는 활기차게 해야 한다.
R(relevance): 서비스는 고객들에게 적절해야 한다.
V(value): 서비스는 고객에게 가치 있는 것이어야 한다.
I(impression): 서비스는 감명 깊은 것이어야 한다.
C(communication): 서비스는 고객과의 소통이 있어야 한다.
E(entertainment): 서비스는 고객에게 즐거움을 주어야 한다.

제2절 고객의 불만 유형 및 대응 방안

1 고객의 불만 유형별 대응 방안

중국 춘추시대 손무(孫武)에 의해 저술된 《손자병법》에는 "지피지기면 백전불태 (知彼知己 百戰不殆)"라는 말이 나온다. "적을 알고 나를 알면 위태롭지 않다."라는 것이다. 비즈니스 측면에서 보면 이를 "경쟁 기업 또는 고객을 파악해서 대응을 잘하면 문제가 없다."라는 뜻으로 해석할 수 있다.

개인의 행동 유형이 다르듯이 고객의 행동 유형도 다양하다. 고객의 유형은 심리적·언어·행동 특성 등에 따라 달라지며, 그에 따른 다른 대응 요령이 요구된다. 고객서비스를 통해 고객의 불만을 줄이고 고객의 가치를 높여 고객만족을 실현한다면 기업의 성공 가능성은 더욱 높아진다.

| 표 6-1 | 고객 유형별 대응 방안

구분	고객 유형	대응 방안
심리적 특성	거만형	• 정중하게 예의를 갖추어 응대한다. • 자신의 과시욕을 발산하도록 그것을 인정한다. • 자존심을 세워 준다.
	의심형	• 분명한 증거 및 사례를 제시한다. • 자신감 있는 표현과 태도를 보인다. • 책임자로 하여금 직접 대응하도록 한다.
	트집형	• 고객의 이야기를 경청하고 맞장구를 쳐준다. • 언행에 실수가 없도록 각별히 신경 쓴다. • 고객의 감정을 자극하지 않는다. • 고객이 오해를 하는 경우는 차분히 설명하여 이해시킨다. • 고객의 요구가 정당한 경우는 성의 있게 응대한다. • 자신이 실수했을 때에는 변명하지 말고 곧바로 정중하게 사과한다.
	조급형 (빨리빨리형)	• 서비스에 최선을 다하는 모습을 보여준다. • 서비스가 늦어지는 경우 사과하며 안정을 취하도록 해 준다. • 명쾌한 화법을 구사한다.
	명랑형	• 정중하고 밝은 표정으로 대응한다. • Yes, No의 입장을 분명히 밝힌다. • 상대방의 쾌활함에 대해 예의에 어긋남이 없도록 언행을 신경 쓴다.

	완벽주의형	• 정중하고 친절하게 대응한다. • 고객이 잘못을 지적할 때는 공손히 수용하며, 지적에 감사함을 표현한다. • 언행에서 실수가 없도록 한다.
	의기소침형	• 처음부터 친절히 응대한다. • 고객에게 좋은 점을 많이 칭찬해 준다. • 고객이 편안한 마음을 갖도록 응대한다.
	내향형	• 부담을 느끼지 않도록 적당한 거리를 두고 대응한다. • 고객에게 신뢰감을 주는 언행으로 다가선다. • 구체적 설명과 질문을 통해 친밀감을 갖도록 한다.
	인색형	• 저가의 상품부터 보여준다. • 고가의 경우는 그만한 가치가 있는 상품임을 설명해 준다. • 고객 스스로 바가지를 쓰고 있다는 느낌이 들지 않도록 주의한다.
언어적 특성	빈정거림형	• 감정에 휩싸이지 않고, 냉정하고 정중하게 응대한다. • 상황에 따라 고객의 문제 언행을 우회적으로 지적한다. • 진지함보다는 가벼운 농담과 더불어 자연스럽게 응대한다.
	반복형	• 상대의 말에 매번 동조하지 않는다. • 고객의 말에서 핵심을 찾아내어 확인 후 응대한다. • 가능한 단호하고 신속한 의사결정을 내린다.
	허풍형	• 객관적인 자료를 제시한다. • 우회적 표현으로 사실을 말하도록 유도한다. • 언행의 번복에 대비한다.
	비유형	• 고객의 진심과 기대 사항이 무엇인지 빨리 파악한다. • 논리적 화법으로 대응한다. • 고객에게 약점을 보이지 않도록 주의한다.
	논리형	• 논리적으로 맞대응하지 않는다. • 상대 의견에 동조하면서 꾸준히 설득한다.
	고성방가형	• 맞대응하지 말고 차분한 목소리로 대응한다. • 상대방의 언성이 계속 높을 때는 장소를 옮기는 등 분위기를 바꾼다.
	수다형	• 가급적 이야기를 들어준다. • 고객이 지나치다고 판단되면 의도적으로 말을 막는다.
	무언무감형	• 정중하고 친절하게 응대한다. • 실수 없이 완벽하게 일처리를 한다.

	독백형	• 간섭하지 말고 스스로 결정하도록 기회를 준다. • 무심한 척하며 인내심을 가지고 기다려 준다. • 도움을 요청할 때는 최선을 다하여 응대한다.
	박학다식형	• 이야기를 잘 들어준다. • 가끔 고개를 끄덕이고 경청하고 있다는 반응을 보여준다. • 동조의 말이나 동작을 적극적으로 보여준다.
행동적 특성	우유부단형	• 시기 적절히 질문 또는 조언을 하여 고객이 자신의 생각을 표현 하도록 유도한다.
	공격형	• 침착성을 유지하고 정중히 응대한다. • 논쟁을 하거나 화를 내지 말고, 고객이 스스로 조용해질 때까지 시간을 갖고 기다린다.
	호의형	• 호의에 대한 감사 표현을 잊지 않는다. • 상대의 의도에 말려들지 않도록 말을 절제한다. • 고객의 진의 파악을 위하여 질문한다. • 외유내강의 모습을 유지한다.
	흥분형	• 고객을 자극하는 표현은 삼간다. • 온화한 분위기를 유지하며 정성스럽게 응대한다. • 고객이 흥분을 가라앉히도록 우회적 표현을 한다. • 고객이 오해를 할 만한 농담이나 웃음을 보이지 않는다.
	과다 요구형	• 고객의 입장을 이해하고 있음을 표현한다. • 고객이 무리한 요구를 하고 있음을 자세하게 설명한다. • 고객이 무안하지 않도록 언행에 주의한다. • 최선의 서비스를 하고 있음을 표현한다.
	자화자찬형	• 칭찬을 하고 맞장구를 쳐주며 마음껏 자랑하도록 기회를 준다. • 자존심을 세워 준다.
기타 특성	전문가형	• 상대의 능력과 지위를 칭찬과 감탄의 말로 인정해 준다. • 상대방이 잘못 알고 있는 것에 대해서는 정면으로 도전하거나 반 박하지 않고 스스로 느끼고 개선하도록 유도한다. • 대화 중에는 자존심을 건드리지 않도록 주의한다.
	단골 행세형	• 다른 고객이 있을 경우 특별 대우는 자제한다. • 개인적인 응대에서는 종종 특별 대우임을 표현한다. • 항상 솔직하고 정성을 다한다.
	동반자형	• 동반자(어린이, 애완견)의 특징을 파악하여 적절한 찬사를 한다. • 동반자가 불편한 언행을 보이면 화내지 말고 달래 준다.

2 불만고객 상황별 대응 방안

고객만족 서비스는 고객의 유형에 따라서 다른 대응이 요구되기도 하지만 상황에 따라서도 다른 대응이 요구된다. 고객이 어떤 불만 유형이든 어떤 상황의 고객서비스 문제가 발생하든 기업은 조직 구성원들에게 조기에 불만족되었던 문제가 해결되도록 요구하고 있다. 즉, 회사나 환경을 탓하지 않고 고객에게 책임을 전가하지 않으면서 곤란한 문제를 지혜롭게 처리해 줄 것을 기대하는 것이다. 다음은 고객불만이 발생하는 상황별 대응 요령이다.

1) 고객이 격분하고 있는 상황

일반적으로 약속이 불이행된 경우에 고객들은 화를 낸다. 프로젝트 납기를 지키지 못하는 경우, 상품이 지정된 시간에 전달되지 않은 경우, 계약된 것과 상이한 제품이 전해지는 경우, 전달 과정에서 상품이 훼손된 경우 등등에 화를 낸다. 이런 경우는 고객이 먼저 문제를 제기하는 경우로서 다음과 같이 대응하는 것이 현명하다.

- 정중한 태도로 고객을 진정시킨 후 화난 이유를 정확히 말하도록 유도한다.
- 구체적인 질문을 통해 사태 수습에 최선을 다하고 있다는 신뢰감을 준다.
- 공감적 경청을 통해 고객의 입장에서 문제를 이해하고 있음을 보여준다.
- 고객이 바라는 것이 진정으로 무엇인지, 어떻게 하면 만족할지를 솔직하게 표현하도록 한다.
- 문제해결에 관해서 서로 합의점을 찾고 그것을 반드시 이행할 것을 약속한다.
- 고객과의 약속은 무조건 지키고, 무슨 일이 있어도 실천에 옮긴다.

2) 문제 상황을 알려야 하는 경우

일반적으로 고의가 아니더라도 약속이 불이행될 경우나 기업의 과실로 고객에게 피해를 주게 된 경우 등으로 고객보다는 기업이 먼저 문제를 발견하고 고객에게 다가가는 경우로서 다음과 같이 대응하는 것이 현명하다.

- 사실 그대로 솔직하게 상황을 전한다.
- 변명하지 않고 잘못을 인정하며, 사과(사죄)한다.

- 지금까지 서로의 관계성을 강조한다.
- 향후 해결 방안을 제안함으로써 희망을 준다.

3) 고객의 도움 요청을 받은 경우

고객의 구원 요청 내용이 자신의 능력과 권한으로는 감당하기 어렵거나, 사내 타 부서 또는 타 회사로 넘겨야 하는 경우에는 다음과 같이 대응하는 것이 현명하다.

- 자신이 할 수 없는 문제일지라도 자신의 문제로 받아들이고 직접 해결하려는 모습을 고객에게 보여준다.
- 무책임하거나 부정적인 언행을 삼가야 한다.
- 문제해결에 도움을 줄 수 있는 사람이나 회사를 소개시켜 준다.
- 고객이 원하는 대로 문제해결이 되는지 끝까지 관심과 성의를 보인다.

| 표 6-2 | 고객의 요청에 대한 표현 요령

삼가야 하는 표현	바람직한 표현
• 잘 모르겠습니다. • 이해할 수 없군요. 납득이 안 되네요. • 우리 회사에서는 안 됩니다. • 그건 당신이 직접 할 일 아닌가요? • 그건 회사 방침 때문에 안 됩니다.	• 제가 직접 찾아보겠습니다. • 우리 회사에서 해결하도록 최선을 다하겠습니다. • 귀사가 원하는 방향으로 최선을 다하겠습니다. • 또 다른 방안을 강구해 보겠습니다.

4) 고객의 요구가 상식 밖인 경우

고객의 요구가 부당하고, 불합리하고, 이치에 맞지 않는 경우 등에는 다음과 같이 대응하는 것이 현명하다.

- 자신이 문제를 직접 해결하겠다는 마음가짐을 갖는다.
- 고객의 요구를 받은 후 자신의 생각과 감정을 솔직히 표현한다.
- 고객의 기대 사항을 경청한다.
- 문제해결에 대한 행동 방침을 정하고 최선을 다한다.

③ 불량 고객 대응 방안

고객이 기업의 소중한 자산임에는 틀림없지만 모든 고객이 기업의 소중한 자산이 아닌 것도 틀림없다. 고객 중에는 '불량 고객'이 있기 때문이다. 일부 기업들은 무조건 고객을 유치해서 성장을 도모하는 경우가 있는데, 이는 바람직하지 못하다. 사람이 친구를 사귈 때 선별하는 것이 중요하듯 기업도 고객과의 관계를 맺을 때 잘 맺는 것이 중요하다.

기업이 경계해야 할 고객층으로는 두 가지가 있다. 첫 번째는 기업이 제공하는 제품과 서비스의 가치에 부합도가 떨어지는 고객들이다. 이들은 관계가 지속될수록 불만족만 커진다. 두 번째는 기업의 가치에는 부합하는 특성을 갖고 있지만 고의로 기물을 훼손하고 기업이 제공하는 제품과 서비스에 적정한 대가를 지불하지 않거나 다른 고객에게까지 피해를 끼치는 사람들이다.

이유재·허태학(2007)은 불량 고객(Bad Customer, Jaycustomer)의 유형을 대략 다음과 같이 분류했다.

| 표 6-3 | **불량 고객의 유형 및 개념**

유형	개념	예
도둑형	제품이나 서비스에 대한 대가를 지불하지 않는 고객	• 숙박 객실 내 미니바에서 물을 꺼내 마신 후 수돗물을 담아 놓거나 각종 비품을 가져가는 고객 • 항공기 내의 이어폰, 담요 등의 물품을 가져가는 고객 • 대형 마트에서 몰래 물건을 가져가는 고객
규칙 위반형	정해진 규칙이나 규율을 무시하는 고객	• 수영장에서 수영모를 착용하지 않은 고객 • 무단횡단 보행자 • 객실에서 밤늦게까지 음주가무 및 고성방가를 하는 고객
호전형	사소한 일로 종업원 등에게 거칠게 항의하는 고객	• 은행, 증권사 객장에서 고함치는 고객 • 식당 및 공공장소에서 고함치는 고객
내분형	다른 고객들과 싸우는 고객	• 옆 테이블 고객과 다투는 고객 • 내기 골프에서 지고 심하게 다투는 고객

파괴형	물리적 시설을 훼손하거나 더럽히는 고객	• 객실 기구를 파손하는 고객 • 서비스에 불만을 갖고 이용 후 각종 기물, 비품 등을 훼손하는 고객
신용 불량형	제공받은 제품이나 서비스에 대한 값을 지불하지 않으려는 고객	사용한 통신비를 계속적으로 납부하지 않는 고객

고객의 의식 수준과 경제적 수준이 높아지면서 고객서비스와 고객만족의 중요성이 더욱 부각되는 상황에서 불량 고객 또한 증가하는 추세이다. 이에 따른 경제적 손실도 커지지만, 그 외적으로 부작용도 커져 기업 입장에서는 골칫거리가 되고 있다. 부작용에는 다음과 같은 것들이 있다.

첫째, 불량 고객의 잘못된 행동은 서비스를 지원하는 직원들에게 스트레스로 작용하여 마음의 상처를 입히기도 하고 사기를 저하시켜 좋은 서비스를 제공하는 데 장해가 된다.

둘째, 직장에 대한 회의감과 불만 요인이 되어 이직률을 높이기도 한다.

셋째, 불량 고객 응대에 따른 노력과 비용으로 인해 선량한 다른 고객에 사용될 자원을 낭비하게 된다.

넷째, 불량 고객의 잘못된 행동이 학습 효과를 이루어 다른 고객들을 전염시키기도 한다.

따라서 기업 입장에서는 불량 고객을 선도하는 노력도 필요하지만 퇴출시키는 것이 최후의 방법이 될 수 있다. 우선, 불량 고객을 줄이기 위한 방법은 다음과 같이 다섯 가지로 정리가 가능하다.

첫째, 고객 유치 시 선별하는 것이 중요하다. 기업에서 인재 채용 시에 신중을 기하듯이 고객에 대한 신용정보 등을 활용하는 것도 하나의 방법이 될 수 있다.

둘째, 내부 규정이나 규칙이 고객에게 적용하는 데 현실성이 있는지 점검해 본다. 일부 기업들은 고객 입장에서 접근하기보다는 기업 입장에서만 접근한 탓에 현실성 없는 규정이나 규칙을 두고 있는 경우가 있다.

셋째, CRM(Customer Relationship Management: 고객관계관리) 고객 정보 시스템을 활용하여 고객에 대한 정확한 정보를 공유하고, 리스크를 최소화해야 한다.

넷째, 고객에 대한 선입견을 갖지 말고 이해와 배려를 통해 기업에 대한 신뢰성과 충성심을 높이도록 한다.

다섯째, 지나치게 매출을 의식하여 오버하는 언행에 주의하여야 한다. 기업의 상품과 서비스 그리고 가치에 부합도가 떨어지는 경우는 고객에게 적합한 다른 기업을 소개해 줄 수 있어야 한다. 그것이 진정한 서비스 정신이기도 하지만 미래 고객을 위한 투자이기도 하다.

이와 같은 노력에도 불구하고 좋은 관계가 형성되지 않으면 그 관계를 끝내는 것도 나쁘지 않다. 오히려 끝내는 것이 서로에게도 도움이 될 수도 있기 때문이다.

사례연구

고객들의 다양한 불만 유형

〈사례 1〉

서울 강남에 위치한 H백화점은 현재 가을 정기 세일 중이다. 백화점 내 K브랜드 매장의 숙녀복 코너는 많은 고객들로 인해 붐비고 있었는데 한 고객이 매장 안으로 들어왔다. 그 고객은 1주일 전에 K브랜드 매장을 방문했던 고객으로, 주문한 물품을 찾아가기 위해 약속한 시간에 매장에 온 것이었다. 하지만 많은 사람들로 인해 매장이 북적거렸고, 신입 판매원 혼자뿐이어서 고객의 물품을 쉽게 찾지 못하고 쩔쩔맸다. 이리 저리 돌아다니며 물품을 찾아다니는 판매원에게 고객은 빨리 좀 해달라며 계속 독촉했다.

〈사례 2〉

지난번 가을 정기세일에 숙녀복을 사 갔던 한 젊은 고객이 매장을 다시 찾았다. 고객은 샀던 물건이 집에 가서 보니 마음에 들지 않았다며 화난 얼굴로 온갖 불평을 늘어 놓았다. 친절하게 서비스를 해 주었지만, 또 이것저것 트집을 잡아가면서 계속 불평하고 있다.

〈사례 3〉

한 백화점의 신사복 매장에 중년의 신사가 방문했다. 신사는 매장을 이리저리 돌아보면서 가격이 너무 싸고, 디자인이나 색상이 너무 촌스럽다든지, 다른 백화점과 비교해서 전체적으로 수준이 떨어진다는 등 거들먹거리며 불평을 늘어 놓았다.

〈사례 4〉

신입사원 김성실 씨는 오늘 국내 유명 백화점 K브랜드 구두 매장에 첫 출근을 했다. 오전 10시에 매장을 오픈(Open)하고 고객을 맞이하였다. 고객에게 실수하지 않으려고 긴장을 하고 오는 고객마다 친절하게 설명하며 응대하였다. 그럼에도 고객들은 김성실 씨의 말을 잘 믿지 않고 의심을 많이 하는 것 같았다.

◢ 교육적 시사점

〈사례 1〉은 조급형, 〈사례 2〉는 트집형, 〈사례 3〉은 거만형, 〈사례 4〉는 의심형 고객에 대한 예이다.

탐구활동

1. 생활에서 진상 고객을 만났던 사례를 작성해 보자.

2. 매장 방문 시 자신이 어떤 고객 유형에 해당하며, 그렇게 하는 이유는 무엇인지 작성해 보자.

3. 최근에 자신이 겪었던 불량 고객과 그에 대한 느낌을 작성해 보자.

4. 고객의 요구가 상식 밖의 것이라면 어떻게 응대할 것인지 작성해 보자.

정답 및 해설 p.285

학습평가

※ 다음 문장의 내용이 맞으면 ○, 틀리면 ×에 ✓표시를 하시오. (1~6)

1   거만형 고객은 정중하게 대하거나, 고객이 과시욕을 발산하도록 그것을 인정한다. (○, ×)

2   의심형 고객은 분명한 증거 및 사례를 제시하거나, 때로는 책임자로 하여금 직접 응대하게 한다. (○, ×)

3   트집형 고객에게는 애매한 화법을 사용하지 않고, 만사를 시원스럽게 처리하는 모습을 보인다. (○, ×)

4   조급형 고객에게는 이야기를 경청하고 맞장구쳐 주고, 추켜 세워 준다. (○, ×)

5   고객불만은 직원들의 스트레스 요인이 되며, 생산성에도 부정적 영향을 준다. (○, ×)

6   불량 고객을 줄이기 위해서는 고객에 대한 선입견을 갖지 말고 이해와 배려를 통해 기업에 대한 신뢰성과 충성심을 높이도록 한다. (○, ×)

7   고객불만 유형 중 거만형의 대응 방법으로 적절하지 않은 것을 고르시오.

   ① 정중하게 대한다.
   ② 자신의 과시욕을 발산하도록 한다.
   ③ 자존심을 세워 준다.
   ④ 분명한 증거 및 사례를 제시한다.

8   고객불만 유형 중 흥분형의 대응 방법으로 적절하지 않은 것을 고르시오.

   ① 온화한 분위기를 유지하며 정성스럽게 응대한다.
   ② 고객이 무안하지 않도록 언행에 주의한다.
   ③ 고객이 흥분을 가라앉히도록 우회적 표현을 한다.
   ④ 고객이 오해를 할 만한 농담이나 웃음을 보이지 않는다.

9   고객의 요청에 대한 바람직한 표현 요령으로 적절하지 않은 것을 고르시오.

① 우리 회사에서 해결하도록 최선을 다하겠습니다.

② 귀사가 원하는 방향으로 최선을 다하겠습니다.

③ 그건 회사 방침 때문에 안 됩니다.

④ 또 다른 방안을 강구해 보겠습니다.

10   불량 고객의 유형으로 적절하지 않은 것을 고르시오.

① 도둑형

② 규칙 위반형

③ 신속형

④ 내분형

Tip

누가 진정한 고객인가?

고객은 일반적으로 내부 고객과 외부 고객으로 구분된다. 고객 중심의 서비스를 수행하기 위해선 내부 고객과 외부 고객을 모두 중시해야 하는데, 실상은 이와 다른 것 같다. 금융기관, 의료기관, 그리고 각종 공공기관을 방문해 보면 내부 고객의 편의를 중심으로 업무가 이루어져 외부 고객이 불편한 상황을 겪는 일이 일어나고 있기 때문이다. 이와 같은 경우를 제시해 보면 다음과 같다.

첫 번째 경우는 고객과의 상담 및 서비스가 이루어지는 상황에서 내부 문제로 인해 이를 중단하고, 고객을 기다리게 하는 상황이다. 이에 대해 고객에게 양해를 구하거나 미안함을 표현하는 경우도 있지만 간혹 고객이 기다리는 것을 당연시 여기는 기업이나 기관도 있다. 하지만 이처럼 내부 문제로 고객의 서비스를 중단하고, 고객이 대기하는 시간을 연장시키는 행위는 절대로 있어서 안 된다.

두 번째 경우는, 민원 업무 및 고객 창구 담당자가 개인 용무로 오랜 시간 자리를 비우는 상황이다. 민원 업무나 고객 창구 담당자는 외부 고객과의 접점에서 서비스를 제공하기 때문에 개인생활에 불편함이 따를 수 있다. 하지만 이를 감수하고 외부 고객만족 서비스에 최선을 다해야 한다.

세 번째 경우는 근무시간 외 서비스에 외부 고객을 고려하지 않은 시스템을 제공하는 상황이다. 점심시간을 포함해 근무시간 외 서비스에서 외부 고객을 좀 더 고려하여 서비스를 마련한다면, 외부 고객은 해당 기업이나 기관에 더욱 만족하게 될 것이다.

위 세 가지 경우에서 대부분의 고객들은 불편한 감정을 표출하지 않지만 이탈 고객이 된다는 점을 잊지 말아야 한다.

제3절 고객의 불만 처리 프로세스

① 고객의 불만 처리 원칙

고객들이 갖는 불만은 다양하기 때문에 만족시키는 것도 결코 쉽지 않다. 고객으로부터 불만 사항을 접하게 되면 누구나 기분이 언짢고 당황스럽다. 그렇다고 모르는 척 외면할 수도 없다. 고객들의 유형이 다양한 만큼 요구 내용도 다양하지만 원칙 없는 대응은 고객의 또 다른 불만을 초래할 수 있으므로 다음과 같은 행동 원칙 준수가 요구된다.

> 첫째, 공정성을 유지해야 한다. 사람은 자기가 지불한 대가에 못 미치는 서비스를 받았다는 생각이 드는 순간 차별대우를 받았다는 생각에 불만을 제기하는 것이므로 불만 처리 과정에서도 이 점에 주의해야 한다.
>
> 둘째, 효과적 대응이어야 한다. 문제가 발생하면 적기에 적절한 대응을 해야 하는데 타이밍을 놓치거나 비용 절감을 의식하다가 더욱 큰 손실을 초래하는 경우가 의외로 많다.
>
> 셋째, 개인의 프라이버시를 존중해 주어야 한다. 불만 처리 과정에서 발생했던 불미스러웠던 일련의 내용들은 철저히 비밀에 붙여져야 한다. 그럴수록 고객은 더욱 감사한 마음을 갖게 되고 충성 고객이 될 가능성이 높아진다.
>
> 넷째, 사례가 공유되어야 한다. 한 번 발생한 사례와 그 처리 결과는 반드시 사내 지식 경영 시스템을 통하여 전 직원이 공유하도록 하여 재발을 방지해야 한다.

② 고객의 불만 처리 프로세스

최근에는 많은 기업들이 고객불만 사항을 신속·정확하게 처리하기 위하여 매뉴얼을 만들고 직원들에게 교육을 시키고 있다. 일반적으로 고객의 불만 처리 프로세스는 다음과 같이 8단계로 나누어진다.

1) 접수, 경청

고객의 불만 사항에 대하여 선입견을 갖지 않고 문제가 무엇인지 사실 파악을 위해 경청하고 기록한다.

2) 감사, 공감

문제해결을 할 수 있는 기회를 준 것에 대한 감사 표시를 하고 불만과 관련된 내용에 대해서는 공감 표현을 한다.

3) 사과, 해결 약속

고객불만 사항에 대해서는 정중하게 사과하고 빠른 시일 안에 해결할 것임을 분명히 약속한다.

4) 불만 처리 방안 계획

효과적인 불만 처리를 위하여 불만 사항을 점검하고 처리 방안을 계획한다.

5) 신속 처리

불만 사항을 신속하게 처리하고 재발 방지를 약속한다.

6) 처리 결과 고객 확인

불만 처리 결과를 고객에게 알리고 만족 여부에 대하여 확인한다.

7) 재발 방지 대책 마련

제품과 서비스 측면에서 개선이 요구되는 사항에 대해서 관련 표준을 제·개정한다.

8) 피드백

고객의 불만 사례를 전 직원에게 공유하여 재발 방지에 노력한다.

사례연구

과연 One-Stop 서비스는 불가능한 것인가?

필자는 최근에 고등학생인 아들이 몸이 불편하다고 해서 함께 동네 외과 의원을 방문한 적이 있다. 접수대로 가니 이미 세 사람이 대기 중에 있었다. 접수할 때 혹시 자리 순서가 문제가 될 수 있을 것 같아 줄에 맞춰 네 번째 순서에 서 있었다. 그런데 느닷없이 접수대의 여직원이 퉁명스러운 말투로 "뒤에 서 있지 말고 의자에서 기다리세요!"라고 하는 게 아닌가? 듣는 사람에 따라서 다를 수 있겠지만 나에게는 그 말이 명령조로 들렸다.

언짢은 표정을 하고 잠시 의자에 앉아 아들과 기다리고 있으니 "다음, 오세요." 라는 목소리가 들렸다. 아들 차례를 부르는 것 같았다. 아들과 함께 접수대로 가니 직원은 우리에게 대기자가 많아 1시간 20분~30분 정도 걸릴 것이라고 했다. 내가 직원에게 그럼 대기 시간 동안 근처에서 급한 다른 볼 일을 보고 올테니 혹시 그전에 우리의 진료 시간이 되면 문자로 알려 줄 수 있느냐고 물었다. 하지만 직원은 곤란하다고 말했다. 결국 필자는 아들과 함께 최대한 빨리 볼일을 마치고 시간에 늦지 않게 병원으로 돌아왔다. 마침 아들 순서가 되어 있었다.

그 후에는 계속 "진찰실로 들어가세요.", "나오세요.", "약국에 가서 약을 타세요." 등의 기계적 음성만 들었다. 진료 후 병원 문을 나서는데, 왠지 기분이 유쾌하지 않았다. 병원이 고객을 좀 더 배려한다면, 최소한 고객 대기 순서표 기계를 설치하여 편안하게 대기할 수 있는 기회를 만들어 주고, 내방객들이 편안하게 서비스를 받고 돌아갈 수 있도록 하면 좋았을 것 같다는 아쉬운 마음이 들었다.

교육적 시사점

고객과 직원의 시간 감각에는 큰 차이가 있다. 예를 들어 고객이 어떤 사항을 담당자에게 요청했을 때, 담당자가 고객에게 기다릴 것을 요청하고 해당 업무를 처리하는 데 5분 정도 소요됐다면, 고객이 체감하는 시간은 15분 정도로, 실제 시간의 3배이다. 이에 반해 담당자는 업무 처리에 실제 시간의 1/3도 소요되지 않았다고 생각한다. 고객을 기다리게 하는 것이 죄악이 되는 이유가 바로 여기에 있다.

탐구활동

다음 상황에서 어떻게 대처할지 그 과정을 구체적으로 작성해 보자.

상황 1   얼마 전 스마트폰을 구입해 간 한 대학생이 갑자기 스마트폰이 고장났다고 다시 매장을 찾았다. 학생은 구입한 지 얼마 되지 않는 스마트폰이 고장난 것에 불쾌해 하였고, 새 것으로 교환해 주던지, 아니면 환불해 달라고 요구하였다.

상황 2   얼마 전 양복점에서 넥타이 세 장을 구입하였다. 집에 돌아와서 쇼핑백을 열어보니 두 장은 자신이 선택한 물품이고, 나머지 한 장은 다른 물품이 포장되어 있었다.

상황 3   노트북 수리를 위하여 서비스 센터를 방문하였다. 예약 접수 대기자들이 많았다. 접수하는 데에만 30분을 기다렸다. 수리 시간은 2시간 정도 소요된다고 했다. 급한 마음에 기다리기로 했는데, 2시간이 지나도 소식이 없어 순서를 확인해보니, 예정보다 전체적으로 수리 시간이 오래 걸려 앞으로도 1시간은 더 기다려야 했다.

학습평가

정답 및 해설 p.285

※ 다음 문장의 내용이 맞으면 ○, 틀리면 ×에 ✓표시를 하시오. (1~8)

1   고객불만 처리 시 고객과 문제의 성격을 고려하여 차별 대응을 해야 한다. (○, ×)

2   고객불만은 접수 후 하루 단위로 일괄 처리한다. (○, ×)

3   불만 처리 과정에서 발생했던 불미스러웠던 일련의 내용들은 인터넷에 상세히 올려야 한다. (○, ×)

4   한번 발생한 사례 및 처리 결과는 반드시 사내 지식 경영 시스템을 통하여 전 직원에게 공유하여 재발을 방지해야 한다. (○, ×)

5   고객의 불만 사항 접수 시 이전에 처리한 사례들을 염두에 두어야 하며, 사실 파악을 위해 경청하고 기록한다. (○, ×)

6   문제 접수 후 문제해결을 할 수 있는 기회를 준 것에 대한 감사 표시를 하고, 불만과 관련된 내용에 대해서는 공감 표현을 한다. (○, ×)

7   고객의 불만 사항에 대해서 잘못을 인정해서는 안 된다. (○, ×)

8   효과적인 불만 처리를 위하여 불만 사항을 점검하고 처리 방안을 계획한다. (○, ×)

9   고객의 불만 처리 원칙으로 적절하지 않은 것을 고르시오.

   ① 공정성 유지   ② 효과적 대응
   ③ 개인 프라이버시 존중   ④ 사내에서 사례 결과에 대해 비밀 유지

10 (   ) 안에 알맞은 말을 채워 넣으시오.

   [고객불만 처리 프로세스]
   • 1단계: 접수, 경청   • 2단계: 감사, 공감
   • 3단계: (   ), (   )   • 4단계: (   )
   • 5단계: 신속 처리   • 6단계: 처리 결과 고객 확인
   • 7단계: (   )   • 8단계: 피드백

Tip

고객감동을 위한 10가지 실천 사항

고객감동 서비스를 실천하기 위해서는 고객과 평소 어떤 관계를 맺는가가 중요하다. 아래와 같이 고객과 관계를 맺을 수 있다면 자신 혹은 자사의 가치를 높이면서도 충성 고객을 확보하고, 불만 고객을 줄이는 효과를 얻을 수 있을 것이다.

1. 다양한 채널을 통해 고객과 자주 대화한다. 직접 만나는 경우, 전화를 하는 경우, 설문 조사를 하는 경우 등이 있는데, 어떤 방법으로든 수시로 고객과 정보를 교류해야 한다.
2. 고객이 필요로 하는 서비스를 발굴하여 적극적으로 제공한다. 고객과의 대화를 통해 파악된 고객의 희망 사항이나 요구 사항을 가볍게 여기거나 무시하지 않고 적극적으로 대응한다면, 고객으로부터 성실성을 인정받고, 신뢰를 얻을 수 있다.
3. 고객에게 동반자라는 인식을 심어 준다. 고객과의 관계를 '비즈니스 대상'이나 '갑과 을'이라는 관계로 인식하지 말고, 상생을 위한 동반자로 인식하여야 하며, 고객 또한 이런 마음을 가질 수 있게 하여야 한다.
4. 고객과의 문제해결에 책임감을 갖는다. 문제 발생 시 문제의 원인이 누구 때문인지에 관계없이 문제해결에 최선을 다한다. 자신 또는 자회사에서 문제해결이 곤란한 경우 타사를 소개할 수도 있어야 한다.
5. 고객이 기대하는 이상의 서비스를 제공한다. 고객들은 자신들이 기대했던 것보다 더 나은 서비스를 받게 되면 감동과 감탄을 하게 된다. 그리고 이를 계기로 충성 고객이 될 확률이 높다.
6. 솔선수범의 행동을 보여야 한다. 고객과의 관계는 나만 잘해서 되는 것이 아니며, 구성원들 모두가 함께 좋은 서비스를 제공할 수 있어야 한다. 그러기 위해서는 내가 솔선수범하는 모습을 보여야 한다.
7. 불필요한 행정 절차를 간소화한다. 회사의 편의 중심 행정이나 규정 준수 행위 등이 오히려 고객 서비스에 장애가 될 수 있다. 고객 입장에서 문제에 접근하고 기대를 충족시키려는 노력이 필요하다.
8. 직원의 서비스 능력을 향상시키고, 직원에게 현장에서의 권한을 위임한다. 직원들이 고객의 다양한 요구 수준을 올바르게 이해하고 적절한 대응능력을 갖출 수 있도록 교육·훈련시키고, 능력이 갖추어진 뒤에는 현장에서 책임감을 갖고 문제를 해결할 수 있도록 권한을 위임한다.
9. 고객과의 약속은 반드시 지킨다. 좋은 고객을 만드는 데는 신뢰감이 기본이 된다. 약속 내용의 중요성, 고객의 지위 등과 관계없이 진정성을 갖고 차별 없는 서비스를 해야 한다.
10. 고객감동을 위해 끝없이 노력해야 한다. 고객감동 서비스를 위한 경쟁이 지속되면서 고객이 요구하거나 기대하는 서비스의 수준이 날로 높아지고 있다. 그런 고객들의 마음을 사로잡기 위한 감동 서비스를 제공하기 위해서는 기업들의 관심과 투자가 지속되어야 한다.

제4절 고객만족 조사

1 고객만족 조사의 중요성

기업은 수시로 고객의 소리를 귀담아 들어야 한다. 고객들은 일상생활에서 매일 수많은 기업들과 접촉하기도 하고 관계를 맺기도 한다. 그 과정에서 고객들은 해당 기업들의 제품, 서비스, 경험 등에 대해서 각각 평가를 하게 되며, 평가 결과는 시시각각 달라지게 된다.

고객들은 좋은 제품과 서비스, 경험을 제공하는 기업에 대해서는 만족하지만 그렇지 못한 기업에 대해서는 불만족스럽다는 결론을 내리게 된다. 그런데 기업 입장에서는 이들 고객이 만족하는지 불만족하는지 여부를 잘 알 수 없다. 따라서 고객의 만족 상태를 수시로 점검하는 것은 고객의 평가에 귀 기울여 고객의 가치를 높일 수 있는 최선의 방법이다.

6시그마의 창시자 마이클 해리는 "측정이 없으면 개선도 없다."라고 말한 바 있다. 즉, 모르면 실천할 수 없으며, 측정에 관심 없는 것은 알려는 노력을 포기하는 것과 같다. 양질의 고객 서비스로 고객의 가치를 향상시키기 위해서는 고객의 요구 변화에 관심을 갖고 지속적으로 대응해야 함을 잊어서는 안 된다.

2 고객만족 조사의 목적 및 내용

고객만족 조사의 목적은 고객의 주요 요구를 파악하여, 그중에서 가장 중요한 고객요구를 도출하고, 자사가 가지고 있는 자원을 토대로 경영 프로세스의 개선에 활용함으로써 경쟁력을 증대시키는 것이라고 할 수 있다.

그런데 안타깝게도 대다수 기업들의 고객만족 조사는 고객의 요구를 파악하고 이를 비즈니스 프로세스에 입안하려는 의도가 보이지 않는 구성을 하거나 자사의 가시적인 성과만을 보여 주려는 의도만 보인다. 이뿐만이 아니다. 고객만족을 측정하는 데 있어서 많은 사람들이 다음과 같은 오류를 범하고 있다.

첫째, 고객의 요구 사항을 잘 알고 있다고 생각한다.

둘째, 조사 목적이 불분명하다.

셋째, 측정 프로세스에 대한 사전 계획 없이 시작한다.

넷째, 조사 시 비전문가의 도움을 받는다.

다섯째, 자사에 필요한 구체적인 질문이 아닌 포괄적인 가치만을 질문한다.

여섯째, 고객의 서비스 요구 수준은 동일하다고 가정한다.

일곱째, 고객만족도를 높이기 위해서 낮은 점수대의 고객에게 집중한다.

여덟째, 만족 고객을 매우 만족하도록 투자하는 것이 현명하지 못하다고 생각한다.

이와 같은 오류는 조사 진행 과정에서도 어려움이 발생하지만 조사 결과도 신뢰성이 떨어지기 때문에 활용하는 것에 리스크가 따른다.

한편, 고객만족 조사에서는 고객만족과 고객불만족 측정이 병행되어야 함을 잊지 말아야 한다. 고객이 말을 하지 않는다고 해서 그 기업에 만족한다는 것은 아니다. 일반적으로 극소수의 고객만이 서비스 공급자에게 자신의 목소리를 전달한다. 실제로 기업에 불만을 토로하는 불만족 고객들은 전체의 3분의 1 미만이었다. 나머지 고객들은 다른 방법으로 해결하거나 사석에서 투덜대는 정도이다. 따라서 기업들은 불만 고객들을 방치할 것이 아니라 적극적으로 관심을 갖고 불만의 이유를 찾아서 해결해 주려는 노력이 필요하다. 불만을 토로하는 고객은 불만이 빨리 해결되기를 바라는 만큼이나 그 기업에 애착이 있다고 볼 수도 있다. 또한, 그들은 자신의 불만이 신속하고 만족스럽게 해결되면 약 80%가 다시 그 기업의 제품을 이용한다고 한다.

결론적으로 고객만족이나 불만족 조사를 적절히 수행하기 위해서는 사전에 조사 계획이 수립되어야 한다. 조사에 포함되어야 할 기본 항목으로는 조사 분야 및 대상, 조사 목적, 조사 방법 및 횟수, 조사 결과 활용 계획 등이 있다.

3 고객만족 조사 방법

고객만족 조사는 고객만족의 주관적·심리적 측면을 잘 반영하는 변수를 찾아 계량화하는 것이 중요하다. 이를 위해서는 자사 이미지에 대한 고객의 기대 수준, 자사 제품이나 서비스에 대한 고객의 평가 수준 및 만족 수준을 조사해 측정하는 것이 무엇보다 중요하다. 고객만족 조사 및 측정 방법은 다음과 같다.

첫째, 고객 설문 조사이다. 설문 조사의 주요 내용은 고객 충성도이다. 즉, 제품의 재구매 및 서비스의 재이용에 대한 의사표현인데, 그 의도를 신중하게 해석해야 한다. 고객은 속마음을 그대로 드러내기보다는 과장해서 표현하는 경향이 있기 때문이다. 설문 조사 방식은 일반적으로 온·오프라인으로 하며, 만족 정도는 5~7점의 리커트 척도 방식을 택한다. 이 같은 설문조사 등을 통해서 고객만족도 지수를 공개적으로 평가하는 조직으로는 한국표준협회의 KS-SQI(Korean Standard-Service Quality Index), 한국생산성본부의 NCSI(National Customer Satisfaction Index), 한국능률협회의 KCSI(Korean Customer Satisfaction)가 대표적이다.

둘째, 마케팅 리서치를 통해 신규 고객들에게 소비 습관을 바꾼 동기를 물어보는 것이다. 특히 경쟁사 제품을 선택한 고객들에게는 적극적으로 고객의 생각을 물어야 한다.

셋째, 고객불만 및 제안 시스템을 이용하는 방법이 있다. 이 방법은 고객의 제품·서비스 이용 불만, 제안의 용이성, 고객 응대 처리의 신속성 및 활용 정도를 평가하는 방식이다.

넷째, 영업 현장의 피드백이다. 영업 현장 종사자들은 고객들의 접점에서 정확하게 피드백을 받고 신속하게 대응할 수 있는 가장 좋은 위치에 있다. 그런데 대다수 기업들이 이들을 효과적으로 활용하지 못하는 것은 주로 종사자들의 피드백 능력 부족이나 적절한 보상 미흡, 그리고 경영상 의사결정에 필요한 피드백 정보화 장치의 부재 등을 들 수 있다.

다섯째, 암행 고객(Mystery Shopper)을 활용하는 방법이다. 고객으로 가장해 자사 매장을 방문·이용하는 과정에서 판매원들의 서비스와 고객 응대 수준을 평가하는 방식이다. 최근에는 이 같은 방법을 채택하는 기업도 늘어나고 있으며 그 효과도 높은 것으로 나타나고 있다.

여섯째, 이탈 고객을 조사하는 방법이다. 고객 이탈 비율 및 이유를 밝혀내어 고객불만족을 해소하는 방법이다. 이탈 고객 조사는 쉽지 않지만, 직간접적 방법으로 이탈 고객들의 목소리를 듣도록 최선의 방법을 강구해야 한다.

기존 고객을 유지하기보다 이탈 고객을 되돌아오게 하거나 신규 고객을 만드는 것이 몇 배 힘들다는 것이 마케팅계의 정설이다. 한 번 고객은 평생 고객이 되도록 만드는 노력과 지혜가 필요하다. 이것이 고객만족 조사의 핵심이다.

사례연구

고객만족 서비스 평가

'고객을 감동시키는 만족서비스를 실천하라!'. A생명이 최근 모든 직원의 고객서비스 수준을 평가해 우수 직원에게 최고 500만 원을 수당으로 지급하는 '고객만족 점수제'를 도입했다. 이 제도에 따라 A생명의 전 직원은 매당 활동 영역별 심사 기준에 따라 고객서비스 수준을 평가받은 뒤 '고객서비스 점수'를 부여받게 된다. 또한, 개인별 평가와 함께 팀과 그룹 단위별로 평가가 이뤄져 평가 결과에 따라 그룹별로 '고객만족 등급'이 부여된다. 평가 점수가 높은 직원들은 1인당 10만 원에서 최고 500만 원까지의 특별 수당을 받게 되며 해외여행 등의 특전을 받게 되고, 인사고과에도 반영된다.

T이사는 "직원 개개인의 고객서비스 수준을 적절히 평가해 보상함으로써 직원의 서비스 수준을 개선하고 고객만족을 실천하기 위해 제도를 도입했다."라며 "직원 간 선의의 경쟁을 통해 고객서비스 수준이 향상될 것으로 기대한다."라고 말했다.

또, 마케팅 인사이트가 실시한 '2011년도 자동차 품질 및 고객만족 조사'에서 R사는 소비자가 평가한 영업 만족, A/S 만족, 종합 체감 만족 등 '자동차 고객만족 부문'에서 10년 연속 1위를 차지했다. 이에 더해 제품 품질과 서비스 품질 모두에서 경쟁 업체들을 앞서는 것으로 평가되어 2011년 고객 평가 8개 부문 중 6개 부문을 석권했다. 이로써 이 회사는 고객만족 1위 기업의 이미지와 고객 충성도를 더욱 강화해 나갈 수 있게 되었다.

– 한국산업인력공단 직업기초능력 대인관계능력 학습자용 워크북 p.162,
국가직무능력표준 홈페이지(http://www.ncs.go.kr)

교육적 시사점

• 제시된 사례는 A사가 고객만족서비스 수준 향상을 위해 노력하고 있음을 보여 준다. A사는 고객만족서비스 수준 향상을 위해 고객만족서비스에서 높은 성과를 낸 직원에게 금전적 보상을 하고 있다.

• 이처럼 요즘 대부분의 기업에서는 고객만족을 기업의 주요 목표로 하고 있으며, 실제로 시장 경쟁에서 우위를 점하기 위해서는 고객만족이 필수적인 요소이다.

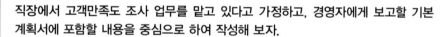

탐구활동

직장에서 고객만족도 조사 업무를 맡고 있다고 가정하고, 경영자에게 보고할 기본
계획서에 포함할 내용을 중심으로 하여 작성해 보자.

1) 조사 분야 및 대상

2) 조사 목적

3) 조사 방법 및 횟수

4) 조사 일정

5) 조사 결과 활용 계획

6) 소요 예산

7) 예상되는 문제점

학습평가

정답 및 해설 p.285

※ 다음 문장의 내용이 맞으면 ○, 틀리면 ×에 ✓표시를 하시오. (1~8)

1 고객들은 기업의 제품, 서비스, 경험 등에 관한 평가를 하며, 그 결과는 변하지 않는다. (○, ×)

2 고객의 만족 상태를 수시로 점검하는 것은 고객에게 불편을 끼쳐 고객의 가치를 떨어뜨리게 된다. (○, ×)

3 양질의 고객서비스로 고객의 가치를 향상시키기 위해서는 고객의 요구 변화에 관심을 갖고 자사의 제품, 서비스, 경험 등과 관련하여 지속적으로 조사, 측정해야 한다. (○, ×)

4 고객만족 설문 조사의 주요 내용은 고객 충성도이다. (○, ×)

5 마케팅 리서치에서 중요하게 생각하는 것은 기존 고객들의 만족도이다. (○, ×)

6 암행 고객을 활용하는 기업들은 고객만족 서비스가 나쁘다. (○, ×)

7 고객만족 조사 계획에서 조사 분야와 범위는 명확하게 정의해야 한다. (○, ×)

8 고객만족 조사는 자사의 성과 평가만을 위한 용도이다. (○, ×)

9 고객불만 및 제안 시스템을 이용해 평가하는 내용으로 적절하지 않은 것을 고르시오.
   ① 고객의 제품·서비스 이용 불만
   ② 제안의 용이성
   ③ 고객 응대 처리의 신속성 및 활용 정도
   ④ 종업원의 스펙

10 영업 현장의 피드백이 효과적으로 활용되지 못하는 이유로 적절하지 않은 것을 고르시오.
   ① 종사자들의 피드백 능력 부족
   ② 적절한 보상 미흡
   ③ 경영상 의사결정에 필요한 피드백 정보화 장치의 부재
   ④ 영업 현장의 인력 부족

Tip

고객만족 서비스의 끝은 어디인가?

지난 1982년 미국 시카고에서 제약회사 존슨앤존슨(Johnson & Johnson)의 주력 상품인 해열 진통제 타이레놀에 누군가 독극물을 투여하여 이를 복용한 소비자 7명이 사망한 사건이 발생했다. 위기에 처한 존슨앤존슨의 대응은 신속하고 투명했다. 즉각 대국민 사과를 하고 미국식품의약국(FDA)과 경찰의 조사 결과가 나오기도 전에 해당 지역뿐만 아니라 전국의 모든 타이레놀 제품을 전량 회수했다. 동시에 독극물 투입을 원천적으로 봉쇄하는 포장 방식을 개발하는 데 1억 5,000만 달러를 투자하였다. 사건이 발생한 지 1년 후, 존슨앤존슨은 적극적이고 적절한 대응으로 인해 사건 이전처럼 시장 점유율 1위를 회복할 수 있었으며 《포춘(Fortune)》지가 선정한 '가장 칭송받는 기업' 가운데 하나로 꼽히게도 되었다.

오늘날 착한 기업은 소비자들의 선택을 받는 것을 넘어서 투자자들의 신뢰도 얻을 수 있어야 한다. 환경 파괴를 막기 위해 오염 물질 배출을 최소화하거나, 좋은 노사관계 구축을 위해 노동자들의 복지에 투자하는 기업들은 좋은 회사라는 평가를 받아 투자금 유치에도 유리하다는 사실을 우리나라 기업들은 잊지 말아야 한다.

지난 2006년 서울에 위치한 어느 놀이공원에서 놀이기구를 타던 탑승자가 떨어져 숨지는 사고가 발생했다. 사고 원인은 놀이기구의 안전장치에 있었다. 이 사건 이후 놀이공원 측이 탑승자의 신속한 구조보다 사건 축소와 은폐에만 급급했던 것으로 알려져 파문이 일기도 했다. 그야말로 고객만족 서비스와는 정반대되는 사건이 아닐 수 없다. 기업이 시장과 소비자에만 집중하던 시대는 지나갔다. 사회의 여론을 고려한 사업 전략을 마련하고, 유연하게 상황에 대처해야 하는 시대가 온 것이다.

영업, 마케팅에서 나타나는 고객만족 활동에서도 '아웃사이드-인 시각'을 갖고 전략 수립에 접근하는 것이 중요하다. 아웃사이드-인 시각이란 기업 내부의 논리가 아닌 외부의 시각에서 바라보는 것을 말한다. 이를 위해선 위기 대응과 소통의 딜레마를 해결해야 하는데, 그러기 위해선 다음과 같은 세 가지 방법이 필요하다.

첫째, 위기 상황에서 외부에 있는 사람들에게 위기 대응을 위한 조언을 구해야 한다. 조언자들은 조직 내부의 리더와 이해관계가 적어서 비교적 객관적인 외부 여론의 시각에서 사건을 바라본다.

둘째, 조직 내부에 시스템적으로 반대 의견을 제시하는 구조, 즉 'Red Team'을 만들어야 한다. 이는 회사의 방향이나 문제 등 적절성 여부에 대해서 의도적으로 딴지를 걸어 문제가 없는지 종합적으로 사전에 검토하고 잠재적 위험을 최소화하는 역할을 하게 된다.

셋째, 테러리스트 게임을 실행해야 한다. 테러리스트 게임이란 다양한 이해관계자 입장에서 의도적으로 회사를 공격할 수 있는 이슈가 무엇인지 토론하고 정리하는 비즈니스 게임으로서 기업 내부에 잠재된 위험 이슈를 끄집어내 사전 예방과 대책 수립, 위기 상황에서 직언을 할 수 있는 조직 문화를 구축할 수 있게 한다.

이 외에도 기업은 위기 상황에서 기업 내부의 논리로 대응해서는 안 되며, 외부의 시각에서 객관적으로 바라보고 대응 전략을 수립하여 피해를 최소화해야 한다. 또한, 있는 사실 그대로를 직언할 수 있는 조직 내 유연한 소통의 조직문화를 정착시키도록 노력해야 한다.

1. 고객 서비스란 다양한 고객의 요구를 파악하고, 대응법을 마련하여 양질의 서비스를 제공하는 것을 의미한다.

2. 고객의 유형은 심리적·언어·행동·특성 등에 따라 달라지며, 그에 따른 다른 대응 요령이 요구된다. 고객서비스를 통해 고객의 불만을 줄이고, 고객의 가치를 높여 고객만족을 실현한다면 기업의 성공 가능성은 더욱 높아진다.

3. 고객불만 처리 프로세스는 다음의 8단계로 이루어진다.

    1) 1단계: 접수, 경청

    2) 2단계: 감사, 공감

    3) 3단계: 사과, 해결 약속

    4) 4단계: 불만 처리 방안 계획

    5) 5단계: 신속 처리

    6) 6단계: 처리 결과 고객 확인

    7) 7단계: 재발 방지 대책 마련

    8) 8단계: 피드백

4. 고객만족 조사 및 측정 방법은 다음과 같다.

    1) 고객 설문 조사

    2) 마케팅 리서치

    3) 고객불만 및 제안 시스템 이용

    4) 영업 현장의 피드백

    5) 암행 고객(Mystery Shopper) 활용

    6) 이탈 고객 조사

사후 평가[12]

체크리스트

직업기초능력으로서 대인관계능력을 학습한 것을 토대로 다음 표를 이용하여 자신의 수준에 해당되는 칸에 ✔ 표 하시오.

구분	문항	매우 미흡	미흡	보통	우수	매우 우수
대인관계 능력	1. 나는 대인관계능력의 의미를 설명할 수 있다.	1	2	3	4	5
	2. 나는 대인관계 형성 시 중요한 요소를 설명할 수 있다.	1	2	3	4	5
	3. 나는 대인관계 향상이 무엇인지 설명할 수 있다.	1	2	3	4	5
	4. 나는 다양한 대인관계 향상 방법을 설명할 수 있다.	1	2	3	4	5
	5. 나는 다양한 대인관계 향상 방법을 실제 직업생활에서 활용할 수 있다.	1	2	3	4	5
팀워크 능력	1. 나는 팀워크의 정의를 설명할 수 있다.	1	2	3	4	5
	2. 나는 팀워크와 응집성의 차이에 대해 설명할 수 있다.	1	2	3	4	5
	3. 나는 팀워크의 유형에 대해 설명할 수 있다.	1	2	3	4	5
	4. 나는 효과적인 팀의 특징에 대해 설명할 수 있다.	1	2	3	4	5
	5. 나는 멤버십의 정의를 설명할 수 있다.	1	2	3	4	5
	6. 나는 멤버십의 유형과 그에 따른 특징을 설명할 수 있다.	1	2	3	4	5
	7. 나는 팀워크를 촉진하기 위한 조건에 대해 설명할 수 있다.	1	2	3	4	5
	8. 나는 실제 현재 소속된 팀의 팀워크를 촉진할 수 있다.	1	2	3	4	5
리더십 능력	1. 나는 리더십의 의미를 설명할 수 있다.	1	2	3	4	5
	2. 나는 리더와 관리자의 차이를 설명할 수 있다.	1	2	3	4	5
	3. 나는 다양한 형태의 리더십 유형을 설명할 수 있다.	1	2	3	4	5
	4. 나는 조직 구성원들에게 동기를 부여할 수 있는 방법을 설명할 수 있다.	1	2	3	4	5
	5. 나는 코칭의 의미를 설명할 수 있다.	1	2	3	4	5
	6. 나는 코칭의 기본 원칙에 대해 설명할 수 있다.	1	2	3	4	5
	7. 나는 임파워먼트의 의미를 설명할 수 있다.	1	2	3	4	5
	8. 나는 임파워먼트가 잘 발휘될 수 있는 여건을 설명할 수 있다.	1	2	3	4	5
	9. 나는 변화관리의 중요성을 설명할 수 있다.	1	2	3	4	5
	10. 나는 일반적인 변화관리의 3단계를 설명할 수 있다.	1	2	3	4	5

갈등관리 능력	1. 나는 갈등의 의미를 설명할 수 있다.	1	2	3	4	5
	2. 나는 갈등의 단서가 무엇인지 설명할 수 있다.	1	2	3	4	5
	3. 나는 갈등의 원인이 무엇인지 설명할 수 있다.	1	2	3	4	5
	4. 나는 갈등의 두 가지 쟁점인 핵심 문제와 감정적 문제를 구별할 수 있다.	1	2	3	4	5
	5. 나는 갈등해결방법을 모색하는 데 중요한 사항을 설명할 수 있다.	1	2	3	4	5
	6. 나는 윈-윈 갈등관리법이 무엇인지 설명할 수 있다.	1	2	3	4	5
	7. 나는 윈-윈 전략에 기초한 갈등해결 7단계를 설명할 수 있다.	1	2	3	4	5
	8. 나는 조직의 갈등을 줄일 수 있는 지침을 설명할 수 있다.					
협상능력	1. 나는 협상의 의미를 설명할 수 있다.	1	2	3	4	5
	2. 나는 협상의 중요성을 설명할 수 있다.	1	2	3	4	5
	3. 나는 협상 과정 5단계를 설명할 수 있다.	1	2	3	4	5
	4. 나는 협상 과정에서 해야 할 일을 설명할 수 있다.	1	2	3	4	5
	5. 나는 다양한 협상 전략에 대해 설명할 수 있다.	1	2	3	4	5
	6. 나는 다양한 협상 전략을 활용하여야 하는 경우를 설명할 수 있다.	1	2	3	4	5
	7. 나는 상대방을 설득하는 다양한 방법을 설명할 수 있다.	1	2	3	4	5
	8. 나는 상대방과 상황에 따라 적절한 방법을 활용하여 상대방을 설득시킬 수 있다.	1	2	3	4	5
고객서비스 능력	1. 나는 고객서비스의 정의를 설명할 수 있다.	1	2	3	4	5
	2. 나는 고객서비스가 기업 성장과 어떤 관계에 있는지 설명할 수 있다.	1	2	3	4	5
	3. 나는 고객의 불만 표현 유형을 설명할 수 있다.	1	2	3	4	5
	4. 나는 고객의 불만 표현 유형에 따라 대처 방법을 설명할 수 있다.	1	2	3	4	5
	5. 나는 고객의 불만 처리 프로세스를 설명할 수 있다.	1	2	3	4	5
	6. 나는 고객만족의 중요성을 설명할 수 있다.	1	2	3	4	5
	7. 나는 고객만족 조사 계획의 필수 요소를 설명할 수 있다.	1	2	3	4	5
	8. 나는 실제 고객만족 조사를 계획할 수 있다.	1	2	3	4	5

---
14) 출처: 대인관계능력 학습자용 워크북 pp.168~170, 국가직무능력표준 홈페이지(http://www.ncs.go.kr)

평가 방법

체크리스트의 문항별로 자신이 체크한 결과를 아래 표를 이용하여 해당하는 개수를 적어 보자.

학습모듈	점수		총점	총점/문항 수	교재 Page
대인관계 능력	1점 × ( )개			총점/5 = ( )	pp. 14~37
	2점 × ( )개				
	3점 × ( )개				
	4점 × ( )개				
	5점 × ( )개				
팀워크능력	1점 × ( )개			총점/8 = ( )	pp. 40~83
	2점 × ( )개				
	3점 × ( )개				
	4점 × ( )개				
	5점 × ( )개				
리더십능력	1점 × ( )개			총점/10 = ( )	pp. 86~149
	2점 × ( )개				
	3점 × ( )개				
	4점 × ( )개				
	5점 × ( )개				
갈등관리 능력	1점 × ( )개			총점/8 = ( )	pp. 152~183
	2점 × ( )개				
	3점 × ( )개				
	4점 × ( )개				
	5점 × ( )개				
협상능력	1점 × ( )개			총점/8 = ( )	pp. 186~233
	2점 × ( )개				
	3점 × ( )개				
	4점 × ( )개				
	5점 × ( )개				
고객서비스 능력	1점 × ( )개			총점/8 = ( )	pp. 236~273
	2점 × ( )개				
	3점 × ( )개				
	4점 × ( )개				
	5점 × ( )개				

평가 결과

모듈별 평균 점수가 3점 이상이면 '우수', 3점 미만이면 '부족'이므로 평가 수준이 '부족'인 학습자는 해당 학습모듈의 교재 Page를 참조하여 다시 학습하십시오.

NCS
직업기초능력평가

대인
관계
능력

정답 및 해설

정답 및 해설

제1장 1절 p.24

1 정답: ○
2 정답: ○
3 정답: ○
4 정답: ○
5 정답: 관계
6 정답: 주관적, 인간적
7 정답: 협조적, 도움, 갈등, 요구
8 정답: 팀워크능력, 리더십능력, 갈등관리능력, 협상능력, 고객서비스능력
9 정답: ②
10 정답: ④

제1장 2절 p.34

1 정답: ×
  해설: 사적인 이야기를 하면서 더욱 친해진다.
2 정답: ×
  해설: 동성관계에서는 남성보다 여성이 더 자기노출이 심하다.
3 정답: ○
4 정답: ○
5 정답: ○
6 정답: ○
7 정답: 사소한 일에 대한 관심, 칭찬하고 감사하는 마음, 진지한 사과
8 정답: 욕구
9 정답: 퍼스낼리티, 지각, 학습, 태도, 가치관
10 정답: ②
  해설: 자신이 잘못한 일에 대한 진지한 사과가 필요하다.

제2장 1절 p.47

1 정답: ○
2 정답: ○
3 정답: ○
4 정답: ○

5 정답: ×
  해설: 응집력이 강하다는 것은 해당 집단에 계속 남기를 원하는 구성원들의 마음이 크다는 것이므로 이직률이 높아진다고 보기 어렵다.
6 정답: ×
7 정답: ○
8 정답: ④
9 정답: ④
  해설: 사고방식의 차이에 대하여 무시하는 것은 팀워크를 저해하는 행위이다.
10 정답: ①
  해설: 구성원 간의 빈번한 상호 작용은 팀워크를 강화시킨다.

제2장 2절 p.58

1 정답: ○
2 정답: ○
3 정답: ○
4 정답: ×
  해설: 규범확립기에 구성원들은 서로를 알게 되고 이해하며 응집력과 동료의식을 갖는다.
5 정답: ○
6 정답: 성취기
7 정답: ④
8 정답: ③
  해설: 결과에 초점을 맞춘다.
9 정답: ③
  해설: 구성원들이 서로 의존한다.
10 정답: ④
  해설: 형성기가 아닌 격동기에 구성원 간에 서로 배척한다.

제2장 3절 p.69

1 정답: ×
2 정답: ○
3 정답: 핵심, 역량, 문제해결능력
4 정답: ④
　　해설: 기존 질서를 따르는 것이 중요한 것은 순응형이다.
5 정답: ④
　　해설: 아이디어가 없는 것은 순응형이다.
6 정답: ②
　　해설: 조직을 위해 자신과 가족의 요구를 양보하는 것은 순응형이다.
7 정답: ①
　　해설: 소외형, 순응형, 실무형, 수동형, 모범형이 있다.
8 정답: ①
　　해설: 실무형 멤버의 특징이다.
9 정답: 비판적 / 리더
10 정답: ③

제2장 4절 p.80

1 정답: ○
2 정답: ○
3 정답: ○
4 정답: ○
5 정답: ④
　　해설: 상식에 벗어난 아이디어라도 비판하지 말아야 한다.
6 정답: ②
　　해설: 개인 활동을 소홀히 하는 것은 팀워크의 조건에 해당되지 않는다.
7 정답: ③
　　해설: 고려 항목은 Attainable, Relevant이다.
8 정답: ④
　　해설: 고객에게 직접적으로 전달할 수 있게 된다.
9 정답: ③
　　해설: 참여적으로 의사결정을 하도록 해야 한다.
10 정답: ③

제3장 1절 p.94

1 정답: ○
2 정답: ○
3 정답: ○
4 정답: ×
　　해설: 권한(Authority)은 합법적·윤리적 정당성을 부여받은 권력이다.
5 정답: 전방위적
6 정답: 어떻게 할까?, 무엇을 할까?
7 정답: ④
　　해설: 상대방의 현재 모습 그대로를 수용하라.
8 정답: ③
9 정답: ③
10 정답: ①

제3장 2절 p.102

1 정답: ○
2 정답: ○
3 정답: ×
　　해설: 독재자 유형의 리더십이 적합하다.
4 정답: ×
　　해설: 혁신적 사고를 하고 탁월한 능력이 있는 리더와 구성원이 있는 상황에서는 민주주의에 근접한 유형의 리더십이 적합하다.
5 정답: ×
　　해설: 중도형이 과업의 능률과 인간적 요소를 절충한다.
6 정답: ④
7 정답: ①
8 정답: ③
9 정답: ③
10 정답: ②

제3장 3절 p.112

1 정답: ○
2 정답: ×
   해설: 동기부여는 인간의 행동을 이해할 수 있는 핵심적 개념이며, 심리적 과정이다.
3 정답: ○
4 정답: ○
5 정답: ○
6 정답: 목표 지향적 행동, 보상 또는 처벌
7 정답: 조직, 구성원
8 정답: ④
9 정답: ①
   해설: 스스로 문제해결을 하도록 해야 한다.
10 정답: ③

제3장 4절 p.127

1 정답: ○
2 정답: ○
3 정답: ×
   해설: 경청 스킬이란 귀, 입, 마음으로 듣는 것이다.
4 정답: ×
   해설: 직관 스킬이란 '생각하지 않는다', '예측하지 않는다', '리드하지 않는다'의 세 가지 방법이 있다.
5 정답: ×
   해설: 코칭 시 많은 시간을 할애하는 것보다는 진정성 있는 코칭이 중요하다.
6 정답: ×
   해설: 코칭 시 상사는 부하에게 성공 경험을 더 떠올리게 해서 부하가 갖고 있는 능력이나 가능성을 발휘할 수 있도록 지지하는 것이 중요하다.
7 정답: 적극적으로 경청한다. / 코칭 과정을 반복한다.
8 정답: 경청, 자기관리
9 정답: ②
   해설: 질문 스킬에는 확대, 미래, 긍정 질문과 같이 세 가지가 있다.
10 정답: ④
   해설: OJT의 효과적 수행을 위함이다.

제3장 5절 p.137

1 정답: ○
2 정답: ○
3 정답: ○
4 정답: ○
5 정답: ④
6 정답: ②
7 정답: ②
8 정답: ④
9 정답: ④
10 정답: ①

제3장 6절 p.146

1 정답: ×
   해설: 변화(Change)란 변화의 방향 여하에 관계없이 중립적으로 사용되며, 조직에서의 변화는 혁신, 개혁, 설계, 개발과 연관된 의도적이고 인식적인 개념을 담고 있다.
2 정답: ×
   해설: 변화관리는 조직에서 피할 수 없는 변화의 문제를 다룬다.
3 정답: ○
4 정답: ○
5 정답: ×
   해설: 변화관리에 있어서 가장 염두에 두어야 할 것은 조직의 보수성과 변화를 두려워하는 저항 세력이 있다는 점이다.
6 정답: ○
7 정답: ×
   해설: 변화의 1단계는 변화를 이해하는 것이다.
8 정답: ②
9 정답: ④
10 정답: ②

제4장 1절 p.158

1 정답: ×
   해설: 갈등은 새로운 해결책을 제공해 주는 기회가 되기도 한다.
2 정답: ×
   해설: 갈등을 즉각적으로 다루지 않으면 문제가 될 수 있다.
3 정답: ×
4 정답: ×
5 정답: ○
6 정답: ○
7 정답: 내적, 외적
8 정답: 순기능적, 역기능적
9 정답: ①
10 정답: ②

제4장 2절 p.170

1 정답: ③
   해설: ③ 갈등의 존재를 합리화하는 것은 인간관계의 관점이다.
2 정답: ③
   해설: ③ 자연스럽게 발생하는 것은 인간관계의 관점이다.
3 정답: ①
   해설: ① 최선책 포기는 순응형의 문제점이다.
4 정답: ①
   해설: ① 예스맨 양산은 지배형의 문제점이다.
5 정답: ④
6 정답: ④
7 정답: ②
   해설: 신속하게 단호한 결정을 해야 할 때 필요하다.
8 정답: ④
9 정답: 불필요한 갈등, 해결할 수 있는 갈등
10 정답: 대결 국면, 격화 국면, 진정 국면

제4장 3절 p.180

1 정답: ○
2 정답: ○
3 정답: ○
4 정답: ×
   해설: 갈등의 촉진 전략이란 조직의 활력, 창의와 쇄신을 위하여 순기능적 갈등을 조성하는 전략이다.
5 정답: ○
6 정답: ②
   해설: 무사안일은 갈등수준이 낮을 때 나타나는 개인행동이다.
7 정답: ③
   해설: 동질감의 조성이 아닌 이질감의 조성이다.
8 정답: ③
9 정답: ③
10 정답: ④

제5장 1절 p.193

1 정답: ○
2 정답: ○
3 정답: ○
4 정답: ○
5 정답: 자신, 상대방
6 정답: 자기 주장, 공동 관심사
7 정답: 갈등해결 차원
8 정답: ①
9 정답: ①
10 정답: ④

제5장 2절 p.205

1 정답: ○
2 정답: ○
3 정답: ○
4 정답: ○
5 정답: ○
6 정답: 가격 제시
7 정답: 종결
8 정답: ④
   해설: 협상에서 한계를 설정하고 다음 단계를 대안으로 제시하는 것은 특정 입장만 고집하는 협상의 실수 대처 방안이다.
9 정답: ②
   해설: ②는 상대방에 대해 너무 많은 염려를 하는 것과 관련이 있다.
10 정답: ③
   해설: 한국의 협상문화에는 ①②④ 외에도 흑백논리, 비합리성이 있다.

제5장 3절 p.217

1 정답: ○
2 정답: ○
3 정답: ○
4 정답: ○
5 정답: ○
6 정답: ×
   해설: 교착 상태에서는 일 보 후퇴하는 것이 좋다.
7 정답: ○
8 정답: ○
9 정답: ○
10 ①-ⓑ, ②-ⓓ, ③-ⓐ, ④-ⓒ, ⑤-ⓔ

제5장 4절 p.229

1 정답: ○
2 정답: ○
3 정답: ×
   해설: 사람들은 권위를 따른다.
4 정답: ○
5 정답: ○
6 정답: ○
7 정답: 이성적, 감정적
8 정답: ④
   해설: 상대방이 행동을 실천하는 단계는 5단계이다. 4단계는 메시지의 내용을 행동으로 옮기기 전까지 보유 단계이다.
9 정답: ③
10 정답: ①
   해설: 설득의 원칙에는 ②③④ 외에도 상호성의 원칙, 호감의 원칙, 희귀성의 원칙이 있다.

제6장 1절 p.243

1 정답: ○
2 정답: ○
3 정답: ×
   해설: 진실의 순간은 철저히 고객의 입장에서 바라보고 규명해야 한다.
4 정답: ○
5 정답: ○
6 정답: ○
7 정답: 조달, 생산, 판매, 고객 지원
8 정답: 무형성, 동시성, 이질성, 소멸성
9 정답: 지원, 연동
10 정답: 내부 고객, 외부 고객

제6장 2절 p.256

1 정답: ○
2 정답: ○
3 정답: ×
　해설: 트집형 고객에게는 고객의 이야기를 경청하고 맞장구를 쳐준다. 무책임한 언행을 자제하며, 고객의 감정을 자극하지 않는다. 고객이 오해를 하는 경우에는 차분히 설명하여 이해시키고, 고객의 요구가 정당한 경우는 성의 있게 응대한다. 자신이 실수했을 때에는 정중하게 사과한다.
4 정답: ×
　해설: 조급형 고객에게는 서비스에 최선을 다하는 모습을 보여준다. 서비스가 늦어지는 경우 사과하며 안정을 취하게 하고, 명쾌한 화법을 구사한다.
5 정답: ○
6 정답: ○
7 정답: ④
　해설: ④는 의심형 고객 대응 방안이다.
8 정답: ②
　해설: ②는 과다요구형 고객 대응 방안이다.
　정답: ③
10 정답: ③

제6장 3절 p.263

1 정답 : ×
　해설: 고객불만 처리 시 공정성을 유지해야 한다.
2 정답 : ×
　해설: 고객불만은 신속히 처리한다.
3 정답 : ×
　해설: 불만 처리 과정에서 발생했던 불미스러웠던 일련의 내용들은 비밀에 붙여야 한다.
4 정답: ○
5 정답: ×
　해설: 고객의 불만 사항에 대하여 선입견을 갖지 않아야 하며, 사실 파악을 위해 경청하고 기록한다.
6 정답: ○
7 정답: ×
　해설: 고객의 불만 사항에 대해서 즉시 사과한다.
8 정답: ○
9 정답: ④
10 정답: 사과, 해결 약속 / 불만 처리 방안 계획 / 재발 방지 대책 마련

제6장 4절 p.270

1 정답: ×
2 정답: ×
3 정답: ○
4 정답: ○
5 정답: ×
6 정답: ×
7 정답: ○
8 정답: ×
9 정답: ④
10 정답: ④

참고 문헌

곽노성(2000). 2000 한국 협상교육의 현재: 현황평가와 미래발전방향. 협상연구 제6권 제1호.

김광경(1996). 이런사원들이 문제사원들이다. 서울: 한경원.

김기홍(2004). 서희, 협상을 말하다. 서울: (주)새로운 제안

김기홍(2008). 한국인은 왜 항상 협상에서 지는가. 서울: 굿인포메이션.

김남희(2004). 역량(회사에서 제값받는 핵심경쟁력). 서울: 팜파스

김두열(2015). 어떻게 협상할 것인가. 서울: 페가수스.

김병국(2002). 상대를 내편으로 만드는 협상기술. 서울: 더난출판.

김은영·이규은(2012). 인간관계론. 서울: 동문사.

김찬배(2001). 개인과 회사를 살리는 변화와 혁신의 창. 서울: 시대의 창.

김창걸(2003). 리더십의 이론과 실제. 서울: 박문각.

로버트 치 알디니(이현우 역, 1996). 설득의 심리학. 서울: 21세기북스

리차드 템플러(한근태 역, 2006). 리더십 핸드북. 서울: 미래의 창.

릭 브린크먼·릭 커슈너(전상길·류한호 역, 1996). 골치아픈 사람 다루는 법. 서울: 창현출판사.

무라야마 료이치(임희선 역, 2004). 한계를 뛰어넘는 비즈니스 협상. 혜문서관.

문용식(1997). 스피치 커뮤니케이션의 이론과실제. 서울: 한국로고스연구원.

신군재(2013). 갈등관리와 협상. 서울: 무역경영사.

신현만(2009). 회사가 붙잡는 사람들의 1%비밀. 경기: (주)위즈덤하우스.

안범희(2012). 대인관계론. 서울: 태영출판사.

양창삼(1994). 조직이론. 서울: 박영사.

오성환(2015). 직업기초능력개발. 경기: 도서출판 하린.

윌리엄 N. 요먼스(이강봉 역, 2000). 7일만에 배우는 비즈니스 스킬. 서울: 21세기 북스.

이강옥·송경영·노언필(2001). 21C 리더십의 새로운 패러다임. 서울: 무역경영사.

이규은·이영선(2014). 직업기초능력의 이해와 개발. 서울: 동문사.

이달곤(2000). 협상론. 서울: 법문사.

이동연(2008). 통하는 대화법. 서울: 책이있는풍경.

이유재·허태학(2007). 고객가치를 경영하라. 경기: 21세기북스.

이한검(1994). 인간행동론, 서울: 형설출판사.

이희경(2005). 코칭입문. 서울:(주)교보문고.

정호수(2001). 싸우지 않고도 이기는 협상, 싸우고도 지는 협상. 서울: 시대의 창.

조서환(2011). 모티베이터. 경기: 위즈덤하우스.

조 지라드 외(김용환 역, 2009). 사람을 움직이는 대화의 기술. 버들미디어

최경춘(2010). 나를 키우는 독종, 나쁜 보스. 경기: 위즈덤 하우스.

최철규·김한솔(2013). 협상은 감정이다. 경기: (주)쌤앤파커스.

토머스 셜먼(김영운 역, 1996). 프로비즈니스맨의 감각 10. 서울: 현대미디어

한국산업인력공단. 직업기초능력 교수자용 매뉴얼, 학습자용 워크북.

홍사중(1997). 리더와 보스. 서울: (주)사계절출판사.

저 / 자 / 소 / 개

NCS 직업기초능력 분과
연구위원
이만표

이만표 연구위원은 연세대학교 교육대학원에서 산업교육전공 석사학위, 인하대학교 교육대학원에서 교육사회학전공 박사학위를 취득하였습니다. 만 25년간 한국표준협회에 재직하면서 전 산업계를 대상으로 HRD 분야의 강의와 컨설팅을 수행하였으며, 인하대학교 교육대학원 겸임 교수로 활동하였고, 이 외에도 연세대학교 교육대학원 등에서 HRD 및 평생교육 부문 관련 교과목을 강의하였습니다. 또한, 정부에서 추진하는 국가품질상 및 전국품질분임조경진대회 심사위원, 중앙부처 공무원 교육훈련기관 평가위원, 지방자치단체혁신컨설팅단 팀장, 인적자원개발우수기관 인증제 심의위원 및 심사위원, 대학 취업지원역량제 평가위원, 사회적 기업 전문인력지원 심사위원, 국가직무능력표준(NCS) 평생교육분야 전문가 등에 참여하였습니다. 주요 저서 및 역서로는 《교육사회학》, 《성과중심 인적자본 투자전략》, 《글로벌 인적자원개발》, 《CEO가 기대하는 기업교육》이 있으며, 다수의 학술논문도 발표하였습니다. 현재는 한국인재경영컨설팅 대표 컨설턴트, 서울디지털평생교육원 개발연구 교수로서 HRD 및 NCS 분야의 강의와 컨설팅을 수행하고 있습니다.